Case-based
International Law
Coursebook

国际法案例教学教程

主　编：李　英　刘玉红
撰写人：李　英　刘玉红
　　　　于家琪　王海东

知识产权出版社
全国百佳图书出版单位

图书在版编目（CIP）数据

国际法案例教学教程/李英，刘玉红主编.—北京：知识产权出版社，2017.11
ISBN 978-7-5130-5317-4

Ⅰ.①国… Ⅱ.①李…②刘… Ⅲ.①国际法—案例—高等学校—教材 Ⅳ.①D99

中国版本图书馆CIP数据核字（2017）第301825号

责任编辑：彭小华　　　　　　　　　责任校对：王　岩
封面设计：SUN工作室　　　　　　　责任出版：刘译文

国际法案例教学教程
李　英　刘玉红　主编

出版发行：	知识产权出版社 有限责任公司	网　址：	http://www.ipph.cn
社　址：	北京市海淀区气象路50号院	邮　编：	100081
责编电话：	010-82000860转8115	责编邮箱：	huapxh@sina.com
发行电话：	010-82000860转8101/8102	发行传真：	010-82000893/82005070/82000270
印　刷：	北京嘉恒彩色印刷有限责任公司	经　销：	各大网上书店、新华书店及相关专业书店
开　本：	787mm×1092mm 1/16	印　张：	15.75
版　次：	2017年11月第1版	印　次：	2017年11月第1次印刷
字　数：	310千字	定　价：	58.00元
ISBN 978-7-5130-5317-4			

出版权专有　侵权必究
如有印装质量问题，本社负责调换。

前　言

为传授学生国际法学的基本理论，提升其对国际法知识的理解和运用能力，培养优秀涉外法律人才，在华北电力大学"中央高校教育教学改革专项"项目的支持下，我们编写了这本《国际法案例教学教程》，供法学专业在校本科生和硕士生结合国际法学教材使用。

国际法的案例纷繁浩杂，要挑选具有代表性的国际法案例实属不易。因而在案例的编选期间，我们大量查找国际法院、国际常设仲裁院、欧洲人权法院、美洲人权法院、前南斯拉夫国际刑事法庭等国际司法机构判决资料，阅读案例资料百余万字。通过对比分析，选取了二十八个具有代表性的国际法案例进行编撰，并基于国际法知识体系对案例的法律争议点及涉及的主要法律问题进行深入解析，内容基本覆盖了国际法学的主要领域。相比于其他案例教材，本书的案例较为新颖，知识点覆盖全面，能够让读者对国际法的新发展有新的认识和了解。

当然，一个国际法案例所涉及的法律问题往往是多方面的。但出于编写的需要，只能对案件所涉及的具有代表性的法律问题进行分析。希望读者在阅读和使用本书时，能从更为综合和广阔的角度分析案例中所包含的问题，从而更全面地对案例进行了解。

对于本书中存在的不足之处，望各位读者批评指正。

目 录

第一章　国际法的概念 ·· 001
　　一、西西里电子公司案 ·· 001
　　二、案件所涉国际法原理 ·· 005

第二章　国际法的渊源 ·· 011
　　一、北海大陆架案 ·· 011
　　二、案件所涉国际法原理 ·· 014

第三章　国际法的基本原则 ·· 018
　　一、东帝汶案 ·· 018
　　二、案件所涉国际法原理 ·· 021

第四章　国际法主体 ·· 027
　　一、西撒哈拉问题咨询案 ·· 027
　　二、案件所涉国际法原理 ·· 032

第五章　国际法上的国家 ·· 037
　第一节　国际法上的承认 ·· 037
　　一、南非继续留驻纳米比亚对各国的法律后果咨询案 ················ 037
　　二、案件所涉国际法原理 ·· 040
　第二节　国际法上的继承 ·· 045
　　一、湖广铁路债券案 ·· 045
　　二、案件所涉国际法原理 ·· 047

第三节　国家管辖权 ··· 051
　　　　一、糯康案 ·· 051
　　　　二、案件所涉国际法原理 ·· 052
　　第四节　国家及其财产管辖豁免 ··· 059
　　　　一、德国诉意大利案 ·· 059
　　　　二、案件所涉国际法原理 ·· 062

第六章　国家责任 ·· 068
　　　　一、对尼加拉瓜进行军事和准军事行动案 ······································ 068
　　　　二、案件所涉国际法原理 ·· 070

第七章　国际法上的个人 ··· 075
　　第一节　国际法上的难民 ·· 075
　　　　一、Khlaifia 和其他当事人诉意大利案 ·· 075
　　　　二、案件所涉国际法原理 ·· 077
　　第二节　引渡 ·· 081
　　　　一、黄海勇引渡案 ·· 081
　　　　二、案件所涉国际法原理 ·· 083

第八章　国际人权法 ··· 089
　　　　一、在被占领巴勒斯坦领土修建隔离墙的法律后果的咨询意见 ······ 089
　　　　二、案件所涉国际法原理 ·· 091

第九章　国家领土 ·· 098
　　第一节　领土的取得和变更 ··· 098
　　　　一、白礁岛、中岩礁和南礁的主权归属案 ······································ 098
　　　　二、南苏丹共和国独立事件简介 ·· 101
　　　　三、案件所涉国际法原理 ·· 105
　　第二节　边界和边境制度 ·· 110
　　　　一、柏威夏寺案 ·· 110
　　　　二、案件所涉国际法原理 ·· 112

第十章　海洋法 ·· 117
　　第一节　领海及毗连区 ··· 117
　　　　一、领土争端和海洋划界案（尼加拉瓜诉哥伦比亚） ···················· 117
　　　　二、案件所涉国际法原理 ·· 120

第二节　专属经济区与大陆架·················124
一、尼加拉瓜和洪都拉斯在加勒比海的领土和海洋争端案··········124
二、案件所涉国际法原理·················128

第十一章　空间法·················132
第一节　空气空间法·················132
一、1988 年 7 月 3 日空中事件案·················132
二、案件所涉国际法原理·················133
第二节　外层空间法·················138
一、俄美卫星撞击事件·················138
二、案件所涉国际法原理·················139

第十二章　外交和领事关系法·················145
一、在德黑兰的美国外交和领事人员案·················145
二、案件所涉国际法原理·················148

第十三章　条约法·················155
第一节　条约的保留·················155
一、灭种公约保留案简介·················155
二、案件所涉国际法原理·················157
第二节　条约的遵守适用和解释·················163
一、国际法院对《联合国总部协定》第 21 节规定的仲裁义务的适用发表的咨询意见案·················163
二、案件所涉国际法原理·················168

第十四章　国际组织法·················172
一、国际劳工组织行政法庭就针对国际农业发展基金案的指控作出的第 2867 号判决·················172
二、案件所涉国际法原理·················175

第十五章　武装冲突法与国际人道法·················183
第一节　武装冲突法·················183
一、石油平台案(伊朗诉美国)·················183
二、案件所涉国际法原理·················185
第二节　国际人道法·················191
一、刚果境内的武装活动案·················191
二、案件所涉国际法原理·················195

  三、战时平民待遇 …………………………………………………… 196
  四、国际人道法与国际人权法 ……………………………………… 197

第十六章　国际刑法 …………………………………………………… 199
  一、米洛舍维奇案与卡拉季奇案 …………………………………… 199
  二、案件所涉国际法原理 …………………………………………… 201

第十七章　和平解决国际争端 ………………………………………… 208
 第一节　国际争端的政治解决 ………………………………………… 208
  一、洛克比空难事件引起的1971年《蒙特利尔公约》的解释和
    适用问题案 ……………………………………………………… 208
  二、案件所涉国际法原理 …………………………………………… 211
 第二节　国际争端的法律解决 ………………………………………… 214
  一、有关或起诉或引渡义务的问题(比利时诉塞内加尔)案 …… 214
  二、案件所涉国际法原理 …………………………………………… 219

附录　联合国宪章 ……………………………………………………… 222
 第一章　宗旨及原则 …………………………………………………… 222
 第二章　会员 …………………………………………………………… 223
 第三章　机关 …………………………………………………………… 224
 第四章　大会 …………………………………………………………… 224
 第五章　安全理事会 …………………………………………………… 226
 第六章　争端之和平解决 ……………………………………………… 228
 第七章　对于和平之威胁、和平之破坏及侵略行为之应付办法 …… 229
 第八章　区域办法 ……………………………………………………… 231
 第九章　国际经济及社会 ……………………………………………… 232
 第十章　经济及社会理事会 …………………………………………… 233
 第十一章　关于非自治领土之宣言 …………………………………… 235
 第十二章　国际托管制度 ……………………………………………… 236
 第十三章　托管理事会 ………………………………………………… 238
 第十四章　国际法院 …………………………………………………… 239
 第十五章　秘书处 ……………………………………………………… 239
 第十六章　杂项条款 …………………………………………………… 240
 第十七章　过渡安全办法 ……………………………………………… 241
 第十八章　修正 ………………………………………………………… 241
 第十九章　批准及签字 ………………………………………………… 242

第一章

国际法的概念

一、西西里电子公司案

(一) 案件背景

1. 西西里电子公司基本情况

西西里电子公司(以下简称西电公司)是一家位于西西里巴勒莫的意大利公司,其主要生产微波管、阴极线管、半导体整流器、X 射线管以及电流急冲制动装置。西电公司拥有将近 900 名员工。美国公司雷西恩公司拥有西电公司 99.16% 的股份,剩余 0.84% 的股份由另一家美国公司马奇莱特公司拥有,另外马奇莱特公司是雷西恩公司的全资子公司。

2. 西西里电子公司案争议的发生

1964 年之前,西电公司一直处于亏损状态,此后西电公司开始盈利,但所获得的营业利润不足以抵销公司的债务支出和累计亏损。在 1967 年,雷西恩公司开始采取措施,期望改变这一公司亏损的状况避免西电公司破产。

与此同时,在 1967 年 2 月至 1968 年 3 月,西电公司与意大利政府以及一些意大利公司举行了会谈,西电公司希望能够获得政府的支持,并寻找一家具有较强经济实力的意大利公司来加入。

但作为西电公司股东的雷西恩公司和马奇莱特公司认为政府的支持和其他公司的加入也不会改变西电公司亏损的现状,他们想尽快关闭西电公司以减少损失。雷西恩公司打算由西电公司自行清算,将西电公司的资产集中或者单独地拍卖,这样的话,所有债权人的债权可以根据具体情况进行清偿,在西电公司资产拍卖后至少能保证清偿所有有担保的债权人的债权,而无担保的债权人的债权则可以取得50%的清偿。雷西恩公司认为这种安排比起西电公司破产会更好,是一种有秩序的清偿。

在1968年3月28日,西电公司宣布停止营业,但是与意大利政府的会谈却仍然在继续。会谈中,意大利政府对西电公司施压,要求西电公司不要关闭工厂,解散员工。但是西电公司在1968年3月29日,将解雇书寄给了西电公司的员工。随后,西电公司的员工占据了工厂。1968年4月1日,巴勒莫市市长发出了一项立即生效的命令,征用西电公司的工厂以及有关资产,为期6个月。同年4月19日,西电公司向巴勒莫省长提起反对征用的行政诉讼。在1968年4月26日,西电公司向法院提出宣布破产的申请,并向法院报告西电公司已经到期但无力支付的债务情况,并提到征用导致西电公司失去了对工厂的控制并且得不到急需的流动资金。5月16日,巴勒莫法院作出了破产判决,西电公司宣布破产。

针对西电公司提起的反对征用的行政上诉,巴勒莫省长于1969年8月22日作出裁定,裁定撤销了征用的命令。同时,1970年6月16日,西电公司的破产管理人在巴勒莫市法院对意大利内政部长和巴勒莫市市长提起诉讼,要求赔偿由于征用而导致的损失。巴勒莫市法院判决西电公司应当获得在征用期间工厂所遭受的损害的赔偿。

1985年11月,破产程序终结,在变卖价值中,没有剩余的财产分配给股东雷西恩公司和马奇莱特公司。

(二) 诉讼过程

1987年2月6日,美国政府向国际法院提起诉讼,请求国际法院宣判:(1)意大利政府违反了1948年2月2日在罗马签订的《美意友好通商和航运条约》(本章简称《条约》)及其补充协定(1951年);(2)意大利政府应当支付给雷西恩公司和马奇莱特公司赔偿金,赔偿金的总数由国际法院决定,其中应当包括诉讼费等额外费用。国际法院主要针对管辖权问题和意大利政府是否违反美国和意大利两国之间签订的《条约》及其补充协定进行了审理。

针对管辖权问题,意大利政府认为,国际法院对此案无管辖权,因为本案中的雷西恩公司和马奇莱特公司未穷尽当地的补救办法。美国政府则认为,(1)根据两国之间签订的《条约》,雷西恩公司和马奇莱特公司不需要穷尽当地补救方法;(2)意大利政府从未建议雷西恩公司和马奇莱特公司在意大利提起诉讼;(3)美国政府要求意大利政府为违反《条约》承担责任,与雷西恩公司和马奇莱特公司是否穷尽当地救济无关。

针对意大利政府是否违反《条约》及其补充协定的问题，美国认为：(1)1968年4月1日，意大利政府无正当理由征用西电公司的工厂及其有关资产并否认西电公司股东控制和经营公司以及清理西电公司资产的权利，违反了《条约》第3条第2款[1]的规定；(2)意大利政府放任西电公司的员工占据西电公司工厂的行为违反了《条约》中第5条第1款和第3款[2]规定的提供最为经常性的保护和保障的义务。第5条第1款和第3款中规定的保护和保障的标准应不低于本国国民、公司、社团，也不低于第三国国民、公司和社团；(3)意大利未经正当程序和公平补偿就征用西电公司的工厂的行为违反了《条约》第5条第2款[3]的规定；(4)意大利政府的行为是专断的、有歧视性的，违反了《条约》补充协定第1条规定[4]的国民待遇原则和最惠国待遇原则；(5)意大利政府征用西电公司财产没有给雷西恩公司和马奇莱特公司提供《条约》所要求的足够的权利保障。

意大利认为：(1)由于西电公司的财务状况，雷西恩公司和马奇莱特公司对西电公司的控制已经丧失，根据意大利的法律规定，无力偿还债务的状态已经使得西电公司必须承担请求宣布破产的义务；(2)意大利政府征用西电公司的行为是合法的。位于巴勒莫市的西电公司的工厂是属于西电公司的，并非雷西恩公司和马奇莱特公司所有，意大利政府没有违反按照《条约》所要求的保护和保障的义务；(3)按照当时西电公司的财务状况，申请破产是西电公司必须承担的义务，征用命令只是一个额外的行为，并且征用是有期限的，而且可以被行政上

---

[1]《美意友好、通商和航运条约》第3条第2款规定："缔约一方之国民、公司和社团，应被允许依照另一方领土内可适用之法律和规章，组织、控制和经营另一方的公司和社团，从事贸易、制造、加工、采矿、教育、慈善、宗教及科学活动。"

[2]《美意友好、通商和航运条约》第5条第1款规定，必须为缔约双方的国民，无论人身和财产，提供最为经常的保护和保障；还规定，与财产联系，"国民"一词应解释为"包括公司和社团"；在规定保护的性质时，通过参照"国际法"所要求的完全的保护与保障确定了必要的标准；第3款阐述了保护和保障的概念，要求不低于给予缔约对方国民、公司和社团的标准，也不低于给予任何第三方的国民、公司和社团的标准。

[3]《美意友好、通商和航运条约》第5条第2款规定，非经正当程序以及迅速支付公平有效的补偿，不得获取缔约一方国民、公司和社团在缔约对方领土上的财产。

[4]《美意友好、通商和航运条约》补充协定第1条规定，缔约一方的国民、公司和社团在缔约他方领土内不应受到专断的或歧视性的措施，特别是造成以下后果的措施：(a)阻碍其对被允许在他方领土上设立或取得的企业实行有效的控制和经营；或者，(b)损害其在此类企业或在无论以资金(贷款、股份或其他)、原料、设备、服务、工艺、专利、技术或其他形式所进行的投资中依法取得的权利。缔约各方承诺，对于在正常条件下取得为经济发展可能需要的资金、生产工艺、技能和技术，不得歧视缔约对方的国民、公司和社团。

诉所推翻;(4)专断行为是故意不顾正当法律程序的违法行为,尽管巴勒莫市市长的行为被撤销,但这并不意味着征用命令就是专断行为;(5)真正剥夺雷西恩公司和马奇莱特公司权利的不是征用命令而是西电公司的财务状况,意大利政府不存在违反《条约》规定的权利保障义务的行为。

(三) 判决结果

国际法院在 1989 年 7 月 29 日作出判决。

针对管辖权问题,国际法院主张自己有管辖权,因为意大利必须表明存在着当地补救办法,但是意大利没能使法庭确信存在着使雷西恩公司和马奇莱特公司本应独立于西电公司而采用的当地的补救办法。

针对美国主张的意大利违反《条约》及其补充协定的问题,国际法院一一作出了认定。

第一,针对美国主张的意大利政府违反《条约》第 3 条第 2 款的主张。国际法院指出:该条款的内容并不包含着如果一行为符合国内法律和规章,那么就自动排除任何视该行为违反《条约》的可能性。允许控制和经营的条约权利并不能解释为正常的控制和经营永远也不会受到干扰。国际法院要考虑当时西电公司的财务状况,根据当时西电公司的财务状况,西电公司能够进行有序的清偿的可行性不能够得到充分的证明。因此就不能说意大利当局剥夺了雷西恩公司和马奇莱特公司控制和经营公司的权利。

第二,针对美国主张的意大利政府没有履行《条约》第 5 条第 1 款和第 3 款规定的最为经常性的保护和保障的义务及非经正当程序和公平补偿不能获得外国财产的义务,国际法院认为:《条约》第 5 条所规定的内容并不意味着保证在任何情况下外国的财产都不被占用或受到妨碍。目前并没有能够证实行政当局提供的保护低于"国际法所要求的完全的保护和保障"或低于国民标准或第三国标准。

第三,针对美国主张的意大利政府违反《条约》第 5 条第 2 款规定的非经正当程序以及公平的补偿不得取得外国财产的义务,国际法院认为:根据当时西电公司的财产状况,西电公司已经负有申请破产的义务,征用命令是一个额外的行为,并没有对雷西恩公司和马奇莱特公司在西电公司的利益进行重大剥夺,而且征用命令是可以被行政上诉所推翻的。

第四,针对美国提出的意大利政府违反《条约》补充协定第 1 条的规定,国际法院认为:巴勒莫省长撤销巴勒莫市长的命令和巴勒莫上诉法院认定市长的命令缺乏合法性都不意味着市长的命令是专断的和有歧视性的。市长的命令是在现行法律制度和适当的上诉补救方式体制内有意识作出的。不能说市长发布征用命令想改变西电公司的状况是不合理或者是随心所欲的专断行为。因此,不存在违反《条约》补充协定第1条的问题。

第五,针对美国提出的意大利违反《条约》第7条[1],在征用西电公司财产时没有给雷西恩公司和马奇莱特公司提供条约所要求的足够的权利保障的问题,国际法院认为:真正剥夺雷西恩公司和马奇莱特公司作为股东享有的权利的是西电公司的财务状况。国际法院并不认为意大利违反了《条约》第7条。

基于以上的论述,国际法院认为:意大利并没有违反双方在罗马签署的《条约》及其补充协定,因此驳回了美国所提出的赔偿要求。

二、案件所涉国际法原理

(一) 国际法的概念

对于国际法的概念,《奥本海国际法》指出:"国际法是指各国认为在它们彼此交往中有法律拘束力的习惯和条约规则的总体。"[2]中国学者对国际法的概念,有以下的论述"国际法,简言之,就是国家之间的法律,或者说,主要是国家之间的法律,是以国家之间的关系为对象的法律。"[3]"国际法,或称国际公法,是指调整国际法主体之间,主要是国家之间关系,有法律拘束力的原则、规则和制度的总体。"[4]随着国际社会的发展,特别是第二次世界大战以后,国际组织层出不穷,国际法的主体发生了变化。现代国际法主要是调整国家之间、国家和国际组织之间,以及国际组织间关系的习惯、规则、制度的总称。

国际法有如下几个基本特征:

第一,国际社会是国际法产生、形成和发展的基础。国际法的产生和发展,离不开国际社会,如果没有国家与国家之间的交往、国际社会的形成,国际法也不会出现。随着国家之间交往更加频繁,各种国际组织的出现,国际法也获得了很大的发展。变化中的国际需要与时俱进的国际法。

第二,国际法调整以国家为主导的国际关系,换言之,国际法的调整对象是主要是国家间的关系。国家曾经是国际法的唯一主体,虽然国际组织也成了国际法的主体,但国际组织也是基于国家而产生的。

第三,国际法是对国际社会有法律拘束力的各种原则、规则和制度的总称。

---

[1] 《美意友好、通商和航运条约》第7条中的四款内容,主要规定了"在缔约对方领土上取得、拥有和处置不动产或其权益"的权利保障问题。
[2] 劳特派特修订:《奥本海国际法(上卷第一分册)》,商务印书馆1971年版,第4页。
[3] 王铁崖主编:《国际法》,法律出版社1995年版,第1页。
[4] 邵津主编:《国际法》,北京大学出版社、高等教育出版社2014年版,第1页。

国际法的体系中不仅包括各种国际社会公认的具有普遍拘束力的基本原则，还有国际关系的不同领域、不同方面所形成的各种具体规则、规章和制度。国家受国际法的约束，国家又是国际法的制定者，国际法效力的根据在于国家的意志，国际法是有法律拘束力的。

国际法院所审理的西电公司案所涉及的法律主要为《美意友好通商和航运条约》，该条约调整了美国和意大利之间的国际投资贸易通商航运关系，属于国际法的范畴。如果本案仅在意大利国内由雷西恩公司和马奇莱特公司向意大利法院提起行政诉讼的话，就仅仅是美国的公司与意大利政府之间的行政诉讼案件，就并非两个国家之间的关系，不能适用国际法，因为国际法主要调整的是国家之间的关系，而非国内的民商事纠纷。

（二）国际法的性质

国际法与国内法不同，其性质既包括法律性又包括国际性。

1.国际法的法律性

部分学者否认国际法的法律性，其原因主要在于：

第一，国际法内容不够明确。国际法的形成较国内法晚得多，国际法在形成之初，其表现形式主要为国际习惯法，国际法的原则和规则尚不明确。

两次世界大战结束后，这一情况发生了很大的改变。一方面，很多问题难以通过单一国家的力量获得解决，国家之间签订了很多的条约，明确国与国之间的权利义务关系，国际法的内容变得越来越明确。另一方面，《联合国宪章》所确立的国际法治精神以及联合国对国际法的编纂使得国际法的法律性也更加清楚、明确。[1]

第二，在将国际法和国内法进行比较之后，有些学者对国际法的法律性提出了质疑。他们认为，国际法与国内法不同，没有一个统一的立法机关来制定法律，也没有一个强制机关来保障法律的实施。在国际社会中，国家与国家是平等的，不存在一个具有更高权威的中央机构，也不存在一个世界政府。国际法主要靠"一般舆论"或"道德制裁"加以实施，没有法律拘束力，所以不具有法律性。这种观点过于偏颇，国际法和国内法产生于不同的社会结构，分别属于统一社会的不同法律体系，不能以国内法作为衡量国际法的标准。国际法是作为国际社会平等成员的各国在相互协议的基础上逐渐形成的。"国家不仅是自己应遵守的国际法规范的制定者，而且在一定程度上又是这些约束它们自己的规范的解释者和执行者"[2]如果国际法没有法律性，而只靠"一般舆论"或"道德制裁"来

---

〔1〕 邵沙平主编：《国际法》，中国人民大学出版社2010年版，第7页。

〔2〕 梁西主编：《国际法》，武汉大学出版社2000年版，第15页。

实施的话,可以说国际社会会是一盘散沙,每个国家都可以为所欲为。但是实际情况并不是如此。每个国家都遵循着国际法的规则,国家违反国际法要承担国际责任,这些责任并不仅仅是舆论的谴责。国际法上的国家的国际责任是指国家对国际不法行为所承担的责任,还包括终止不法行为、恢复原状、赔偿损失、补偿、抵偿、限制主权与刑事制裁。

总之,国际法具有法律性。

2.国际法的国际性

国际法所需要的解决的是国际问题,肯定涉及至少两个以上的国家,国际性是国际法区别于国内法最明显的特征。其国际性可以从以下几个方面来体现:

第一,国际法渊源的国际性,国际法律规范不是由某一个国家制定的,而是由国家共同来制定的,也包括国与国在交往中形成的习惯。

第二,国际法调整对象的国际性,国际法的调整对象是以国家之间的关系为主导的国际关系。

第三,社会关系的国际性,国际法调整的社会关系是国际社会关系,而国内法调整的社会关系主要是国内社会关系。

西电公司案很好地体现了国际法的法律性和国际性。首先是法律性,意大利和美国之间签订了《条约》,这样两国之间的权利义务就是非常明确的。西电公司案中,美国向国际法院提起了诉讼,虽然意大利对管辖权提出了异议,但是国际法院判决驳回意大利的管辖权异议,那么意大利和美国就应当接受国际法院的管辖权以及作出的判决。国际法院作出的判决有最终的效力,这种效力并不是道德上的拘束力,而是法律的拘束力。其次是国际性,西电公司案虽然涉及意大利的西电公司,但西电公司并非本案的诉讼当事方。在本案中诉讼的双方是意大利和美国,由国际法院进行审理,涉及了国家与国家之间的关系,体现了调整对象的国际性。本案判决所依据的是国际法的原则,以及相关的国际条约,具有法律渊源的国际性。

(三) 国际法和国内法

1.理论层面的国际法与国内法的关系

国际法和国内法的关系问题是国际法理论中的一个重要问题,关于二者的关系目前最具代表性的学说是一元论和二元论。

(1)一元论。一元论主张国际法和国内法属于同一个法律体系,二者都从属于自然法。因此在国内适用国际法时,不需要将国际法转换为国内法。在一元论中,国际法和国内法存在着冲突,由此诞生了一元论中的两种理论观点:国际法优先说和国内法优先说。

国际法优先说认为,当国际法和国内法发生冲突时,国际法优先于国内法得到适用,国内法从属于国际法,在效力上依靠国际法。

此种理论主要依据是"最高规范",即"条约必须遵守"或"国际社会的意志必须遵守",此理论的主要倡导者为奥地利学者凯尔森。国际法优先说认为,国际法优先意味着国际法律秩序对国内法律秩序的最高命令,主权国家是被国际法律秩序委托建立国内法律秩序,在国内法之上有国际法律秩序,而国际法律秩序最后可以追溯到最高规范。但这种学说的缺陷就在于,"最高规范"建立在假设的基础之上,并且无法提出证据来说明最高规范假设的效力来源。

国内法优先说认为,国际法从属于国内法,当国际法和国内法发生冲突时,国内法应当优先得到适用。此理论在19世纪末叶为一些德国公法学家所提倡,代表人物有耶利内克、佐恩等人,现在这个理论已经为国际法学界所抛弃。此种理论认为,国内法才是国家意志的体现。国家在国际社会的活动,也是依据一国国内法的有关规定开展的,国际法是国内法派生出来的,国际法的效力来源于国内法。

这种理论的缺陷在于,既然国际法从属于国内法,那么每个国家都可以根据自己的国内法来支配国际法,这就使得国际法失去了应有的效力。

(2)二元论。二元论又被称为国际法与国内法平行说,国际法与国内法对立说。该学说认为,国际法和国内法属于两个法律体系,两者互相分离,不会发生冲突。特里佩尔认为,因为国际法和国内法的法律渊源、调整对象的根本不同,导致了二者属于不同的法律体系。[1]国际法和国内法基于不同的法律原则,在国际法中,主要依据"条约必须遵守"的基本原则,而国内法则主要依据"国家制定的法律必须遵守"的原则。二元论的提倡者有德国的特里佩尔、安吉洛蒂等人,奥本海也是主张二元论的。该理论的缺陷在于,采用静止的观点看待国内法和国际法,忽视了二者之间的内在联系。

2. 实践层面的国际法与国内法关系

在明确了国际法和国内法的理论上的关系问题基础上,分析实践中国际法和国内法的关系。实践上的探讨要从两个层面,一个是国际层面上,国内法在国际关系中的地位问题,另一个是国内层面上,各国国内国际法的地位、如何适用国际法。

(1)国际层面的实践。

①国家不得援引其本国法律作为其违反国际义务的借口。这是在国际法

---

[1] 梁西主编:《国际法》,武汉大学出版社2000年版,第17页。

院已经确立的国际法的规则,《维也纳条约法公约》第 27 条[1]规定了条约必须遵守的义务。

②国际法庭参考相关当事国国内立法。国际法庭在作出判决时,要认定有关国家行为的合法性,会参考有关国家的国内立法,一般是涉及国家机关的权限、管辖权、个人和法人的国籍、没收等问题。

③当事国国内法在国际法庭的其他作用。这主要是指,国内法可以作为可归因于相关国家而产生国际责任行为的证据。

(2)国内层面的实践。

国际法的体系只有一个,但各国均有各自的国内法体系,各国在适用国际法时并不完全一致。在实践中,各国在处理国际法和国内法的关系时,所达成的共识主要为:首先,国家有义务保证其国内法与其缔结的国际条约不冲突;其次,因为有些国家条约的规定是原则性的,所以需要缔约国在其国内制定具体的法律;最后,各国对国际法的态度一般通过宪法或者法律加以规定。

在国内层面的实践,各国往往将条约和习惯区别对待。

①对条约的适用。英国并不会直接适用条约,而是必须由国会通过一项议会法令,使得国内法律的规定和条约的规定相一致。美国经过国会批准的条约自动地成为美国国内法的一部分,宪法和权利法案的地位高于条约,而联邦法律和条约处于同等的地位,因此美国通过纳入的方式使条约成为国内法的一部分,但是对于一些属于"行政协定"的条约,美国将它们区分为自动执行条约和非自动执行条约,非自动执行条约需要通过专门的立法程序才能在国内适用。我国对条约在中国的适用并没有法律作出统一的规定,而是散见于一些法律、行政法规和司法解释之中。概括起来有以下两种方式:第一,并入或者采纳,即在国内法中直接适用国际条约,如《中华人民共和国民法通则》第 142 条的规定;第二,转化,即专门制定相应的国内立法来适用国际条约,如《中华人民共和国领事特权和豁免条例》。

②对习惯的适用。对于公认的国际法规则,各国往往会将其规定为国内法的部分。但各国对国际习惯法的内容认知可能并不一致。

本案中,也涉及了国际法和国内法的关系问题。美国和意大利之间签订的《条约》是双边条约,属于国际法的范畴,而意大利在对西电公司发布征用命令及提供救济所依据的是国内法上的规定。《条约》中所规定的内容和意大利的国内法可能不一致,发生冲突。在这种情况下,无论《条约》是否已经作为意大

---

[1]《维也纳条约法公约》第 27 条国内法与条约之遵守一规定,当事国不得援引其国内法规定为理由而不履行条约。此项规则不妨碍第 46 条。

利国内法的部分,意大利都有义务遵守条约的规定,因为条约必须遵守是国际法上的一项习惯法原则,一国不能因为国内法上的规定而不履行其所签订的国际条约。国际法院在审理案件时应当适用国际法规则,是国际法院应当遵守的原则。国际习惯、国际条约、一般法律原则才是国际法的主要渊源。意大利国内法是意大利国内执法和司法的依据,在国际诉讼中,国际法院依照国际习惯、国际条约、一般法律原则来评价国际法主体的行为是否合法。

第二章
国际法的渊源

一、北海大陆架案

（一）案件背景

北海是大西洋东北部边缘海，位于欧洲大陆的西北方向，在大不列颠岛、斯堪的纳维亚半岛、日德兰半岛和荷比低地之间。北海是个半闭海，西面是英国，东面自北而南有挪威、丹麦、德国和荷兰等国。北海水深一般不到200米，大陆架连成一片，大陆架有丰富的资源。1959年在荷兰海岸外发现了世界上第二大的天然气田，随后石油企业竞相在北海进行大规模的勘探，并且陆续发现了一些新的油、气田。在这种情况下，沿岸国家对北海大陆架的划界问题，就成为一个比较紧迫的问题。

英国和挪威、丹麦、荷兰之间分别于1965年3月10日、1966年3月3日、1965年10月6日缔结了划定大陆架疆界的协定。丹麦和挪威于1965年12月8日缔结了协定，划定了两国之间的大陆架疆界。这些协定都依据了中间线或原则上按照中间线进行划定。[1]

---

[1] 邵津："国际法院的北海大陆架案判决与大陆架划界原则"，载《北京大学学报（哲学社会科学版）》1980年第2期，第28~37页。

联邦德国[1]同荷兰、丹麦在 1964 年 12 月 1 日、1965 年 6 月 9 日分别签订了协定,划定了同荷兰、丹麦靠近海岸部分的大陆架疆界线。这段大陆架疆界线基本按照等距离划定的。在剩余的大陆架疆界划分中,荷兰和丹麦主张仍按照等距离原则确定同德国的大陆架界线。但是按照等距离进行划分的话,联邦德国将无法将其大陆架延伸到英国在北海中部的界线,德国因此对荷兰和丹麦的主张表示反对。德国认为,应当考虑北海具体情况,沿岸国家的大陆架区域汇聚到中央,每一沿岸国都有权将其大陆架扩展到中间线,可以以一国海岸两端或者海上边界线的两个向海端的线作为基线,来确定大陆架的划分。

在和德国的谈判破裂以后,荷兰和丹麦在 1966 年 3 月 31 日,签订了《关于两国间北海海底大陆架的划界协定》,根据等距离原则划定了两国的大陆架疆界,这样,DFBE 这块区域即完全被丹麦和荷兰瓜分。对此协定,联邦德国表示不能接受,联邦德国因此和丹麦、荷兰发生争议。

(二)诉讼过程

在 1967 年 2 月 2 日,联邦德国分别和丹麦、荷兰签订了协定,三国同意将争议提交国际法院进行审理。丹麦和荷兰的法律论点基本相同,所以国际法院将两案的诉讼程序合并进行审理。在协定中,国际法院被要求确定在划分联邦德国与丹麦间以及联邦德国与荷兰间划定大陆架疆界所应当依据的国际法规则,三国作出承诺将会根据国际法院的判决来确定争议的大陆架疆界。

1958 年缔结的《大陆架公约》第 6 条[2]规定了两种情况下的大陆架划定方法。第一种情况,当两个国家在海岸上相向时,两国间大陆架界线应当首先通过协议的方式确定,如果没有协议,除非有特殊情况,应当根据等距离原则,即先确定一国领海基线上某一点到另一国领海基线最近的点所构成的线的中点,再由这样的中点构成大陆架界线。第二种情况,当两个国家领土毗邻时,他们的之间的大陆架界线划分,也是首先是根据协议,如果没有协议,除非有特殊情况,应当根据等距离原则,即从相邻两国领海基线交界处出发,由距离两国领海基线上的某一点距离最近并且距离两国领海基线上的某一点长度相同的点构成两国大陆

---

[1] 1949 年 5 月 23 日,美国、英国、法国占领区合并成立德意志联邦共和国,简称联邦德国,苏联占领区则在同年成立德意志民主共和国,简称民主德国。1990 年 10 月 3 日,德意志民主共和国宣布停止存在,其领土正式并入德意志联邦共和国。

[2] 《大陆架公约》第 6 条规定,1. 同一大陆架邻接两个以上海岸相向国家之领土时,其分属各该国部分之界线由有关各国以协议定之。倘无协议,除因情形特殊应另定界线外,以每一点均与测算每一国领海宽度之基线上最近各点距离相等之中央线为界线。2. 同一大陆架邻接两个毗邻国家之领土时,其界线由有关两国以协议定之。倘无协议,除因情形特殊应另定界线外,其界线应适用与测算每一国领海宽度之基线上最近各点距离相等之原则定之。

架界线。丹麦和荷兰两国认为,对于海岸相邻或者相向的国家的大陆架疆界划分在没有达成协议的情况下应当根据等距离原则进行划分。等距离是划分大陆架疆界的固有的国际法原则,该原则是国际习惯和一般国际法的内容,虽然联邦德国并没有加入大陆架公约,但是该原则对联邦德国也是有拘束力的,丹麦和荷兰特别强调了《大陆架公约》第 6 条所内含的等距离原则虽然对联邦德国不构成条约义务,但是此原则已经成为国际习惯和一般国际法的一部分,其论据是:(1)1958 年大陆架公约缔结以前,有关大陆架的国际法规则还处在形成阶段,不同国家有不同国家的做法,随后通过国际法委员会的工作、各国政府对该工作的反映和日内瓦会议的举行,正在产生的习惯法明确和巩固起来了,这项国际法习惯成为公约第 6 条的规定;(2)在制定《大陆架公约》的日内瓦会议以后,很多国家都签署批准了公约,等距离原则也在很多国家实践中得到了运用,这一原则作为国际习惯得以加以巩固。

联邦德国则认为,其不是《大陆架公约》的当事国,《大陆架公约》第 6 条对联邦德国不能产生条约上的拘束力,等距离原则也不是国际习惯和一般国际法,等距离原则不能约束联邦德国。等距离原则虽然在一般情况下能产生公平的结果,但是北海的情况特殊,适用等距离原则并不恰当。沿海国对大陆架的权利是基于大陆架和海岸的地理和地质上的联系,在划分大陆架疆界时,相关国家都应当得到同其"海岸正面"(海岸与海接触的宽度,即连接海岸两端的直线)的长度成比例的、"公正合理的份额"的大陆架。

(三) 国际法院判决

国际法院在 1969 年 2 月作出了判决。国际法院否定了德国主张的根据公平合理的份额分配大陆架的主张。国际法院认为国际法院的任务是划界,而不是分配有关区域,沿海国对构成其陆地领土海底自然延伸的大陆架区域的权利是因其对该陆地的主权而自始依此事实而存在的,此项权利是固有的,为行使此项权利,不需要实施特别的法律行为,因此根据"海洋正面"对大陆架进行分配与大陆架权利的基本概念是不符的。

国际法院接下来否定了荷兰和丹麦提出的等距离原则是国际习惯和一般国际法。国际法院认为,国际法委员会并没有将《大陆架公约》第 6 条作为正在形成的国际习惯提出,任何国家在签署、批准或加入公约时都可以对该第 6 条提出保留。另外,《大陆架公约》第 6 条的拟定,是将等距离方法置于通过协议实现划界的主要义务之后,还有情形特殊的规定,对该公约第 6 条是国际习惯性质提出疑问。此外,迄今为止批准和加入《大陆架公约》的国家数目并不是特别多,荷兰和丹麦所主张依据等距离原则划定大陆架疆界的国家实践,也没有证据表明是受这些国家在划定疆界时是因为等距离原则已经成为国际习惯而造成的影响。

国际法院据此认为,当事各国均没有义务依据等距离原则。国际法院向当事各国指出了实施划界应当遵循的法律原则和规则。

首先,大陆架疆界的划定必须经过有关国家达成协议,而且该协议必须根据公平的原则达成,当事各国有义务以达成协议为目的而进行谈判,谈判不只是形式上的程序。当事各国应当将所有情况考虑在内,应用公平的原则。

国际法院对当事各国可能可以应用的划界方法作出了一些指示。国际法院认为,本案中大陆架情况特殊,当事国不应当采纳等距离的划界方法,划界应根据公平原则并在考虑所有情况的情形下通过协议实施,并尽量为各方留下陆地领土自然延伸的所有大陆架部分而不侵犯另一方陆地领土自然延伸的部分,对于这样划界所产生的相互重叠的区域,应根据当事各方商定的比例进行划分,如果没有达成协议,则应当平均划分,除非当事各方决定对重叠部分大陆架实行共同管辖、使用或者开发。

国际法院指出,在进行关于大陆架疆界划分的谈判过程中,确定大陆架疆界应当考虑的因素有:当事各方海岸的一般形状,以及任何特殊和独特的特征的存在;迄今为止已知的或容易查明的有关大陆架区域的自然和地质结构和自然资源;属于各国大陆架范围与其海岸线长度的合理比例。

二、案件所涉国际法原理

(一) 国际法的渊源的概念

对于法律渊源的含义,存在不同的理解。王铁崖主编的《国际法》一书中指出"法律渊源是指法律原则、规则和制度第一次出现的地方"[1]。马尔科姆·N.肖的《国际法》则认为"渊源"是指法律体系在技术层面运作的规定。[2]很多学者将法律渊源分为形式渊源和实质的渊源,实质渊源是证明法律规则之存在的证据[3],而形式渊源则实际上是国际法的表现形式。对于何为国际法的渊源,并没有国际法律文件作出解释,但一般认为《国际法院规约》第38条对国际法渊源作出了规定:一.法院对于陈诉各项争端,应依国际法裁判之,裁判时应适用:(子)不论普通或特别国际协约,确立诉讼当事国明白承认之规条者;(丑)国际习惯,作为通例之证明而经接受为法律者;(寅)一般法律原则为文明各国所承认者;(卯)在第59条规定之下,司法判例及各国权威最高之公法学家学说,作为确定法律原则之补助资料者。

---

[1] 王铁崖主编:《国际法》,法律出版社1995年版,第10页。
[2] [英]马尔科姆·N.肖:《国际法》,白桂梅等译,北京大学出版社2011年版,第56页。
[3] 白桂梅:《国际法》,北京大学出版社2015年版,第36页。

随着国际法的发展,对这一规定作为国际法渊源的解释产生了渊源种类是否穷尽、渊源之间是否存在顺位的疑问。

本案中,《大陆架公约》作为一项国际条约,是国际法的渊源。本案的关键就在于等距离原则是否可以作为一项国际习惯,如果等距离原则被认为是一项国际习惯,那么就可以作为国际法的渊源,国际习惯作为国际法的渊源之一,就可以对国家产生拘束力。而国际条约与国际习惯不同,只有当事国才受条约的约束。

(二) 国际法的渊源的种类

1. 条约

条约和国际习惯是国际法的主要渊源。条约是两个或两个以上国际法主体根据国际法确定相互之间权利义务关系的一致的意思表示,条约一般是采用书面形式的。条约必须遵守是一项国际法基本原则,只要是现行有效的条约,国家就应当遵守。对于条约有不同的分类:

(1)根据缔约方的数目,分为双边条约、有限制的多边条约、一般性的多边条约。双边条约是指两个国家之间缔结的条约。一般性多边条约,是指三个以上国家而缔结的条约,这种条约一般对所有的国家开放,如1969年《维也纳外交关系公约》。有限制的多边条约,是指两个以上有限的缔约方之间缔结的条约,如1951年《欧洲煤钢共同体条约》。

(2)根据条约的性质,可以把条约分为造法性条约、契约性条约。造法性条约是指缔约方创立以后相互间必须遵守的共同规则的行为,这一共同规则可能是新的,也可能是对旧有规则的改变,造法性条约往往是开放性的多边性的条约。契约性条约是指缔约方在某一具体事项上规定一种权利义务关系而缔结的条约。严格地来说,二者实际上非常难区分。有部分学者对"造法性"有不同的理解,他们认为,所有的条约实际上都在确立规则,或是一般性规则,或是个别性规则,从这点来说,所有的条约都是造法性条约。有学者主张,只有造法性条约才是国际法的渊源,契约性条约不是。[1]也有学者主张契约性条约也可以成为国际法渊源,因为他们也在规定国际法规则。[2]契约性条约通常是两个国家之间为确定某一事项的权利义务关系所缔结的条约,因此契约性条约规范的是两个缔约国间的"国际社会关系",造法性条约则规范大范围、普遍性的国际社会。

(3)根据条约的内容,可以分为政治、经济、文化、科技、法律、边界等类别。

2. 国际习惯

《国际法院规约》第38条对何谓国际习惯进行了解释,"作为通例之证明而

---

[1] 劳特派特修订:《奥本海国际法(上卷第一分册)》,商务印书馆1971年版,第19页。
[2] 王虎华:"契约性条约问题的理论辩证",载《法学》2013年第12期,第53~62页。

经接受为法律者。"国际习惯是国际法的古老渊源,国际法最初即为不成文法。最初的国际习惯是欧洲国家间的国际习惯,随着国际社会的发展,越来越多国家获得独立,同时新的科技推动出现新的领域,需要新的国际法去规范,在这种情况下,条约大量地出现了。但是国际习惯作为国际法渊源的地位并没有为条约所完全取代,因为相比于条约,国际习惯具有普遍的拘束力。条约一般只对当事国有效,而且在某些情况下国际习惯比条约更快的形成,能够更好地适应国际社会的发展。

从"作为通例之证明而经接受为法律者"出发,国际习惯应当具备通例和法律确信这两个要素。其中通例是客观要素,即国家实践,是指多数国家一贯、重复的行为。一个国家的实践不能成为国际习惯,部分区域中存在普遍做法也不能成为国际习惯,因为国际习惯对整个国际社会具有拘束力。另外,多数国家必须一贯地按照某一规则行为,如果只是短暂的行为,也不能构成通例。在考虑是否有通例的存在时,应当考虑时间上的连续使用、空间上的广泛适用、次数上的不断重复以及对同一问题的一致做法。法律确信是主观要素,即国家相信他们如此行为是按照法律的要求,而不是出于礼让或传统的考虑。

国际习惯是不成文的,国家根据国际习惯行为,而国家的行为往往通过各种法律文件得以展现。如果要适用一项国际习惯,就必须证明该习惯的存在。对于国际习惯的存在,就需要通过各种法律文件来查找证据。

北海大陆架案是由国际法院来考察条约整体或某一条规则是否具有国际习惯法的地位的最早的国际法实践[1]。本案中的争议焦点实际上在于《大陆架公约》第6条所规定的等距离原则是否已经作为国际习惯法。国际习惯法是各国重复类似的行为而产生的具有法律拘束力的规则,对于国际习惯法的确认要从物质要素跟心理要素来认定。物质要素是指不同国家存在重复的类似行为,在如何能够认定是否存在重复的类似行为,要从重复的类似行为的时间、空间、次数等方面来考察,然而目前并不存在着确定的规则作为认定构成重复的类似行为的标准,这应当由裁判者来裁定。心理要素是指"法律确信",即不同国家都已经认为某一法律规则已经产生拘束力。国际法院在本案的判决中就指出"不仅行为必须表示为一致的通例;更需要证明这种通例是一种法律规则,而必须遵守之的信念:当事国必须有履行一种法律义务的感觉,而非仅单纯出于礼让或传统的考虑。"本案中,丹麦跟荷兰从两点出发,认为等距离原则已经是国际习惯法,首先是《大陆架公约》生效以来的自身的影响力,其次是等距离原则在国家实践中的适用。国际法院否定了等距离原则作为国际习惯法,因为从心理要素

---

[1] 朱文奇编:《国际法原理与案例教程》,中国人民大学出版社2009年版,第19页。

方面来说,对于荷兰和丹麦所主张依据等距离原则划定大陆架疆界的国家实践,没有证据表明这些国家将等距离原则视为国际习惯而划定的疆界。

3. 一般法律原则

对于一般法律原则,存在着较大的争议,甚至有学者否定一般法律原则可以作为国际法的渊源。但是一般法律原则作为国际法的渊源不应当被否定。在国际法的实践中由于国际关系日益复杂多样化,现在的国际法体系虽然已经比较完整,但是仍然会出现没有具体的法律规范可以参照的情形。一般法律原则的存在可以填补这一漏洞。

对于何为一般法律原则,存在着较大的争议。目前对其含义有三种较为代表性的理解:(1)一般法律原则是一般国际法原则;(2)一般法律原则是"一般法律意识"所产生的原则;(3)一般法律原则是各国法律体系所共有的原则。根据《国际法院规约》中对于一般法律原则的规定[1],其强调了不同国家对一般法律原则的承认。而各国对一项法律原则的承认,应当通过立法将该法律原则规定在法律中。因为如果一国仅仅通过声明肯定某一法律原则,那是没有意义的,法律原则更重要是在实践中得到遵守和适用。据此,第三种解释较为合理,即一般法律原则是各国法律体系都具有的原则,如正当程序原则。

4. 司法判例和公法学家学说

《国际法院规约》第38条将司法判例和公法学家学说作为了辅助资料。应当说,司法判例和公法学家学说的性质和条约、国际习惯、一般法律原则的性质是不同的。前者对国际法主体并不当然有普遍的拘束力,但是后者对国际法主体有法律拘束力。在国际法实践中,司法判例和公法学家学说往往是确定国际习惯和一般法律原则的重要依据。

普通法系国家要求遵循先例,法官对一个案件所做的判决,不仅对本案有拘束力而且也对此后同类的案例产生拘束力。这一规则却不适用于国际法领域,国际法院的判决只对本案及当事人有拘束力,对本案及当事人外并没有拘束力。但司法判例可以作为确定国际法渊源的证据,并且判例中关于某种法律原则方面的论断,往往仍可被援引。国际法院的判决,由于国际法院的特殊的地位,其判决对国际法的发展有非常大的影响力。

各国权威的国际公法学家的学说往往通过专著、教材表现出来,他们可以作为证明、解释国际条约、国际习惯、一般法律原则的辅助资料和证据。他们的学说在国际法院的裁决中很少看到,但是在国际仲裁法庭、国内法院的裁决中,或在国际法院的个别意见或反对意见中被援引的比较多。

---

[1]《国际法院规约》第38条规定:(寅)一般法律原则为文明各国所承认者。

第三章

国际法的基本原则

一、东帝汶案

（一）案件背景

东帝汶位于东南亚努沙登加拉群岛最东端。包括帝汶岛东部和西部北海岸的欧库西地区以及附近的阿陶罗岛和东端的雅库岛。西部与印度尼西亚西帝汶相接，南隔帝汶海与澳大利亚相望。海岸线长735公里。

1. 殖民地时期

16世纪前，帝汶岛曾先后由以苏门答腊为中心的室利佛逝王国和以爪哇为中心的麻喏巴歇（满者伯夷）王国统治。16世纪初，葡萄牙殖民者入侵帝汶岛。1613年，荷兰势力侵入，于1618年在西帝汶建立基地，排挤葡萄牙势力至东部地区。18世纪，英国殖民者曾短暂控制西帝汶。1816年，荷兰恢复对帝汶岛的殖民地位。1859年，葡萄牙、荷兰签订条约，界定东帝汶和西帝汶之间的陆地边界，重新瓜分帝汶岛。帝汶岛东部及欧库西归葡萄牙，西部并入荷属东印度（今印度尼西亚）。1942年日本占领东帝汶。第二次世界大战后澳大利亚曾一度负责管理东帝汶，不久后葡萄牙恢复对东帝汶的殖民统治，1951年将东帝汶改为葡萄牙海外省。1960年，第15届联合国大会通过1542号决议，宣布东帝汶岛及附属地为"非自治领土"，由葡萄牙管理，葡萄牙政府通过给联合国秘书长的备忘录对此予以承认。

2. 葡萄牙放弃东帝汶,印度尼西亚侵吞东帝汶

1974年4月25日葡萄牙爆发"武装部队运动",推翻了独裁政权,葡萄牙开始民主化和非殖民化进程。1975年葡萄牙政府允许东帝汶举行公民投票,实行民族自决。主张独立的东帝汶独立革命阵线(以下简称"革命阵线")、主张同葡萄牙维持关系的民主联盟、主张同印度尼西亚合并的帝汶人民民主协会三方之间因政见不同引发内战,内战爆发后,葡萄牙将其在当地的管理机构从帝汶岛撤到了阿陶罗岛。"革命阵线"于1975年11月28日单方面宣布东帝汶独立,成立东帝汶民主共和国。

1975年12月,印度尼西亚出兵东帝汶,之后葡萄牙将其在阿陶罗岛的管理机构撤离,印度尼西亚占领了东帝汶并对东帝汶实行有效控制。1976年印度尼西亚宣布东帝汶为印度尼西亚的第27个省。1975年12月联合国大会通过决议,谴责印度尼西亚的武装入侵,要求印度尼西亚撤军,呼吁各国尊重东帝汶的领土完整和民族自决权利,葡萄牙政府应当和联合国合作,使得东帝汶人民的民族自决权得以实现。此后联合国大会多次审议东帝汶问题,安理会也督促印尼尽快撤军。1982年联合国表决通过支持东帝汶人民自决的决议。在联合国秘书长的斡旋下,葡萄牙政府与印度尼西亚政府从1983年到1998年就东帝汶问题进行了十几轮谈判。[1]

3. 澳大利亚承认东帝汶为印度尼西亚领土,和印度尼西亚开发帝汶海大陆架

在1978年2月,澳大利亚对东帝汶成为印度尼西亚的领土给予事实上的承认。同年12月15日,澳大利亚和印度尼西亚就澳大利亚和东帝汶之间的大陆架划界问题开始谈判。在此前的1972年,澳大利亚已经和印度尼西亚通过协议划清了两国之间的大陆架边界,但涉及东帝汶南海岸和澳大利亚北海岸之间的大陆架边界并没有确定,这部分未确定大陆架疆界的海域,被称为"帝汶海"。

1979年,澳大利亚和印度尼西亚的谈判正式开始,但是谈判并没有取得结果,两国转而寻求联合勘探开发该地区大陆架资源。在1989年12月11日,两国达成了《印度尼西亚和澳大利亚帝汶海条约》(本章简称《条约》),根据该《条约》在帝汶海上划定了一片合作区,该合作区由在中间的A区,靠近澳大利亚的B区和靠近东帝汶的C区组成。B区和C区为两国分别开发,A区则由两国共同勘探开发。A区由两国代表组成的部长委员会进行管理。

葡萄牙在1985年9月、1988年10月、1989年10月以及《条约》签署后的

---

[1] 参见"东帝汶国家概况",载http://tl.chineseembassy.org/chn/ddwjj/t649271.htm. 2017-09-12.

1989 年 12 月 13 日,多次对印度尼西亚和澳大利亚的行为表示抗议。葡萄牙认为,合作区中的 A 区和 C 区所涉及的大陆架权利应当由东帝汶独占。葡萄牙强调了东帝汶人民所享有的自决权以及葡萄牙作为有争议领土管理者的地位,重申了由此产生的权利和责任。葡萄牙认为澳大利亚没有尊重葡萄牙的地位和东帝汶人民享有的权利。

(二) 诉讼过程

1991 年 2 月,葡萄牙对澳大利亚就东帝汶的某些活动向国际法院提起诉讼。

葡萄牙认为,东帝汶人民享有民族自决权及相关权利,特别是对其领土完整和对自然资源拥有永久主权,作为对东帝汶的管理者,葡萄牙有权向国际法院提出请求。澳大利亚没有遵守《联合国宪章》的规定,没有按照联合国安理会的要求尊重东帝汶人民的民族自决权。对于划界和海洋资源的勘探开发这些涉及国家共同利益的事务,应由相关国家通过判决解决,澳大利亚不应当就帝汶海大陆架资源的开发与印度尼西亚签订条约。葡萄牙要求澳大利亚停止其违反国际法的行为,并且对东帝汶人民和葡萄牙进行赔偿。

澳大利亚则主张,它与葡萄牙之间并没有争端。澳大利亚主张,葡萄牙提出的案件请求被人为地限制在澳大利亚的行为是否合法这个问题上,但真正的被告国应当是印度尼西亚,而不是澳大利亚。澳大利亚坚持认为,它是代替印度尼西亚被诉的。葡萄牙诉讼请求成立的前提是,国际法院对印度尼西亚侵吞东帝汶的行为为非法作出裁决。为支持其论点,澳大利亚引用了 1954 年国际法院报告中提到的 1943 年从罗马运出黄金货币案,该案中在没有阿尔巴尼亚(在案中作为第三国)同意的前提下,法院不能决定有关阿尔巴尼亚的国际责任的问题,因为阿尔巴尼亚(第三国)的法律权益不仅会受到有关裁决的影响,还将构成该裁决的主体事项。澳大利亚还主张葡萄牙并没有向国际法院就本案提起诉讼的资格,葡萄牙在本案中没有自己的利益。联合国大会和安理会的决议提到葡萄牙作为东帝汶的管理者也并不能意味着葡萄牙可以代表东帝汶人民。

(三) 国际法院判决

国际法院在 1995 年 6 月 30 日作出了判决,国际法院不能在本案中行使管辖权。

国际法院认为,是否在葡萄牙与印度尼西亚之间而不是葡萄牙与澳大利亚之间存在"实际争端",这个问题对核实本案中是否存在法律争端关系不大。葡萄牙从事实上和法律上对澳大利亚提出了正当或非正当的指控,但被澳大利亚所否认。根据这种否认,法律争端是存在的。

就当事国双方而言,东帝汶领土依然属于非自治领土,其人民享有民族自决权。而且联合国大会、安理会明确称葡萄牙为"管理国"。但国际法院并不能仅仅联合国大会和安理会的决议就认定,第三国有义务只和葡萄牙讨论帝汶海的大陆架问题。

国际法院必须首先裁决印度尼西亚的行为是否合法,以此才能裁决澳大利亚是否违反了尊重葡萄牙作为管理国所享有的地位,东帝汶作为非自治领土所享有的地位的义务。但是这样裁决会直接违反只有经一国同意,法院才有管辖权的国际法原则。国际法院在最后的结论中指出国际法院没有必要考虑澳大利亚的其他反对意见,并且不能对本案的实质问题进行裁决。但是国际法院强调了东帝汶非自治领土的地位和它享有的民族自决权。

(四) 后续发展

印度尼西亚侵吞东帝汶后背上了沉重的包袱。经济上,印度尼西亚投入大量的资金支撑落后的东帝汶发展;军事上,印度尼西亚军队在东帝汶经历了游击战遭受重大的伤亡;外交上,印度尼西亚受到国际社会的谴责而导致在道义上陷入孤立的境地。

1997年亚洲金融风暴席卷印度尼西亚,印度尼西亚国内经济、政治矛盾激化。1998年5月,印度尼西亚发生政权更迭,统治印度尼西亚32年的苏哈托下台,哈比比接任总统。哈比比在1999年1月宣布,如果东帝汶拒绝自治方案,印度尼西亚议会可能讨论东帝汶独立问题。在同年的5月,哈比比和葡萄牙签署了协议,同意东帝汶在1999年8月举行全民公决。1999年8月30日,东帝汶举行全民公决,78.5%的选民支持独立。但是随后,亲印度尼西亚的东帝汶民兵发动骚乱。9月20日,联合国维和部队进驻东帝汶,骚乱方才平息下来。[1]

1999年10月,联合国安理会决定建立联合国东帝汶行政过渡当局,全面接管东帝汶内外事务。2002年5月20日,东帝汶民主共和国正式成立。东帝汶独立后,"革命阵线"作为东帝汶第一大党,组建以其为主导的首届政府。

二、案件所涉国际法原理

(一) 国际法基本原则的概念和特征

1. 国际法基本原则的概念

国际法的基本原则在国际法中具有特殊地位,它是各国所公认的,具有普遍

---

[1] 温北炎:"东帝汶问题的来龙去脉",载《东南亚研究》1999年第6期,第18~21页。

意义的、适用于国际法一切效力范围的,构成国际法的基础的法律原则。

2.国际法基本原则的特征

国际法的基本原则具有如下的特征：

(1)各国所公认。一项原则要成为国际法的基本原则必须得到国际社会公认,但这不是说基本原则要得到国际社会所有国家的承认,但必须得到大多数国家的承认和接受；

(2)具有普遍意义。基本原则和其他原则的区别就在于,基本原则具有全局性,对整个国际法规范体系有指导意义；

(3)构成国际法的基础。国际法的基本原则在国际法规则体系中地位特殊,就如同一国国内宪法原则,是其他国际法原则、规则和制度都不能违反的；

(4)具有强行法的性质。所谓强行法(jus cogens),又称强制法、绝对法。1969年的《维也纳条约法公约》第53条明确规定,强行法指"国家之国际社会全体接受并公认为不许损抑,且仅以后具有同等性质之一般国际法规律始得更改之规律。"[1]有些学者认为国际法基本原则即是强行法,"所有公认的国际法基本原则都成为它的一部分"。[2]也有学者认为"应该从国际法基本原则之中寻找国际强制法,并不是所有这些原则都可以视为强制性规则,不过大部分的基本原则都具有强制的性质。"[3]

(二) 国际法的基本原则

对于哪些原则构成国际法的基本原则,目前尚没有一个普遍接受的观点。对此中外学者提出了不同的观点。施瓦曾伯格在其《国际法基本原则》中说基本原则包括七项,分别是主权原则、承认原则、同意原则、善意原则、自卫原则、国际责任原则和海洋自由原则[4],布朗利在他的《国际公法原理》中提到了八项国际法基本原则,包括同意、对等、国家平等、协议的法律效力、善意、国内管辖和海洋自由等。[5]王铁崖在他的《国际法引论》指出,符合国际法基本原则要求的原则有《联合国宪章》所规定的七项原则、和平共处五项原则、万隆十项原则、

---

[1] 《维也纳条约法公约》第53条。

[2] 参见帅伊:"国际法上强制法的概念",载1966年4月3~8日希腊勒贡尼国际法会议《报告和会议记录(二)》,1977年英文版,第48页。

[3] 参见:"现代国际法原则的性质",载《海牙国际法学院讲演集》,英文版,第172卷,1961-Ⅲ,第260页。

[4] G. Schwarzenberger, The Fundamental Principles of International Law, 87 Rec. Des Cours 195 (1955-Ⅰ), pp. 214-371.

[5] 参见 I. Brownlie, Principle of Public International Law, fourth edition, Clarendon Press, Oxford, 1990, p.19。

《关于各国依联合国宪章建立友好关系及合作之国际法原则之宣言》七项原则和《经济宪章》十五项原则。[1]本书中,仅介绍国家主权原则、禁止使用武力或武力威胁原则、不干涉内政原则、民族自决原则、和平解决国际争端原则。

1. 国家主权平等原则

主权是国家固有的根本属性,也是国家最重要的属性。[2]国家主权是国家的独立权,是指国家所固有的独立自主地处理其对内对外事务的权力,包括对内的最高统治权和对外独立自主处理外交事务的权利。主权是一个国家的最高权力。由于主权是国家的基本要素之一,是国家的根本属性,所以国家主权平等原则就成为现代国际法最重要的一项基本原则。各国主权平等,主权平等包括下列要素:

(1)各国法律地位平等;

(2)各国均享有充分主权之固有权利;

(3)各国均有义务尊重其他国家之人格;

(4)国家之领土完整及政治独立不得侵犯;

(5)各国均有权利自由选择并发展其政治、社会、经济及文化制度;

(6)各国均有责任充分并一秉诚意履行其国际义务,并与其他国家和平相处。

2. 禁止使用武力或武力威胁原则

《联合国宪章》第2条第4款规定:"各会员国在其国际关系上不得使用威胁或武力,或以与联合国宗旨不符之任何其他方法,侵害任何会员国或国家之领土完整或政治独立。"不仅会员国,其他任何国家不应当以武力或武力威胁侵害其他国家的主权领土完整和安全。现代国际法中,国家已经丧失了武力征服的权利。使用的武力的行为,除非是自卫或集体自卫,都是违反国际法的。

禁止使用武力或武力威胁原则的内容包括:使用威胁或武力构成违反国际法及联合国宪章之行为,永远不应用为解决国际争端之方法。侵略战争构成危害和平之罪行,在国际法上须负责任。依联合国宗旨与原则,各国皆有义务避免从事侵略战争之宣传。每一国皆有义务避免使用威胁或武力以侵犯他国现有之国际疆界,或以此作为方法,解决国际争端,包括领土争端及国际疆界问题在内。各国均有义务避免使用威胁或武力以侵犯国际界线,无论是否为当事国,均应尊重国际协定所确立的或者依据该协定所确定的停火线。但是此种尊重并不影响各国对有关国际界线所持立场,也不影响该国际界线的

---

[1] 王铁崖:《国际法引论》,北京大学出版社1998年版,第241页。
[2] 端木正主编:《国际法》,北京大学出版社1997年版,第52页。

临时或永久的性质。

1970年《关于各国依联合国宪章建立友好关系及合作之国际法原则之宣言》规定各国均有义务避免涉及使用武力报复行为;避免享有平等权利与自决权采取剥夺其自由、自决及独立行动的任何强制行动;避免组织或鼓励组织非正规军或武装团队,包括佣兵在内,侵入他国领土;避免在他国发动、煽动、协助或参加内争或恐怖活动;避免将国家领土作为违背宪章规定使用武力所造成军事占领的对象;避免国家领土成为他国以使用威胁或武力而取得的对象;使用威胁或武力取得的他国领土不得被承认为符合国际法。

本案中,印度尼西亚即违背了禁止使用武力的原则。在当今国际社会,武力只能作为自卫的方式,每一国都负有避免使用威胁或武力侵犯他国领土的国际义务,任何国家都不能通过武力侵犯他国领土和疆界。所有民族都享有自决权,殖民地人民有权通过民族自决决定自己的命运和前途,这样的权利不能通过武力进行侵犯。通过武力侵占他国领土和侵犯殖民地民族的民族自决权是违反国际法的行为。印度尼西亚出兵占领东帝汶,将东帝汶并入印度尼西亚领土的行为,违反了国际法,违背了禁止使用武力的国际法基本原则。

3. 不干涉内政原则

不干涉原则是国家主权原则的派生原则,在《联合国宪章》中得到重申和确认,是国家社会公认的国际法基本原则。其内容包括:

(1) 各国均有选择其政治、经济、社会及文化制度之不可移让之权利,不受他国任何形式的干涉。

(2) 任何国家或国家集团均无权以任何理由直接或间接干涉任何其他国家的内政或外交事务。因此,武装干涉及对国家人格或其政治、经济及文化要素的一切其他形式的干预或试图威胁,均系违反国际法。

(3) 任何国家均不得使用或鼓励使用经济、政治或任何他种措施强迫另一国家,以取得该国主权权利行使上之屈从,并自该国获取任何种类之利益。又,任何国家均不得组织、协助、煽动、资助、鼓励或容许目的在于以暴力推翻另一国政权之颠覆、恐怖或武装活动,或干预另一国之内争。

(4) 使用武力剥夺各民族之民族特性构成侵犯其不可移让之权利及不干涉原则之行为。

不干涉内政的原则,要求各国尊重其他国家独立自主处理国内事务的权利,其中也应当包括争取独立的民族独立进行民族自决的权利。东帝汶人民有权决定其政治、经济、文化制度,这样的权利不能被外界干涉。东帝汶虽然还未获得独立,但是其人民独立自主决定东帝汶内部事务的权利不应当被外国干涉。印度尼西亚通过武力侵占东帝汶,事实上干涉了东帝汶人民决定自己的命运的权利,违背了不干涉内政原则。

4. 民族自决原则

民族自决是一个非常复杂而又尖锐的问题,因为民族自决不仅涉及种族、历史、文化、历史问题,还与国家的独立、国家的承认与继承等密切相关。民族自决理论是随着民族解放运动的发展而兴起的。民族自决原则的核心内容在于,由本民族自己决定自己的命运,而不是受外来的统治、压迫和剥削。

联合国大会在1960年通过第1514号决议,发布了《给予殖民地国家和人民独立宣言》,联合国庄严宣布"所有的人民都有自决权;依据这个权利,他们自由地决定他们的政治地位,自由地发展他们的经济、社会和文化。"之后,联合国大会在1966年通过两个人权公约,即《公民权利和政治权利公约》《经济、社会、文化权利国际公约》,两个公约的第1条都对自决权作出了肯定,"所有人民都有自决权,他们凭这种权利自由决定他们的政治地位,并自由谋求他们的经济、社会和文化的发展。"民族自决原则实际上包含两个方面:一是政治的自决,即人民自由决定其政治地位,二是经济方面的自决,即人民自由地谋求经济、社会和文化的发展,自由地处置其天然财富和资源。后来的发展权就是从经济自决方面演变而来的。

根据民族自决的原则,一个民族享有决定自己民族前提和命运的权利,这样的权利便是民族自决权。联合国大会、安理会在决议中充分肯定了东帝汶人民享有的民族自决权,国际法院在判决中虽然没有就实质问题问题进行审理,但是也一再强调了东帝汶人民享有的民族自决权。东帝汶人民有权决定自己的命运,这是东帝汶人民应当享有的民族自决权,印度尼西亚不得直接运用武力占领东帝汶。

5. 和平解决国际争端原则

《联合国宪章》规定为避免危及国际和平、安全及正义,各会员国应以和平方法解决其国际争端。1970年制定的《关于各国依联合国宪章建立友好关系及合作之国际法原则之宣言》对和平解决国际争端原则作出了解释"每一国应以和平方法解决其与其他国家之国际争端,避免危及国际和平、安全及正义。各国因此应以谈判、调查、调停、和解、公断、司法解决、区域机关或办法之利用或其所选择之他种和平方法寻求国际争端之早日及公平之解决。于寻求此项解决时,各当事方应商定与争端情况及性质适合之和平方法。争端各当事方遇未能以上面任一和平方法达成解决之情形时,有义务继续以其所商定之他种和平方法寻求争端之解决。国际争端各当事国及其他国家应避免从事足使情势恶化致危及国际和平与安全之维持之任何行动,并应依照联合国之宗旨与原则而行动。国际争端应根据国家主权平等之基础并依照自由选择方法之原则解决之。"

坚持和平解决国际争端的原则,就意味着国与国之间发生争端时,不采取武力的方式,而通过和平的方法解决争端。这种和平的方法包括政治解决方法和法律解决方法。而法律解决方法中,又包括国际仲裁和司法解决。向国际法院提起诉讼就是一种司法解决方法。葡萄牙面对和澳大利亚之间的争端,没有诉诸武力,而是选择了向国际法院起诉来解决争端,这是遵守和平解决国际争端原则的体现。

第四章
国际法主体

一、西撒哈拉问题咨询案

(一) 案件背景

西撒哈拉位于非洲西北部,地处撒哈拉沙漠西部,濒临大西洋,北邻摩洛哥,南部和北部与毛里塔尼亚相接壤。西撒哈拉的主权归属问题目前仍然未解决,摩洛哥控制着西撒哈拉 98% 以上的区域,而西撒哈拉人民解放阵线则控制着西撒哈拉与周边国家摩洛哥、毛里塔尼亚和阿尔及利亚的交界区域。

1. 西班牙与西撒哈拉

历史上,西撒哈拉曾两次被阿拉伯人占领。13 世纪开始,西方殖民者开始入侵西撒哈拉,但由于新航路的开辟,西方国家将视线转向了新大陆,该地区得以在 19 世纪前免遭殖民主义的侵入。19 世纪,随着西班牙撤出美洲,西班牙重新将注意力转向西撒哈拉,同时西撒哈拉北部的摩洛哥也向西撒哈拉提出领土要求,西班牙和摩洛哥因此发生冲突。冲突的结果是西班牙战胜了摩洛哥,两国在 1860 年签订了《得土安条约》,西班牙得以自由地在非洲大陆大西洋沿岸扩张领土,为西班牙最终占领西撒哈拉奠定了基础。1886 年,西班牙正式宣布西撒哈拉成为西班牙的保护地。1887 年,西班牙政府将西撒哈拉划归加那利群岛总督管辖。

20 世纪 50 年代以后,亚非拉民族解放运动高涨。联合国通过决议推动非殖民化运动,英法等国逐渐从殖民地撤出,摩洛哥不断对西撒哈拉提出主权要求,西班牙面临越来越大的国际压力。同时面对西撒哈拉人民日益高涨的反殖民斗争,西班牙的统治也变得更加艰难。1958 年西班牙将西撒哈拉的塔尔法地区交给摩洛哥,同年西班牙宣布西撒哈拉为其一个省。1969 年,西班牙又将西撒哈拉的伊夫尼地区交给摩洛哥。

西班牙抓紧扶持其在西撒哈拉的代理人"撒哈拉大会",希望以此为基础产生撒哈拉独立实体。1974 年 7 月西班牙宣布给予西撒哈拉自治的地位,公民投票将在 1975 年上半年举行[1]。但是西班牙允许西撒哈拉自治并且允许进行公民投票这一做法遭到了摩洛哥的反对。

2. 非洲国家和西撒哈拉

19 世纪西班牙开始入侵西撒哈拉的同时,摩洛哥也对西撒哈拉提出主权要求。因为西撒哈拉的游牧民族对摩洛哥表示了效忠,摩洛哥认为效忠关系就是主权关系。摩洛哥和西班牙因为争夺西撒哈拉而发生冲突,摩洛哥在和西班牙的冲突中遭受了失败,西撒哈拉最终成为西班牙的殖民地。1912 年之前摩洛哥是一个独立的阿拉伯王国,1912 年摩洛哥沦为法国的保护国。20 世纪五六十年代,在亚非拉民族解放运动高涨的背景下,摩洛哥于 1956 年独立,成立摩洛哥王国,独立后的摩洛哥不断对西撒哈拉提出主权要求,并陆续从西班牙手中取得塔尔法地区和伊夫尼地区。阿尔及利亚和摩洛哥之间存在边界问题,如果西撒哈拉成为摩洛哥的领土,阿尔及利亚将处于不利地位。另外,阿尔及利亚也希望过境西撒哈拉来出口石油和铁矿石。毛里塔尼亚认为西撒哈拉的居民和其境内的摩尔人在种族、文化等方面具有一致性,在毛里塔尼亚独立前便对西撒哈拉南部的里奥德奥罗提出过领土要求。[2]

针对西班牙扶持"撒哈拉大会"作为其代理人建立政治实体,1970 年 9 月 14 日,摩洛哥、阿尔及利亚和毛里塔尼亚三国召开了会议。在会议上,摩洛哥希望建立一个联合阵线,采取联合行动,反对西班牙在西撒哈拉建立政府的企图。阿尔及利亚并没有接受摩洛哥的立场,毛里塔尼亚接受了摩洛哥的要求,十分谨慎地按照会议上的声明行事。摩洛哥不断努力,积极向其他国家解释其要求收回撒哈拉地区主权的"正义事业"。

针对西班牙在 1974 年作出的允许西撒哈拉自治和进行公民投票的决定,摩

---

[1] 李广一主编:《列国志:毛里塔尼亚　西撒哈拉》,社会科学文献出版社 2008 年版,第 153 页。

[2] 李广一主编:《列国志:毛里塔尼亚　西撒哈拉》,社会科学文献出版社 2008 年版,第 154~155 页。

洛哥表示了反对,阿尔及利亚和毛里塔尼亚各自提出了不同的主张。摩洛哥认为,西撒哈拉的一些部落在19世纪时表示效忠于摩洛哥苏丹,这种效忠关系就是主权关系,并且摩洛哥对西撒哈拉的主权要求由来已久,历史上因不敌西班牙才退出西撒哈拉,西班牙既然宣布退出该地区,该地区应当归属于摩洛哥。毛里塔尼亚的观点则是,西撒哈拉的居民和毛里塔尼亚境内的摩尔人有密切联系,毛里塔尼亚在独立时就对西撒哈拉地区的南部提出过主权要求。阿尔及利亚则认为,如果西撒哈拉地区归属摩洛哥,会危及自身安全,因此阿尔及利亚支持西撒哈拉人民解放阵线争取独立。

在这样的背景下,摩洛哥在联合国大会上要求将西撒哈拉问题提交国际法院。

3. 西撒哈拉人民解放阵线和西撒哈拉

自从西方殖民者开始入侵西撒哈拉,西撒哈拉人民就开始了反抗,开展了一次次起义斗争。1973年5月,西撒哈拉人民解放阵线成立,其宗旨是就通过武装斗争实现西撒哈拉的独立,该组织成立之后就发动了对西班牙殖民根据地的袭击,开始了武装斗阵取独立的进程[1]。在西撒哈拉人民解放阵线建立后,摩洛哥、毛里塔尼亚、阿尔及利亚都对其提供了支持。但是西撒哈拉人民解放阵线坚决要求独立,不接受摩洛哥和毛里塔尼亚的领土要求,导致这两个国家停止对西撒哈拉人民解放阵线的支持,而阿尔及利亚因为担心西撒哈拉成为摩洛哥领土后会导致自己在和摩洛哥的边界问题中处于不利地位,便一直支持西撒哈拉人民解放阵线。

4. 联合国与西撒哈拉

20世纪50年代,联合国开始关注西撒哈拉问题。1960年,联合国通过1514号决议,向全世界声明废除各种形式的殖民主义。在1964年10月29日联合国非殖民化委员会通过一项决议,指出西班牙政府并没有执行该委员会对西属伊夫尼和撒哈拉领土所作出的决定,并且迫切希望西班牙政府立即采取措施,无条件地彻底执行关于给殖民地国家和人民以独立的声明所作出的决定。

联合国认为应当由该地区的居民根据民族自决原则决定这片领土的归属,在1966年联合国通过决议,支持西撒哈拉进行公民投票,决定主权归属,摩洛哥同意这一决议。但是西班牙对联合国监督下举行的公民投票一再拖延,直到1974年西班牙宣布将在西撒哈拉自治,并在西撒哈拉举行全民公投,但西班牙

---

[1] 李广一主编:《列国志:毛里塔尼亚 西撒哈拉》,社会科学文献出版社2008年版,第151页。

的决定遭到摩洛哥的反对,形势变得复杂。

1974年,联合国大会决定将西撒哈拉问题提交国际法院,要求国际法院对以下两个问题发表咨询意见,第一,西撒哈拉在西班牙开拓殖民地时是否不属于任何人的领土(无主地),第二,西撒哈拉地区与摩洛哥以及毛里塔尼亚之间的法律联系是什么。

(二) 国际法院的咨询意见

国际法院在1975年10月发表了咨询意见,针对第一个问题,国际法院认为,首先应当参考当时无主地的概念。在当时,由具有社会和政治组织的部落和民族居住的领土并不认为是"无主地",而对这种领土的主权一般不认为是通过占领取得的,而是要通过与当地统治者缔结的协定才能够取得。[1]当时在西撒哈拉居住的民族已经组织成部落,有能够代表他们的首领。西班牙当时不是在无主地上建立主权,而是同当地部落首领订立协定将西撒哈拉置于其保护之下的。国际法院否定了西班牙殖民之前西撒哈拉地区为无主地的主张。

对于第二个问题,摩洛哥提出,摩洛哥对该地区享有主权,因为摩洛哥对这一地区不间断地行使权力。摩洛哥请求国际法院考虑摩洛哥特殊的国家组织方式,摩洛哥是建立在共同的伊斯兰宗教联系以及各部落通过其酋长对摩洛哥苏丹表示效忠的基础之上而不是领土的概念之上。毛里塔尼亚主张,西撒哈拉地区存在的种族和毛里塔尼亚国内的种族有共同的语言、生活方式、宗教和法律制度,他们是一个实体。

国际法院首先否定了摩洛哥的主张,国际法院认为摩洛哥不能证明摩洛哥在西撒哈拉地区有效排他的国家活动,西撒哈拉部落酋长对摩洛哥苏丹的效忠仅表明摩洛哥对这些部落具有某些权力或影响。国际法院否定了毛里塔尼亚的主张,国际法院认为,各酋长国和部落彼此之间是独立的,他们没有共同的机构,从而否定了毛里塔尼亚所主张的统一实体之说。在西班牙开拓殖民地时,西撒哈拉地区和毛里塔尼亚之间不存在任何主权或部落效忠联系。国际法院认为,西撒哈拉地区和摩洛哥以及毛里塔尼亚并不存在主权联系,国际法院没有找到可以影响该地区人民通过自由真实的表达进行民族自决的法律联系。

(三) 后续发展

1. 西撒哈拉国建立

国际法院咨询意见发表以后,摩洛哥坚持效忠关系就是主权关系,甚至组织了非武装人员"进军"西撒哈拉。此次"进军"加速了西班牙撤出西撒哈拉地区,

---

[1] 参见1975年10月16日"国际法院西撒哈拉的咨询意见",载 http://www.icj-cij.org/files/case-related/61/061-19751016-ADV-01-00-EN.pdf. 2017-10-05。

也使得摩洛哥在西撒哈拉问题上显得更加强势。[1]

1975年11月,西班牙与摩洛哥、毛里塔尼亚签订了《马德里协议》,协议中西班牙承诺在1976年2月底撤出西撒哈拉,将该地区控制权交给摩洛哥和毛里塔尼亚。[2]

1976年2月26日西班牙撤出西撒哈拉。第二天,西撒哈拉人民解放阵线宣布建立阿拉伯撒哈拉民主共和国(以下简称西撒哈拉国)。阿尔及利亚支持西撒哈拉自决,对西撒哈拉国提供支持。1976年4月,摩洛哥与毛里塔尼亚协议对西撒哈拉地区进行分治。随后,摩洛哥、毛里塔尼亚、西撒哈拉人民解放阵线之间武装冲突不断。

1977年,毛里塔尼亚发生旱灾,1978年发生军事政变,新政府和西撒哈拉人民解放阵线签订协定,毛里塔尼亚放弃对西撒哈拉的领土要求,退出战争,并将占领的领土在7个月内归还,这场战争变成西撒哈拉人民解放阵线和摩洛哥之间的战争。在西撒哈拉人民解放阵线接管毛里塔尼亚撤出地区之前,摩洛哥便出兵占领西撒哈拉,并设为摩洛哥的一个省。1984年,毛里塔尼亚承认西撒哈拉国。但20世纪80年代后期,毛里塔尼亚又采取中立立场,主张寻求摩洛哥与西撒哈拉人民解放阵线都可以接受的解决方案以彻底解决西撒哈拉问题。

1984年,西撒哈拉国被正式接纳为非洲统一组织成员国,摩洛哥为此退出该组织。到2013年2月,有50个联合国会员国承认西撒哈拉国。[3]

2. 国际组织为解决西撒哈拉的冲突而努力

非洲统一组织和联合国努力调停西撒哈拉的武装冲突。1991年4月,联合国安理会通过第690号决议,成立特派团监督双方停火情况,并组织全民公投。1991年6月,摩洛哥和西撒哈拉人民解放阵线签署停火协议,并同意在联合国的监督下西撒哈拉举行全民公投。但之后双方又在选民资格等一系列问题上产生分歧,使得投票一拖再拖。由于存在着摩洛哥和西撒哈拉人民解放阵线之间的主权之争,西撒哈拉至今尚未确定领土归属。[4]

---

[1] 李广一、李开盛:"西撒问题的由来、演变与前景",载《湖南城市学院学报·人文社会科学版》2004年1月。

[2] 李一广主编:《列国志:毛里塔尼亚 西撒哈拉》,社会科学文献出版社2008年版,第151页。

[3] 阿拉伯撒哈拉民主共和国:"阿拉伯撒哈拉民主共和国资料、简介、图片",载http://baike.chachaba.com/doc/40995.html. 2017-09-13。

[4] "在西撒哈拉守卫和平—中华人民共和国国防部",载www.mod.gov.cn/action/2015-12/20/content_4641096.htm. 2017-09-13。

二、案件所涉国际法原理

（一）国家是国际法的基本主体

国际法的主体是参加国际关系并能够在国际法律关系中享受权利和承担义务者。国际法的主体有三个特征，即国际法律关系的独立参加者、国际法权利义务的直接承担者、依国际法确定的国际法律人格者。

国际法的主体包括国家、国际组织以及争取独立的民族，对于个人是否构成国际法的主体存在着争议。

国家曾经是国际法的唯一主体，但随着国际法的发展，其他国际法主体也出现了。目前国家是国际法的基本主体，因为国家具有主权，这是其他主体所不能比拟的。国家作为国际法的基本主体取决于以下因素：首先，国家具有主权，拥有主权意味着国家可以自主发展对外关系同其他主体进行交往。国际组织是在国家的授权下才成立的，个人则要受到国家的管辖。其次，国家是国际法的基本规范对象。国际法主要规范的是国家的行为。最后，国际法的制定和发展主要依赖于国家。如果没有国家的存在，国际法基本就失去了约束的主体。

（二）国际法上的国家

1.国家的构成要素

现代国际法认为，作为国家必须具备定居的居民、确定的领土、政府、主权这四个要素。

定居的居民是国家的基本要素，世界上不存在着无居民的国家。国家是为一块特定区域内的居民而存在的。不同国家的居民有多有少，中国占有世界人口的1/5，摩纳哥人口不到5万人，但无论什么国家在国际法上的地位都是平等的。

确定的领土是居民赖以生存的空间，是国家存在的物质基础。国家的领土可大可小。确定的领土并不意味着所有的领土都毫无争议。

政府是国家在组织上的体现，政府对内依据国内法律进行管理，对外代表国家发展对外关系。国家必须有政府的存在，但是国际法并不规定政府的组织形式如何。

主权是国家的根本属性，是一个国家对内独立自主处理国内事务而不受干涉的最高权力，对外自主地决定对外政策，发展对外关系的权力。

2.国家的分类

国际法对国家具备的要素有所要求，但并没有对国家结构的组织形式提出要求。一国可以自由决定其组织形式。按照不同的分类标准，国家可以分为单一国和复合国,独立国和附属国。

(1)单一国和复合国。单一国是指由若干行政区域构成的具有统一主权的国家,单一国是一个国际人格者,全国只有一个最高权力机关,由该机关代表国家同其他国际法主体进行交往,单一国国内的地方行政单位不是国际法主体。单一国可以是多民族的,也可以是单一民族的。单一国下,可能部分行政区域有部分甚至相当大的自治权,如中华人民共和国的香港和澳门,但是这不改变中国单一国的性质。

复合国是指由两个或两个以上的国家构成的联合体。复合国在国际法上的地位依国家联合的具体情况确定。联合体有统一的国际交往权时,复合国就是一个国际法主体,这样的国家有联邦和政合国;如果联合体没有统一的国际交往权,那么复合国就不是一个国际法主体,这样的国家有邦联和君合国。政合国和君合国已经成为历史。现有的复合国是联邦和邦联。

联邦是由两个以上的成员邦组成的联合体。其组成的依据往往是联邦的宪法,代表有美国。一般来说,联邦有统一的立法、统一的武装力量、统一的行政机关,联邦所有成员的公民具有联邦的共同的国籍,但是各个成员邦都有自己相对独立的立法、司法和行政机关,在管理内部事务中有较大的自主权。在对外交往中,由联邦代表联合体,联邦作为一个国际法主体,而其成员邦并不作为国际法主体。但存在着例外情况,联邦中的部分成员国可能也有对外交往权。

邦联则是由两个以上的主权国家根据国际条约而组成的联合。邦联的成员国是独立的国际法主体,有独立的对外交往权。邦联内没有统一的立法、没有统一的行政机关,没有统一的国籍。

(2)独立国和附属国。独立国是行使全部主权的国家,其主权是完全自主的。独立国与单一国和复合国没有对应关系,独立国可以是单一国也可以是复合国。

附属国的主权并不完全独立,受到其他国家的控制。附属国又可以分为附庸国和被保护国。附庸国的对外交往的权利全部或大部分受他国控制。控制附庸国的国家称为宗主国,宗主国对附庸国的权力称为"宗主权"。被保护国是根据条约将重要的对外交往事务交给其他国家处理而处于该国保护之下的国家,被保护国的主权受到限制但是仍然是一个独立的国际法主体。

(3)永久中立国。永久中立国是指有国际公约规定或者国际承认的情况,一国自愿约束自己除抵抗外来侵略外不和其他国家发生战争,不卷入战争或者从事任何可能使其直接或间接地卷入战争的任何行为。永久中立国具有特殊地位,一个国家要作为永久中立国要有两个条件:第一,国家自愿奉行中立,平时不参加任何集团,在战时不参与战争,也不从事使其卷入战争的行为,除非自卫;第二,其他国家承认并且保证一国的中立地位。

(三) 国家的基本权利

作为国际法的基本主体,国家是国际法上权利义务的主要承受者。国际法上一国的权利可以分为基本权利和派生权利两大类。基本权利是指国家所固有的权利,与主权密切联系,而派生权利则是从国家基本权利引申出来的权利。

根据国际实践和国际法律文件,一国的基本权利应当有四项:独立权、平等权、自卫权和管辖权。

1. 独立权

独立权是指国家独立自主地处理国内外事务而不受外界干涉的权利,与之相联系的就是一国应当承担不干涉他国内政的义务。一个国家有权独立自主地决定自己的社会、经济、政治制度,有权在国家的领土范围内行使权力而不受外来干涉。

国际法上存在的一些基本原则,维护了这一权利。例如,不干涉内政原则、主权平等原则。

2. 平等权

平等权是指国家在国际法律关系中的地位平等。不论国家的领土大小、人口多少,在国际上的法律地位是平等的。在联合国大会中,一个国家享有一个投票权。

但是,法律上的平等并不能保证所有国家在国际社会的影响力是相同的。因为不同国家经济、军事等的发展不平衡,不同国家对国际社会的影响力是不同的,这就可能影响到各国在国际事务中地位的平等。如何确保各国法律地位在形式上和实质上都平等,是一个值得探讨的话题。

3. 自卫权

自卫权是指国家在遭受外来武装攻击时可以采取单独或者集体自卫的权利。自卫权原来属于自保权,自保权是一国保卫自己生存和独立的权利,可以采取包括战争在内的一切方式。但是现代国际法将不得使用和威胁使用武力纳入国际法的基本原则中,因此除自卫和集体自卫外,一国不得发动战争来维护自己的权利。

4. 管辖权

管辖权是一国通过立法、行政、司法对其领土内的人、物、事件以及境外的特定的人、物、事件进行管辖的权力。国家是有边界的,一国的权利范围也是有边界的。一旦一国将自己的权利扩展到边界之外,就有可能侵犯其他国家的管辖权。但是,现代国际法中,一国既享有属地管辖权,也享有属人管辖权。一国属人管辖权和另一国的属地管辖权可能发生冲突,如何解决管辖权的冲突,是国际法中的一个重要的课题。

(四) 其他国际法主体

1. 国际组织

在国际公法中,国际组织通常是指国家间或政府间的组织。国际组织成为国际法的主体,是随着国际组织的发展确立的。1949年,国际法院在审理"关于为联合国服务遭受伤害的赔偿案"中明确指出,联合国具有国际法律人格,是国际法的主体。

国际组织能够作为国际法的主体主要取决于以下因素:

首先,国际组织是国际合作的重要法律形式。其次,国际组织是国际法规范的重要对象。最后,国际组织是参与制定和发展国际法的重要主体,也是遵守和实施国际法的重要主体。但是和国家相比,国际组织作为国际法主体有其以下两个特性:第一是派生性,即国际组织作为国际法主体不是因为自身的原因,而是由于国家对国际组织的授权,国际组织才能作为国际法的主体;第二是有限性,国家具有主权,其权利能力和行为能力是完全的,而国际组织的行为能力则被限定在章程所规定的范围内。

2. 争取独立的民族

另一个国际法主体是争取独立的民族,其国际法主体资格的取得是随着20世纪民族解放运动和独立运动的发展而逐步确定的。民族自决原则是争取独立的民族获得国际法主体资格的法律基础。要注意的是,争取独立的民族虽然是国际法主体,但是其权利能力和行为能力是受到限制的,因为争取独立的民族可能未对全国建立有效的统治,管辖权并不完全。争取独立的民族实际上是一种过渡性质的国际法主体。

3. 个人

争议最大的就是个人作为国际法主体的资格。有学者认为个人不具有国际法主体资格,因为国际法主要是国家之间的法律,个人并不能自己参与国际关系,而且必须受到国家的管辖。

部分学者从以下几点主张个人具有国际法的主体资格:(1)国家的行为总是由个人来做,国家的权利义务也是由个人来行使和履行的;(2)有些国际条约直接适用于个人;(3)一些国家重要领导人物在国际法上享有特殊的地位。

但也有很多学者反对个人具有国际法的主体资格,并对上述观点进行了反驳:(1)个人是代表国家或根据宪法、法律的授权所做的行为;(2)虽然条约可以直接适用于个人,但是这些条约都是国家缔结的;(3)一些国家的重要人物的特权和豁免,是给国家的。个人享有这些权利是因为他们所担任的职务。[1]

国际人权法的产生及其发展对个人是否具有国际法主体资格产生了重大影响。从《联合国宪章》到《国际人权公约》,国际人权法使得国际法对个人的基本人权和自由的保护变成直接的,个人不再完全依附于国家。

国际法院在咨询意见中否定了摩洛哥和毛里塔尼亚对西撒哈拉的领土主权要求。联合国一再强调西撒哈拉人民的民族自决权,西撒哈拉人民毫无疑问享有民族自决的权利,应当由自己来决定自己的命运。但是西撒哈拉并没有真正进行民族自决,投票一拖再拖,直到现在也没有进行。

西撒哈拉人民解放阵线在西撒哈拉建立了西撒哈拉国,西撒哈拉国建立以后,截至目前已经获得了 50 个联合国成员国的承认。但是包括中国在内的大多数国家仍然没有承认西撒哈拉国。西撒哈拉国成立以后虽然以一个国家的身份开展了一些外交活动,例如,1970 年,西撒哈拉国和古巴建立外交关系,2017 年西撒哈拉国总统对古巴进行正式访问。[2]但西撒哈拉国所控制的领土范围,仅占目前西撒哈拉领土的一小部分,并没有对全国建立起有效的统治。目前,西撒哈拉国的国家主体身份并没有为国际社会所普遍接受,解决西撒哈拉国国际法地位的关键在于西撒哈拉居民行使民族自决权利决定其归属。

民族自决权利产生于民族自决原则,民族自决原则是国际法的基本原则。民族自决原则的核心内容在于,由本民族自己决定自己的命运,而不是受外来的统治、压迫和剥削。西撒哈拉居民享有的决定西撒哈拉的领土归属的权利已经为一系列联合国决议所承认。国际法院也否定了摩洛哥和毛里塔尼亚对西撒哈拉的领土主权要求,强调应当由西撒哈拉人民通过全民公投,决定西撒哈拉的领土主权归属。全民公投进行之后,西撒哈拉国的国际法主体地位问题,才能够得到解决。

---

[1] 邵津主编:《国际法》,北京大学出版社、高等教育出版社2014年版,第10页。

[2] "撒哈拉共和国总统对古巴进行正式访问",载 http://www.mofcom.gov.cn/article/i/jyjl/l/201706/20170602585098.shtml. 2017 – 09 – 13。

第五章
国际法上的国家

第一节 国际法上的承认

一、南非继续留驻纳米比亚对各国的法律后果咨询案

(一) 案件背景

纳米比亚原称西南非洲,1968年改名为纳米比亚,1990年3月21日获得独立。纳米比亚北同安哥拉、赞比亚为邻,东、南毗博茨瓦纳和南非,西濒大西洋。

15~18世纪,荷兰、葡萄牙、英国等殖民者先后侵入西南非洲。1890年,西南非洲被德国占领。1915年,南非参加协约国对德作战,出兵占领西南非洲。1920年,国际联盟委托南非统治西南非洲。1945年联合国成立后,根据《联合国宪章》第77条和第80条的规定,国际联盟的委任统治领土被置于联合国的托管制度之下。[1]

1946年,南非声明,国际联盟的解体不会减损南非被委任统治西南非洲的

---

[1] "纳米比亚国家概况",载 http://www.fmprc.gov.cn/ce/cena/chn/zjnmby/gjgk/. 2017 – 09 – 03。

义务。同时,南非请求联合国大会同意将西南非洲并入南非领土。联合国大会拒绝了后一请求。1949 年,南非非法吞并西南非洲。

20 世纪五六十年代,非殖民化运动蓬勃发展,联合国大力支持西南非洲的非殖民化进程。1966 年,联合国通过决议,取消南非对西南非洲的委任统治,随后安理会通过了包括第 276(1970)号决议在内的几项决议宣告南非继续留驻西南非洲为非法。但南非不顾安理会的决议,继续留驻西南非洲。

1968 年,联合国大会决议将西南非洲更名为纳米比亚。1970 年 7 月 29 日,联合国安理会通过了第 284(1970)号决议,决定向国际法院提出咨询请求,请求国际法院就南非不顾安理会第 276(1970)号决议继续留驻纳米比亚对各国有何法律后果发表咨询意见。

(二) 国际法院的咨询意见

国际法院在 1971 年 6 月 21 日发表了咨询意见。

1. 南非继续留驻纳米比亚为非法

(1)联合国有权监督委任统治国。国际法院认为,不兼并原则和实现有关国家人民的福利和发展是委任统治制度的两条基本原则。遵守这两条原则是委任统治国的义务,只有在遵守这两条原则的情况下,委任统治国才可以享受其对委任统治的领土的权利。国际联盟负责监督委任统治国承担这些义务。国际联盟虽然解散了,但是委任统治国的义务仍然存在。根据联合国宪章的规定,委任统治制度被置于联合国托管制度之下。联合国是国际联盟的继承者,联合国有权监督委任统治国。

(2)南非违反其义务而导致委任统治的终结。委任统治国对委任统治的领土享有权利的前提是委任统治国履行自己的义务,联合国大会第 2145 号决议已经确定南非违反了其义务,南非在纳米比亚的委任统治已经结束。

国际法院认为,委任统治国和国际联盟实际上因委任统治而形成了一种条约关系。根据国际法的一般原则,条约一方有权因另一方违反条约而终止条约,即使这项权利没有在条约中明示。一方因另一方违反条约而终止条约不需要另一方的同意。联合国作为国际联盟的继承者,通过联合国的主管机构采取行动,联合国的主管机构是有权对委任统治国的行为作出判断的监督机构。南非不遵守委任统治制度义务的行为是不容争辩的,联合国有权结束南非对纳米比亚的委任统治。

2. 南非继续留驻纳米比亚对各国的法律后果

国际法院指出,联合国主管机构作出的关于某种形势为非法的具有拘束力的决定不能没有后果。

(1)南非对目前非法留驻纳米比亚的形势应当负有责任。南非对造成纳米比亚目前的形势具有责任,因而它有义务结束继续非法留驻纳米比亚的形势,从纳米比亚撤出其行政当局。

南非在无权的情况下占领纳米比亚,所以它应当承担违反国际义务引起的国际责任。南非还应当对侵犯纳米比亚人民权利的一切行为和南非对该领土行使权力而违反对其他国家的国际法义务负责。

(2)会员国和非会员国均有义务承认南非继续留驻纳米比亚的行为为非法和无效的。

联合国会员国有义务承认南非继续留驻纳米比亚是非法的、无效的,它们对南非占领纳米比亚有义务不给予任何支持或任何形式的援助。

只要南非政府声称是以纳米比亚的名义或对纳米比亚采取的行动,会员国有义务不与南非建立条约关系。会员国有义务不向纳米比亚派遣外交使团或特别使团,不向纳米比亚派出领事人员,并撤回已经在当地的任何此类人员,以及向南非说明保持外交或领事关系并不意味着承认它对纳米比亚的权力。会员国有义务不与以纳米比亚名义或对纳米比亚作出决定的南非政府建立旨在加强它对该领土权力的经济及其他形式的关系。

国际法院提到,结束南非对纳米比亚的委任统治和宣布南非继续留驻纳米比亚为非法可以对抗一切国家,即使不是联合国的会员国。联合国和其会员国不能承认南非以纳米比亚的名义所建立的外交关系。

国际法院提到,南非在纳米比亚根据种族、肤色、血统或民族或种族起源对居民强制进行区别、排斥、约束和限制是对种族和民族之间的完全隔离,构成了对基本人权的否定,这是公然违反《联合国宪章》的宗旨和原则的。

针对南非政府要求的在国际法院和南非政府的联合监督下在纳米比亚进行一次公民投票,国际法院指出,无须进一步的证据,委任统治已经结束。

(三)后续发展

国际法院发表咨询意见以后,南非仍然留驻在纳米比亚。1974 年,联合国大会通过第 366 号决议,要求南非撤出纳米比亚。1978 年,联合国安理会通过第 435 号决议,支持纳米比亚独立,要求南非终止在纳米比亚的统治。

面对国际社会的压力,1978 年年底,在南非的控制下,纳米比亚举行了所谓的"制宪会议"(后改称为"国民会议")选举,并建立了"部长委员会"作为纳米比亚的政权机构。1985 年南非签署了《纳米比亚自治宣言》,将部分权力移交给当时南非在纳米比亚建立的傀儡政府。[1]但联合国和国际社会并没有承认南非

---

[1] 林木:"南非当局再次拼凑纳米比亚傀儡政权目的何在?"载《西亚非洲》1985 年第 1 期,第 72~74 页。

在纳米比亚建立的傀儡政府。

南非始终坚持古巴从安哥拉撤军作为南非撤出纳米比亚的先决条件,关于纳米比亚独立的谈判一直没有取得实质进展。直到1988年,南非重新和美国、古巴、安哥拉进行谈判,并在同年由南非、古巴、安哥拉三方签署了关于和平解决纳米比亚问题的协议。按照协议,南非同意从1989年起执行安理会的第435号决议。1989年4月,在联合国的主持下,纳米比亚独立进程正式开始。1990年2月,纳米比亚通过独立宪法,3月21日,正式宣告独立。纳米比亚成为世界上最后一块获得独立的殖民地。1990年4月,纳米比亚被联合国接受为第160个会员国。迄今,纳米比亚已与108个国家建立外交关系。

二、案件所涉国际法原理

(一)承认的概念

广义承认是指国家对于其对他国的关系中产生的任何事实和情势的一种接受。就国家和政府的承认而言,承认是指一个现存的国家对于一个新国家或一个新政府的出现以某种形式表示接受的政治和法律行为。[1]承认一般是指国家和政府的承认。承认主要有以下特征:(1)承认的主体是现存国家和国际组织;(2)承认是承认主体对被承认者存在的事实或者某种情势表示接受的单方面行为;(3)承认既是政治行为也是法律行为。承认是政治行为意味着,只要不违反国际法,一国际主体可自由决定承认或者不承认。承认这一法律行为则意味着,一国际主体一旦选择承认,将会产生相应的法律后果,影响承认主体的权利和义务。

(二)关于国家和政府承认的性质的有关学说

对国家和政府的承认是一种国家行为,对承认的性质存在构成说和宣告说两种学说。构成说认为,承认是新国家作为一个国家存在的必要条件。新国家形成后,只有经过现存国家的承认,才能成为真正的国家,否则新国家就没有国家的资格,就无法参与国际社会。这一学说的问题在于一个国家往往不得同时获得所有现存国家的承认,有的国家承认,而另一些国家不承认,这种情况,新国家既获得了国家的资格,又没有获得国家的资格。[2]宣告说则认为,无论其他国家承认与否,新国家只要具备了国际法的构成要素就可以作为国际法的主体。其他国家的承认仅具有宣告性质,为新国家的存在提供了证据。宣告说也存在着问题,其中最大的问题就是只看到了宣告对新国家作为国家的事实没有影响,

---

[1] 王铁崖主编:《国际法》,法律出版社1995年版,第78页。
[2] 白桂梅:《国际法》,北京大学出版社2015年版,第139页。

但是忽略了承认在承认国与被承认国之间权利义务的影响。宣告说和构成说都有片面性。中国的学者倾向于支持宣告说。[1]

（三）承认的分类

根据国际实践,按照不同的标准承认有三种分类:

1. 明示承认和默示承认

根据是否采取直接明白的语言文字表达出来,可以分为明示承认和默示承认。

明示承认是通过直接明白的语言文字表达出来的承认,主要是指通过声明、照会、函电等明确表示承认的意思。例如,1957年,中华人民共和国总理兼外交部部长周恩来致电突尼斯外交部部长,明确表示承认突尼斯共和国。默示承认是指承认主体和被承认国通过实际的外交接触表达的承认,承认国并不明确的通过语言文字表示出承认的意思,例如,一国和一新国家缔结双边条约,建立外交关系互设使领馆。但是,要注意和一新的国家作为同一国际组织的成员和参加一个国际会议的行为并不构成默示承认。在联合国大会中,对一新国家加入联合国投票赞成的行为是对新国家的承认。

2. 法律上的承认和事实上的承认

根据承认的性质,可以分为法律上的承认和事实上的承认。

事实上的承认是非正式的、暂时性的承认,承认方在作出事实上的承认之后可以选择进一步作出法律上的承认,也可以选择撤销事实上的承认。承认方对新国家或新政府是否能够长期的对所占领的领土进行有效控制尚不确定,往往先作出事实上的承认。法律上的承认是正式的,永久性的承认。此种承认一直有效,即使被承认方和承认主体之后关系恶化,承认也不能被撤销。法律上的承认意味着承认主体愿意和被承认方进行全面的交往。

3. 单独承认和集体承认

根据承认是否由一个国家单独作出的,分为单独承认和集体承认。

单独承认是指由一个国家单独作出的承认,而集体承认是指若干国家集体表示的承认。例如,1878年,参加柏林会议的各国根据《柏林条约》对门第内哥罗(黑山)、塞尔维亚和罗马尼亚的承认就是集体承认。另外,联合国接受一个新国家成为会员国的行为不是集体承认,新国家不因被联合国接纳成为会员国而获得投反对票的国家的承认。

（四）承认的效果

承认作为一种政治和法律行为,会产生一系列效果,会影响承认主体和被承

---

[1] 王铁崖主编:《国际法》,法律出版社1995年版,第101~102页。

认国的权利义务关系。对新国家的承认会使新国家参与国际社会和承认主体开展外交关系;对新政府的承认,则表明了承认主体接受新政府作为国家的代表。法律上的承认和事实上的承认有不同的效果。

法律上的承认主要的效果是:使得承认主体和被承认国之间的关系正常化,为建立外交关系奠定了基础。一旦承认主体作出承认,就意味着它要尊重被承认国的法律和法令的效力;承认国应当尊重被承认国所享有的国家和财产管辖豁免。但是外交关系的建立是双方行为,承认并不代表外交关系的立刻建立,例如,1950 年,以色列就承认了中华人民共和国中央人民政府,但是两国并没有立刻建立外交关系,而是在四十多年后建立了外交关系,因为当时中国并没有承认以色列为一个国家。

事实上的承认主要的效果是:缔结非政治性的协定,承认被承认国家或政府的国内立法、司法和行政权力,被承认国在承认国法院享有司法豁免权,双方可以建立外交关系。

无论是法律上的承认还是事实上的承认,都具有追溯的效果,即承认主体要承认被承认国家或政府从成立之日就具有两国之间应当互相具有的国际法上的权利和义务。承认具有追溯的效果维持了被承认国家或政府国内法律体系的连续性和稳定性。承认具有追溯的效果,也有外交便利的考虑,设想如果承认没有追溯的效果,那么新国家或新政府被承认之前实施的没收财产的立法行为可能没有法律效力而成为"盗窃和掠夺行为"。

(五) 不承认原则

1. 不承认原则的含义

承认是一种政治行为,所以一国可以基于其自身的政治考虑来决定是否承认新的国家或新的政府。但是在某些情况下,国家要承担不承认的义务,此义务来源于国际法上的不承认原则。不承认原则是指承认主体对违反国际法基本原则而建立的新国家或政府不得予以承认。20 世纪 30 年代日本侵略中国东三省,建立满洲国,此事件被提交到国际联盟。当时美国国务卿史汀生照会中日两国政府,声明不承认因违反《巴黎非战公约》和《国际联盟盟约》义务而产生的任何情势、条约或协定,这是不承认原则最早的来源。后来第二次世界大战以后,《联合国宪章》第 2 条规定了禁止使用武力或武力威胁的原则,以及一系列国际条约都对不承认原则进行了确认,随之发展成为一项国际强行法原则。

2. 不承认原则的国际实践

国际社会在不承认原则方面进行了非常多的实践,概括起来有以下两个方面:

(1)对侵略造成的情势不予承认。对侵略造成的情势不予承认包括由于侵略造成的领土主权变更的情势、由于非法使用武力而建立的傀儡政权等。例如，1990年，伊拉克入侵科威特，并将科威特吞并，对此联合国安理会通过决议，宣布伊拉克吞并科威特的行为是无效的，并且号召所有国家和组织对此不予承认。不承认原则在实践中的具体运用情况是相当复杂的。例如，2014年3月，克里米亚的公投事件中，在联合国安理会美国提出不承认克里米亚公投的结果的决议草案因俄罗斯投出否决票而未能通过。[1]

（2）对违反《联合国宪章》和其他国际法原则而建立的实体或情势不予承认。对违反《联合国宪章》和其他国际法原则而建立的实体或形成的情势不予承认，例如，1965年11月11日，罗得西亚单方面宣布独立，第二天联合国安理会即通过决议号召所有国家不承认这个非法的种族少数政权，各国都承担此项义务。[2]

因遵循不承认原则而作出的不承认和基于自主决定不承认是不同的。前者是国际主体应当承担的国际义务，国际主体不应当不履行，后者是一国自由决定的事项，一个国家没有必须承认一个新的国家或政府的义务，其完全可以根据自身利益选择承认与否。

本案是不承认原则的典型实践。南非作为纳米比亚的委任统治国，在纳米比亚境内制造种族隔离，拒绝纳米比亚的民族独立，非法占领纳米比亚，在联合国通过决议结束南非对纳米比亚的委任统治之后，南非继续非法留驻纳米比亚，这都是违反《联合国宪章》的宗旨和原则的，这都是不应当承认的情势。联合国安理会通过的决议宣告了南非在纳米比亚的统治是非法的，国际法院发表的咨询意见，要求所有国家对南非吞并纳米比亚的行为不承认，这是不承认原则的具体适用。

（六）国家的承认

对国家的承认是指承认主体对新的国家存在的事实以一定的方式表示承认。

1. 国家的承认中的承认对象是新的国家

新的国家的出现有很多种情况，第一是独立，指争取独立的民族获得独立，20世纪六七十年代世界殖民体系土崩瓦解，很多殖民地纷纷获得了独立。独立可以通过武力的方式，也可以通过非武力的方式，如印度的非暴力不合作运动使

---

[1] "安理会反对克里米亚公投决议草案遭俄罗斯否决"，载 www.chinanews.com/tp/hd2011/2014/03-16/320851.shtml. 2017-10-01。

[2] 1965年11月12日第216（1965）号决议（S/RES/216），联合国网站：http://daccessdds.un.org/doc/RESOLUTION/GEN/NR0/222/93/IMG/NR022293.pdf?OpenElement. 2017-10-21。

印度摆脱了英国的殖民统治,获得了独立。第二是合并,合并是指两个以上的独立国家合并成为一个新的国家,例如,1990 年,民主德国和联邦德国合并成为现在的德国。第三是分离,是指一个主权国家的一部分从母国分离出去而建立新的独立的国家。这种情况下,原来的母国还在。例如,1971 年,东巴基斯坦从巴基斯坦分离出来成立孟加拉国。第四是分立或解体,这是指一个国家分成了两个或两个以上独立的国家,而原来的国家也不再存在了。例如,第一次世界大战结束之后奥匈帝国分立为奥地利、匈牙利和捷克斯洛伐克三个国家。分离和分立除了原来的国家是否继续存在的区别外,分离比分立更为复杂,因为对于分离的情况,过早或者过晚地承认都容易造成外交上的被动局面,过早承认容易被母国视为干涉内政的行为,过晚的承认又容易被新的国家视为不友好。

2. 国家的承认是现存的国家和国际组织的单方面的行为

一个国家或国际组织可以自主决定是否对新的国家表示承认。能够作出承认的必须是已经作为国际法主体的国家和国际组织,一个叛乱团体是不可能对新国家表示承认的。同时,承认是单方面的行为,不必由被承认国作出相应的回应。

3. 国家的承认对实现国家交往权具有重要意义

宣告说主张国家的主体资格的取得不以承认为前提,承认仅仅具有宣告性质,为国家的存在提供必要的证据。该学说没有进一步揭示宣告的法律后果,实际上,如果新国家没有获得承认主体的承认,承认主体和新国家之间就不可能有交往的存在。对新国家的承认则表明了承认主体愿意将新国家视为国家而与之开展外交活动。

(七) 政府的承认

政府的承认是承认主体对新政府的存在、作为国家合法代表的接受。

1. 政府承认的对象是新政府

新国家的成立也必然会有新政府的存在,但在这种情况下不存在新政府的承认问题,因为对新国家的承认也是对新政府的承认。而对政府的承认主要发生在因政变或革命产生新政府的情况。[1]

2. 现存国家和国际组织往往根据"有效统治原则"对新政府予以承认

有效统治是指新政府有效控制本国领土并在其控制的领土内有效行使权力,一般来说,在有效统治的情况下,一个政府才能代表国家。依有效统治原则进行承认,往往不考虑新政府的政权起源和法律依据。也无论一个新的政府是

---

[1] 王铁崖主编:《国际法》,法律出版社 1995 年版,第 83 页。

以民主的方式进行统治还是其他的方式。但是,政府的统治不能违背国际强行法。例如,实行种族灭绝。

3. 政府的承认对于承认主体和新政府所代表的国家之间的权利义务关系有重要影响

国家的承认涉及新的国际法主体的产生,但是政府的承认中并没有产生新的国际法主体,而只是更换了国际法主体的代表。但是在政府变更的情况下,国际法主体之间的权利义务关系往往会受到影响。例如,1979年9月,《中华人民共和国政府和日本国政府联合声明》发表,日本承认中华人民共和国政府并和中华人民共和国建立外交关系。[1]

（八）对情势的承认

奥本海在其国际法中提出了对新的领土情势和国际情势的承认。一国可以通过单方面的行为,来获得领土或者其他权利。但是,当单方面行为违反国际法时,这样的行为就是无效的。这种无效性可以通过其他国家的个别或集体行为加以全部和局部的补救。其他国家可以用明示的承认行为把新所有权或情势视为有效,尽管新所有权或情势所依据的行为当初是不合法。[2]

本案中,国际法院发表咨询意见,提出联合国会员国和非会员国都有不承认南非留驻纳米比亚的情势的义务,就是避免南非非法留驻纳米比亚这一情势通过其他国家的承认而成为有效。

第二节 国际法上的继承

一、湖广铁路债券案

（一）案件背景

清朝末年,清政府为镇压南方各省的革命事业修建湖南湖北境内的粤汉铁路和湖北境内的川汉铁路。[3]

1911年5月20日,清政府以建设上述铁路为名向英国、法国、德国和美国的银行借款,当事方为此签订了六百万英镑的湖广铁路借款合同。合同中规定,上

---

[1] "中华人民共和国政府和日本国政府联合声明（中日联合声明）",载 news.xinhuanet.com/2015-04/29/c_127742685.htm. 2017-10-01.

[2] 劳特派特修订:《奥本海国际法（上卷第一分册）》,商务印书馆1971年版,第113页。

[3] 刘家琛主编、陈致中编著:《国际法案例》,法律出版社1998年版,第32页。

述的各国银行以清政府的名义在金融市场上发行债券,建设铁路所需材料从上述国家购买,对这项借款清政府提供厘金和盐税收入作为担保,等等。

之后各国银行开始发行湖广铁路债券,这些债券的票面价额有100英镑和20英镑两种,期限40年,年息都是5厘,半年付一次利息,1938年停止支付利息,到1951年归还本金。私人可以在金融市场上购买这些债券。1912年清政府被推翻后,中华民国政府一直在支付该债券的利息到1930年。1937年,中华民国政府提出希望将湖广铁路债券还本的日期推迟到1976年,但债权人没有同意。此后,在1937年和1938年,中华民国政府支付了利息。1947年,解放战争时期,为得到外国支持,中华民国政府宣布将保证支付战争中被暂停支付的外债。

1949年中华人民共和国中央人民政府成立以后,根据债务具体性质和情况区别对待前政府的外债。对旧政府为进行内战、镇压国内革命运动向外国请求援助而承担的债务,一律不继承。[1]据此,中华人民共和国政府宣布不承认湖广铁路债券,拒绝偿付本金和利息。

1979年随着中美即将建交,美国公民杰克逊等九人开始收购湖广铁路债券,并于同年11月,在美国亚拉巴马州地方法院对中华人民共和国提起诉讼,要求中国政府赔偿湖广铁路债券损失一亿美元,外加利息和诉讼费。

(二) 诉讼过程

1979年11月5日,亚拉巴马州地方法院受理杰克逊等人提起的诉讼,并于11月13日向中华人民共和国发出传票,要求被告在收到传票后20天内提出答辩,否则将缺席判决。中国政府拒绝了亚拉巴马州地方法院的传票,并且严词指责亚拉巴马州地方法院的行为违反国际法中的国家豁免原则。亚拉巴马州地方法院又给中国政府60天的申辩期,中国政府退回了所有的法律文件,再次表示将不参加诉讼。中国政府始终没有出席庭审进行答辩。

(三) 判决结果

亚拉巴马州地方法院在1982年9月1日,对此案作出了缺席判决。亚拉巴马州地方法院认为,它对本案有管辖权,因为国家虽然可以享受管辖豁免,但是如果国家从事商业活动则是例外,不能享受豁免。按照美国《外国主权豁免法》,美国法院对外国在美国境内或者境外进行商业活动或与商业活动有联系的行为而对美国产生直接影响的诉讼有管辖权。因此,中国不能享受管辖豁免。依据国家继承原则,中华人民共和国政府应该继承清政府所拖欠的湖广铁路债

---

[1] 白桂梅:《国际法》,北京大学出版社2015年版,第158页。

券,虽然政府变更了,但国家的权利和义务在国际上是保持不变的,中国政府作为清政府的继承者,应当承担清政府所负担的义务。根据美国的诉讼程序法,亚拉巴马州地方法院向中国政府发出传唤,但是中国政府拒绝出席,并且在之后亚拉巴马州地方法院提供的申辩期内也拒绝到庭。最终亚拉巴马州地方法院作出缺席判决,判决中华人民共和国赔偿原告损失 41 313 038 美元,外加从 1982 年 9 月 1 日起支付利息和诉讼费用。亚拉巴马州地方法院同时判决,如果中国政府不执行判决,亚拉巴马州地方法院将扣押中国在美国的财产,进行强制执行。

（四）后续发展

1983 年 2 月 2 日,中国外交部向美国国务卿提交了一份备忘录,备忘录中指出,美国法院的判决违反了国家主权平等原则和《联合国宪章》,中华人民共和国政府对清政府的旧债是不承认的,中国政府不承担偿还的义务。如果亚拉巴马州地方法院无视国际法,对判决强制执行,中国政府保留采取相应措施的权利。

美国政府向中国政府提出建议,聘请律师要求亚拉巴马州地方法院撤销缺席判决。随后,中国政府接受美国政府的建议,在 1983 年 8 月通过当地的律师向亚拉巴马州地方法院提起撤销缺席判决和驳回起诉的动议。

1984 年 1 月 7 日,美国亚拉巴马州地方法院重新审理此案,并最终以美国 1976 年《外国主权豁免法》不能追溯到法律生效前的国家行为为由,撤销了湖广铁路案的缺席判决。

二、案件所涉国际法原理

（一）政府继承

政府继承是指由于革命或政变,即不是根据宪法的规定,而发生的一国政权变更,原来的政府代表国家享有的国际法上的权利义务转移给革命或政变产生的新政府。

政府继承的主体是政府,政府继承也是国家代表资格的变更,一国的国际法主体资格没有发生变化。

政府继承的对象是符合国际法基本原则的特定的权利和义务,这些特定的权利义务也主要是条约、国家财产、国家档案和国家债务。

政府继承发生的原因是因为革命和政变而导致的政权的变更,不同于一国遵循宪法程序进行选举而变更的政府。

1949 年,中华人民共和国成立,中央人民政府取代中华民国政府成为中华人民共和国的唯一合法政府。湖广铁路债券发行后,从清政府到中华民国政府再到中华人民共和国政府,中国政府经历了三次变更。但是中国作为国际法主体继续存在,只是国家的代表发生了变化。中华人民共和国对中华民国的继承属于政府继承。中华人民共和国的继承是中华人民共和国政府对于中国旧政府在国际法上所承担的权利和义务的继承。

(二) 国家继承

国家继承是指,一国由于领土变更的事实而导致其国际法上的权利和义务转移到其他国家。

国家继承的主体是国家,其中在国际法上的权利义务被其他国家取代的国家是被继承国,而取代一国在国际法上的权利义务的国家为继承国。

国家继承的对象是与变更的领土有关的国际法上的权利和义务,而不是一国所固有的权利。如一国对条约、财产和档案的权利。

国家继承的原因是领土的变更,从国际实践来看,国家领土变更的情况主要有以下几种:第一,转让或交换领土;第二,合并,如1990年联邦德国和民主德国合并;第三,分离或解体,如苏联的解体;第四,新独立国家,这里专指非自治领土和殖民地获得独立而建立新的国家。领土变更可能是全部的领土的变更,也可能是局部的。

(三) 国家继承和政府继承的内容

1. 条约的继承

(1) 国家继承中的条约的继承。

条约的继承是指继承国对于被继承国签订的条约中规定的权利义务的继承。

被继承国与继承国之间的领土变更关系是考量继承的基本标准。在条约继承中,并非所有和领土有关系的条约继承国都要继承。一般的国际实践,"人身条约"不继承,所谓人身条约,就是指被继承国以作为一个国际法主体的资格签订的纯属政治性质的条约,例如,和平友好条约、军事同盟条约、人身条约随被继承国资格的存在而存在,一旦被继承国不存在了,继承国没有义务继承这些条约。而对于那些"非人身条约",如边界条约、与陆地、河流、铁路等有关的条约,继承国应当继承。但是其中一些性质介于这二者之间的条约是否应当继承存在争议,如引渡条约。

转让或交换领土而产生的国家的条约继承问题比较简单,被继承国所签订条约在所涉领土自国家继承日起开始失去效力,而继承国所签订的条约从国家继承日起开始在所涉领土生效。

对于合并而产生的国家的条约继承,对于合并前的任何一个国家有效的条约在国家继承日起之后对继承国有效,除非继承国和别的当事国另有协议安排或者根据条约本身的规定,该条约对继承国不适用。但有效的范围仅限于作为当事国的被继承国的领土范围。

分离或解体适用的条约继承规则是原来对被继承国的全部领土有效的条约应继续对继承国有效,原来仅对部分领土有效的条约,则仅对与该部分有关的继承国继续有效。

最为特殊的是新独立国家的条约继承问题,新独立国家和被继承国之间的关系比较特殊。一般认为,新独立国家不受被继承国所签订的任何条约的约束,即使条约是专门适用于继承所涉领土。这就是国际法中的白板原则。

(2)政府继承中的条约的继承。

在政府继承的情况下,新政府是否对条约进行继承往往根据条约的具体内容作出决定。例如,俄国"十月革命"之后,苏维埃政府废除了所有"沙皇政府"、资产阶级临时政府缔结的不平等条约,仅继承有关善邻关系和经济合作的平等条约。

2.国家财产的继承

(1)国家继承中的国家财产的继承。

国家财产是在国家继承发生的时候,按照继承国国内法的规定为该国所拥有的财产、权力和利益。继承国取得被继承国的国家财产一般不予补偿。

继承国继承的财产应当和被继承国的领土有实际的联系。国家的财产可以分为动产和不动产。国家财产继承的一般规则是位于国家继承所涉领土的不动产跟随领土的变动由继承国所有,而动产则根据领土实际生存原则,其他不动产和动产按照公正原则进行处理。

转让和交换领土的情况下,国家财产的处理一般按照协议进行处理,如果没有协议,则按照一般规则进行。

在合并而发生的国家财产的继承的情况下,被继承国的国家财产都转归继承国所有。

在分离或解体的情况下,如果继承国和被继承国之间有协议的话,按照协议。如果没有协议,则按照一般规则进行处理。

在新独立国家的情况下,要注意即使继承国和被继承国之间有协议,协议也不得违反"各国人民对其财富和自然资源享有永久主权"的原则。

(2)政府继承中的国家财产的继承。

在政府继承的情况下,国家的国际法主体资格并没有发生变化。国家的财产无论什么形式,动产或不动产,无论位于国内或国外,都应由新政府合法取得所有权。中华人民共和国成立后,中华人民共和国政府多次声明,自 1949 年 10

月1日起,当时属于中国的国家财产,无论是在国内还是在国外,也无论是动产或不动产,都应当由中华人民共和国政府继承。

3.国家档案的继承

(1)国家继承中的国家档案的继承。1983年在维也纳订立的《关于国家对国家财产、档案和债务的继承的维也纳公约》对国家财产、档案和债务的概念进行了说明,该公约截至目前尚未生效,但是该公约反映了一般的国家继承的实践,对理解国家财产、档案和债务的概念具有非常大的借鉴意义。《关于国家对国家财产、档案和债务的继承的维也纳公约》第20条规定,"被继承国的国家档案"是被继承国为执行其职能而编制或收到的而且在国家继承之日按照被继承国国内法的规定属其所有,并出于各种目的作为档案直接保存或控制的各种日期和种类的一切文件。

和国家财产不同,国家档案一般可以复制,这样可以照顾到各方利益。"对国家继承所涉领土进行正常的行政管理"是考虑国家档案是否为继承国所继承的重要标准。关于档案的继承要注意,继承国和被继承国签订的涉及的档案继承的协议,不应损害继承国和被继承国人民对于发展和取得有关历史的资料和文化遗产的权利。

(2)政府继承中的国家档案的继承。政府继承中,国家的档案完全转归新政府所有。

4.国家债务的继承

(1)国家继承中的国家债务的继承。1983年的《关于国家对国家财产、档案和债务的继承的维也纳公约》第20条规定,"国家债务"指一个被继承国按照国际法对另一国、某一国际组织或其他任何国际法主体所负的任何财政义务。据此,国家对除国际法主体之外的国外法人、私人,国内的地方当局对其他国际法主体所负担的债务不属于国家继承的内容。另外,继承国对"恶意债务"也没有继承的义务,所谓"恶意债务"是指违背国际法的基本原则而产生的债务,如征服其他国家进行战争而欠下的债务。

在领土转让和交换、领土分离解体的情况下的国家债务继承,应按照国家之前的协议进行处理,如果没有协议的,被继承国的国家债务应当根据公平的比例,考虑继承国所继承的财产、权利和利益等,由继承国继承。

国家合并情况下的国家债务继承也是比较简单,被继承国的国家债务全部由继承国承担。

新独立国家的国家债务继承比较特殊,新独立国家对被继承国的国家债务没有继承的义务,这里遵循的也是白板原则。但是,新独立国家也可以和被继承国的债权国缔结条约来解决国家债务继承问题,但是这样的条约不得违背"各国人民对其财富和自然资源享有永久主权"的原则。

（2）政府继承中的国家债务的继承。一国的国家债务,有新政府根据具体情况作出决定。俄国"十月革命"后,苏维埃政府宣布对之前政府的债务一律不继承。中华人民共和国成立后,中华人民共和国政府根据债务的性质和具体情况区别对待,对于"恶意债务"一律不继承,对于合法债务,通过和有关国家协商解决。

湖广铁路债券案涉及了国家债务的继承问题。"恶债"不予继承是国际法中的一项公认的规则,美国和英国的实践中都肯定了这一原则。经过辛亥革命建立的中华民国政府和1949年建立的中华人民共和国政府,这都是通过革命而发生的政权的更迭,在这种情况下发生的继承属于政府的继承。因为发行湖广铁路债券而产生的债务,是清政府在覆灭前,通过修建铁路的名义而筹集镇压人民革命的资金而产生的债务,同时,提供借款的这几个国家在和清政府签订借款合同的同时,要求取得铁路沿线的开矿权和警察权,借此扩大在华的势力范围并且控制中国的经济和政治,所以湖广铁路债券是一笔恶意债务,中华人民共和国政府根本没有承担此项债务的义务。

第三节　国家管辖权

一、糯康案

（一）案件背景

糯康,又名宰糯康、岩糯康,掸族,原籍缅甸腊戍,外号"教父",是特大武装贩毒集团"糯康集团"首犯,长期从事制贩毒品、绑架杀人等犯罪活动。

2011年9月27日,糯康得知有两艘船舶"华平号"和"玉兴8号"拒绝支付保护费,并且曾经帮助缅甸军方清剿"糯康集团"的据点。糯康打算教训"华平号""玉兴8号"的船员,于是制定了报复计划。

2011年10月5日,糯康实施他的计划。在"华平号""玉兴8号"驶经"糯康集团"控制的区域时,糯康的手下截停了这两艘船,当时"华平号""玉兴8号"上一共有13名船员,并且全部为中国籍。糯康的手下将船上的船员全部杀害。之后,糯康的手下将大量的毒品藏在两艘船上,通知被买通的泰国军人前来查毒。泰国军人来了以后对船只进行扫射。之后泰国军方向外界宣布,两艘中国船只武装贩毒。

这一案件即为举世震惊的"湄公河惨案"又称"10·5"案。

（二）案件过程

事件发生后,中国政府高度重视,成立了专案组调查此事。专案组经过缜密的侦查查明,"10·5"案件系因中国商船拒绝向"糯康集团"交纳保护费,并且协助缅甸军方打击"糯康集团","糯康集团"因此对两艘中国商船怀恨在心而采取的报复行动。"10·5"案是"糯康集团"和泰国个别不法军人相互勾结、共同预谋、精心策划并组织实施,栽赃陷害中国船只武装贩毒,让泰国个别不法军人查获毒品从而取得立功机会,劫持并枪杀13名中国船员的刑事个案。[1]

"10·5"案发生后,糯康躲藏在缅甸的高山密林之中,并建立了营地。2012年4月,"糯康集团"2号人物桑康独自离开营地,被中国警方和有关国家警方抓获。这加剧了"糯康集团"的瓦解。

2012年4月25日,糯康到达老挝波乔省敦蓬县的班莫码头,打算和老挝的联系人商量躲藏之计,被埋伏在这里的中国、老挝两国警方抓获。

糯康被捕后,缅甸、泰国、中国都向老挝提出了引渡请求。缅甸提出糯康是缅甸人,根据属人管辖的原则,应当由缅甸审理。泰国提出,"10·5"案发生在泰国境内,应当由泰国进行审理。但是中国的理由最为充分,因为案件13位遇害的船员是中国人,案件发生后,中国投入了大量的警力抓捕糯康,打击"糯康集团",同时一个案件不可能同时在两个国家审理。[2]并且中国和老挝之间存在着引渡条约,引渡糯康不存在法律上的问题。

（三）案件结果

2012年5月10日,老挝将糯康等犯罪嫌疑人依法移交中国。同年9月20日昆明市中级人民法院对糯康等6名被告人分别以涉嫌故意杀人罪、运输毒品罪、绑架罪、劫持船只罪公开开庭审理。11月6日,昆明市中级人民法院作出一审判决,判处糯康死刑。之后糯康等人提出上诉,云南省高级人民法院经依法开庭审理,作出驳回上诉维持原判的裁定。

2013年1月19日,最高人民法院作出死刑复核案刑事裁定书,核准糯康的死刑判决。2013年3月1日,糯康在昆明被执行死刑。

二、案件所涉国际法原理

（一）国家管辖权概述

1.国家管辖权的概念

国家的管辖权是国家的基本权力和权利,是国家主权的重要的内容。国家

---

[1] "湄公河惨案真相水落石出",载《新华日报》2012年9月19日,第B01版。
[2] "对话刘跃进:糯康移交中国理由充分",载 special. cpd. com. cn/n13710747/n13711214/c13741153/content. html. 2017-09-05。

管辖权不仅涉及国际法的问题,也涉及国内法的问题。国家管辖权的内容,会影响国家与国家之间以及国家与国际组织之间的权力分配。[1]

国际法语义下的管辖一般是指国家权力所及的范围。一国国家权力包含立法、司法和行政三个方面,国家管辖权可以分为立法管辖权、司法管辖权、行政管辖权。理论上来说,三者应当相互独立,但是一国国内立法、司法、行政权力如何分配属于国内法的事项,不是国际法的调整范围。

国家管辖权派生于主权,一国可以按照本国国内法对在本国领土范围内的一切人、物和事件主张并行使管辖权,这其中也包括在本国领土上的外国人,这是属地管辖权。另外,国家也可以对在国外的本国公民行使管辖权,这是属人管辖权。[2]在本国领土上行使的国家管辖权为领土管辖权,而在国外行使的管辖权则为域外管辖权。

2.国家管辖权受到的限制

国家管辖权存在着限制,虽然一国在本国领土内可以对外国人主张属地管辖权,要求外国人遵守本国国内法,依据本国国内法惩罚外国人,但是不能要求外国人和本国人一样承担依法服兵役的义务,不能要求非居民纳税人将其来源于国外的收入纳税。

根据国际实践,目前国家管辖权受到如下几种限制:

(1)国家及其财产管辖豁免原则的限制,外国、外国国家财产、外国国家元首等往往不能成为案件的被告。

(2)领土主权的限制,任何国家都不能为行使管辖权而未经其他国家允许到他国行使权力。这是因为国家主权是平等的,主权意味着一国家对内不受外国干涉管理国内事务的权利,对外独立自主发展外交关系的权利,主权是排他的。如果一国希望对某个人行使管辖权,但是该人并不在本国领土范围内,在这种情况下,往往可以通过引渡的方式来解决。

(3)国际条约或国际习惯的限制。例如,一国因国际条约而对另一国承担了引渡的义务,为了履行引渡义务,一国的属地管辖权可能就无法实现了。因为一国对于某人行使属地管辖权时,所依据的是国内法的规定,但是根据条约而承担的引渡义务是国际法上的义务,一国必须承担国际义务,同时不能以国内法原因拒绝履行国际法的义务。

(二) 国家的刑事管辖权

国家的刑事管辖权是一国法院能否对某一犯罪主张管辖的权力,是司法管

---

[1] 邵沙平主编:《国际法》,中国人民大学出版社2010年版,第135页。
[2] 白桂梅:《国际法》,北京大学出版社2015年版,第197页。

辖权,是国家管辖权中与公法关联最多的一类管辖权,在国际实践中也争议较多。根据国际实践,目前一国行使刑事管辖权主要遵循以下几类原则:

1. 属地管辖权原则

属地管辖权原则(也称领域原则、属地优越权、依据领土的管辖原则)是指一国可以对在其领土范围内的人、物和行为进行管辖,无论犯罪的人是本国人还是外国人。此原则是国家的领土主权的体现,目前此项原则已经得到各国的普遍认可。

属地管辖权在实践中有非常大的优越性。在国内取证毕竟比到国外取证方便很多,而且坚持属地管辖权原则维护的也是本国的国家利益。

对属地管辖权原则的解释,目前存在着两种学说。对于结果犯的犯罪来说,肯定存在着行为和结果两个要素,所以也有了从行为方面考虑的主观领土说和从结果方面考虑的客观领土说。

所谓主观领土说,又被称为行为地发生说,是指犯罪行为发生在一国领土境内,该犯罪就认为是在该国领土上的犯罪,该国法院依据属地管辖权原则对该犯罪进行管辖。例如,一个人在甲国领土上开枪,结果打死了位于邻国乙国境内的一个人。根据主观领土说,甲国法院就可以对开枪者主张管辖。客观领土说,也被称为结果发生地说或者效果说,是指凡犯罪结果发生在一国领土内,或者犯罪效果及于一国的领土,就被认为是在该国领土内犯罪,并适用属地管辖权原则。和主观领土说强调犯罪的行为不同,客观领土说强调行为的结果,即主要结果发生在本国境内,即使犯罪人不是在本国实施的犯罪,本国的法院也可以对犯罪人主张管辖权。前述案例中,如果根据客观领土说,乙国便可以主张管辖。

现在,很多国家的国内法关于属地管辖权原则的规定,往往同时采纳主观领土说和客观领土说。例如,《中华人民共和国刑法》第6条规定了只要犯罪的行为或者结果有一项发生在我国领土范围内,就认为是在我国领土范围内的犯罪。

2. 属人管辖权原则

属人管辖权原则,也被称为国籍原则,是指一国可以对在外国领土范围内本国公民行使管辖权。

属人管辖权并没有像属地管辖权那样获得各国的普遍认可,大陆法系国家普遍适用此原则,但是英美法系国家的适用跟大陆法系国家不同,像英国等国,仅对部分罪名如叛国罪、谋杀罪适用属人管辖原则,英国法院仅主张对在外国犯了上述罪行的英国人行使管辖权。美国仅对违反了美国法律的美国人适用属人管辖权。

属人管辖权有两种类型,一种是主动的属人管辖原则,即被告人国籍原则,另一种是被动的属人管辖原则,即受害人管辖权原则。

被告人国籍原则是指根据被告人的国籍来确定犯罪由哪个国家管辖,在被告人国籍原则的情况下,一外国人在外国对某一国家的公民所实施犯罪而被起诉,应当由被告人所在的国家行使管辖权。

受害人国籍原则是根据受害人的国籍确定国家来对犯罪进行管辖。在受害人国籍原则的情况下,一外国人在外国对某一国家的公民所实施的犯罪而被起诉,应当由受害人所在的国家行使管辖权。

从我国《刑法》中即可以看到被告人国籍原则,又可以看到受害人国籍原则。我国《刑法》第 7 条[1]规定了我国公民即使在我国领土范围外犯罪,我国也可以进行追究。第 8 条[2]规定了我国刑法可以适用于外国人在我国领土范围外对我国和我国公民实施的犯罪。这体现了受害人国籍原则。

3. 保护性管辖

保护性管辖是指即使犯罪发生在国家领土范围外,犯罪人也不是本国公民。只要犯罪危害了国家的安全和重大的利益,利益受到危害的国家就可以行使管辖权。

国际社会中,受保护性管辖约束的一般是各国刑法都认为是犯罪的行为。保护性管辖是属地管辖和属人管辖的例外情况。

保护性管辖以保护一国的国家安全和利益为着眼点,因此,在解释适用保护性管辖时要特别慎重,避免过度扩张地适用此原则而侵犯别国的国家利益,引起国与国之间的关系紧张,也要避免过度谨慎而导致本国利益的过度受损。

保护性管辖和被害人国籍原则有一定的联系,同一案件可能同时符合这两个原则,但要注意二者之间的区别,保护性管辖一般适用于对整个国家安全和利益有关的案件,而受害人国籍原则是适用于一国公民受害的案件。

对于保护性管辖,要特别注意和客观领土说的区分。保护管辖权原则主要是针对危害国家安全类的犯罪而言,并且在保护管辖权原则中的犯罪结果不一定发生在本国领土内。

4. 普遍性管辖

普遍性管辖主要是针对国际犯罪而言的,是在惩治海盗罪的实践中形成的。在不符合上述三项原则的情况下,国家也可以根据国际法的规定,对国际

---

[1] 《中华人民共和国刑法》第 7 条规定:中华人民共和国公民在中华人民共和国领域外犯本法规定之罪的,适用本法,但是按本法规定的最高刑为三年以下有期徒刑的,可以不予追究。中华人民共和国国家工作人员和军人在中华人民共和国领域外犯本法规定之罪的,适用本法。

[2] 《中华人民共和国刑法》第 8 条规定:外国人在中华人民共和国领域外对中华人民共和国国家或者公民犯罪,而按本法规定的最低刑为三年以上有期徒刑的,可以适用本法,但是按照犯罪地的法律不受处罚的除外。

犯罪进行管辖。换言之,在普遍性管辖的情况下,不需要国家和犯罪之间有任何关联。无论犯罪是否在本国领土范围内,无论被告是否是本国公民,也无论犯罪是否侵犯本国和本国公民利益。普遍性管辖的确立,是为了打击危害国际社会的犯罪行为,因为每一个国家都可能是潜在的受害国,每一国的公民都是潜在的受害人,通过普遍性管辖,维护世界和平与安全,保护了全人类的共同利益。通过普遍性管辖,危害人类共同利益的罪犯无处可藏,最大限度地打击国际犯罪。

普遍性管辖所针对的罪行必须是国际法规定为国际罪行,这样的罪行往往通过国际条约作出规定。如战争罪、海盗罪、危害人类罪、贩卖人口罪以及各种国际恐怖主义的犯罪。

(三) 国家管辖权的冲突和协调

目前存在着多种管辖权原则,一方面为确定行使国家权力的范围提供了依据,另一方面这些原则也不可避免会导致同一事件由不同国家管辖的冲突的出现。例如,甲国公民乙在丙国开枪射击,击中了丁国公民戊,甲国可以基于属人管辖权原则对乙主张管辖,丙国可以基于属地管辖权原则中的主观领土说主张管辖权,丁国可以基于属地管辖权原则中的客观领土说主张管辖权。甲国、丙国、丁国的管辖权因此发生冲突。在这种情况下,如果处理不好会导致甲国、丙国和丁国的关系紧张。

目前的国际实践针对管辖权的冲突问题,已经有了较为完善的协调体制。协调管辖权冲突的体制可以分为单边体制和双边或多边体制。所谓单边体制,就是一国通过自我约束,限制本国的管辖权。而双边或多边体制,则是指国际社会通过双边和多边条约制定解决管辖权冲突的规则,双边条约解决管辖权冲突如引渡条约,多边条约解决管辖权冲突则一般指将有关争端提交有关国际法院来解决。

1. 规定优先管辖权

《前南斯拉夫国际刑事法庭规约》第 9 条并行管辖权规定了"1. 国际法庭和国内法院对起诉自 1991 年 1 月 1 日以来在前南斯拉夫境内犯有严重违反国际人道主义法行为的人有并行管辖权。2. 国际法庭应优先于国内法院。在诉讼程序的任何阶段,国际法庭可根据本规约及《国际法庭诉讼程序和证据规则》正式要求国内法院服从国际法庭的管辖。"

2. 规定专属管辖权

例如,1952 年制定的《统一船舶碰撞或其他航行事故中刑事管辖权方面某些规定的国际公约》中规定"在海运船舶发生碰撞或任何其他航行事故并涉及船长或船上任何其他工作人员的刑事或纪律责任时,刑事或纪律案件,仅能向发生碰撞或其他航行事故时船舶所悬旗帜国家的司法或行政机关提出。""在前条所述情况下,除船舶所悬旗帜国家外,任何当局都不得下令扣留或扣押船舶,即使作为调查手段,也不例外。"

3. 一事不再理规则的适用

所谓一事不再理规则,是指一个人不能因为同一犯罪而受到两次处罚。1966年缔结的《公民权利和政治权利公约》第14条第7款规定了,任何人已依一国的法律及刑事程序被最后定罪或宣告无罪者,不得就同一罪名再予审判或惩罚。很多国家都认可了此规则,但是在涉及外国刑事判决的效力问题时,各国的做法并不一致。

4. 有关国家协商解决

为解决国家管辖权之间的冲突,一些国际条约专门规定了通过协商的方式解决管辖权的冲突。当两国都对某一犯罪主张管辖权,即发生管辖权的冲突时,两国可以进行协商,协调管辖权的冲突。例如,《联合国反腐败公约》第42条规定了如果发生管辖权的冲突,即两国都对某一行为主张管辖权的情况下,通过协商的方式协调管辖权的冲突[1]。

5. 被请求国的自由裁量

这主要是指,在多个国家向同一国家就同一犯罪提出司法协助的情况下,除非另有条约规定,被请求国可以自由决定为哪一国家提供司法协助,这就是被请求国的自由裁量权。例如,《中华人民共和国引渡法》第17条规定了在有多个国家请求引渡的情况下的解决办法,应当综合考虑不同国家请求引渡的先后顺序、是否存在引渡条约来决定接受引渡请求的先后顺序[2],这实际上就意味着我国在接受引渡请求中存在着自由裁量权。

6. 司法解决

司法解决主要是指,在国与国之间没有国际条约规定如何解决两国之间的管辖权冲突,也无法就管辖权的冲突问题通过协商等方式达成一致的情况下,两国可以向有关国际法院提出请求,由有关国际法院通过诉讼程序决定管辖权的归属。《联合国打击跨国有组织犯罪公约》第16条专门规定了引渡问题,第35条争端的解决规定了当国家之间因为《联合国打击跨国有组织犯罪公约》的解

---

[1]《联合国反腐败公约》第42条第5款规定:如果根据本公约第一款或者第二款行使管辖权的缔约国被告知或通过其他途径获悉任何其他缔约国正在对同一性能为进行侦查、起诉或者审判程序,这些缔约国主管机关应酌情相互协商,以便协调行动。

[2]《中华人民共和国引渡法》第17条规定:对于两个以上国家就同一行为或者不同行为请求引渡同一人的,应当综合考虑中华人民共和国收到引渡请求的先后、中华人民共和国与请求国是否存在引渡条约关系等因素,确定接受引渡请求的优先顺序。

释和适用问题发生争议的，首先通过谈判，通过谈判无法解决的，再交付仲裁，如果国家间不能在6个月的时间里就仲裁安排达成协议的，争端当事国可以将争端提交国际法院审理。而《联合国打击跨国有组织犯罪公约》中所谓的争端，也包含了管辖权冲突的争端。

糯康案涉及的管辖权问题非常复杂，糯康本人的国籍是缅甸，他在泰国境内实施了犯罪行为，而案件的受害人是中国人，糯康是在老挝境内被抓获的。多个国家根据不同的管辖权原则都要求老挝引渡糯康，对糯康行使管辖权。

泰国依据两点主张管辖权：第一，根据属地原则，犯罪发生地或犯罪结果发生地的国家对犯罪有管辖权。糯康案的犯罪行为地跟犯罪结果都在泰国，糯康在泰国湄公河流域伙同个别泰国军人将"华平号""玉兴8号"上的中国船员杀害。第二，根据属人原则，一国对具有该国国籍的人实施的犯罪有管辖权。糯康案中，"糯康集团"2号人物桑康拥有泰国国籍。个别不法的泰国军人虽然可能没有亲自杀害中国船员，但是他们对糯康的犯罪知情，并且协助糯康栽赃，帮助伪造犯罪现场，他们和"糯康集团"的犯罪分子构成共同犯罪，根据被告人国籍原则，泰国有管辖权。

缅甸也基于两点理由主张管辖权。第一，属地原则。"玉兴8号"据查证为缅甸籍，登记在一国的船舶和航空器视为一国的延伸领土，该国可以根据属地原则行使管辖权，因此缅甸对糯康案有管辖权。第二，也是属人原则，本案的最主要的犯罪人糯康的国籍是缅甸，他是这起案件的组织者，根据属人管辖权的被告人国籍原则，缅甸有管辖权。另外，老挝方面，根据普遍管辖权原则也提出了管辖权的主张。糯康作为实施跨国有组织犯罪的领导者，是在缅甸被抓获的，缅甸有权对糯康实施管辖。

中国也对本案提出自己的管辖权依据。第一，案件发生时两艘船舶均悬挂中国国旗，"华平号"登记国为中国，"玉兴8号"虽然已经注销在中国的登记，但是没有证据证明该船目前登记在缅甸。该船在案发时悬挂着中国国籍，船上的船员均为中国人，根据国际惯例，"玉兴8号"应当认定为中国籍船舶。所以，中国对糯康案有管辖权。第二，糯康所杀害的船员均为中国人，依据被动国籍管辖原则和保护管辖原则，中国有管辖权。并且本案对中国的危害最大，应当由中国管辖。

案件的最后结果，虽然中国没有取得对"10·5"案所有犯罪分子的管辖权，但是老挝将包括糯康在内的骨干成员均引渡到了中国，让他们接受我国刑事审判。在"10·5"案中发生的管辖权冲突，各国都根据自己的管辖权主张向老挝提出了引渡请求。老挝考虑了多种因素，最后决定将包括糯康在内的骨干成员引渡到中国，这也是通过被请求国自由裁量解决管辖权冲突的体现。

第四节　国家及其财产管辖豁免

一、德国诉意大利案

（一）案件背景

1. 意大利法院作出针对德国的判决

1940年6月，作为轴心国之一的意大利跟随德国加入了第二次世界大战，1943年9月，意大利纳粹领导人墨索里尼垮台并被秘密关押，意大利随之向同盟国投降并向德国宣战。然而，从1943年10月开始直至"二战"结束，大部分的意大利领土被德国军队占领，德国纳粹军队在当地实施暴行，强制劳役，并且屠杀了大量的平民。除此之外，德国军队还在意大利境内和欧洲其他国家捕获大量的意大利战俘，他们被带到德国或德国所占领的领土进行强制劳动。第二次世界大战结束后，同盟国、意大利、德国之间签署了有关赔偿的协议。例如1947年，同盟国集团和意大利签署了一份和平协议，根据协议的规定，意大利代表其国民表示放弃对德国索赔的权利。1953年，德国颁布《联邦赔偿法案》，法案规定了对德国纳粹所导致的第二次世界大战的受害者进行赔偿。1965年该法案出台修正案，修正案重新定义了赔偿对象的范围，规定了赔偿对象的国籍、要求根据该法案获得赔偿的受害者在1953年10月1日之前拥有难民身份，要求索赔者具有德国住所或永久居留资格等。但是许多意大利受害者或因没能在规定时间之前获得难民身份或因没有德国住所或永久居留资格而无法索赔。[1]

此外，德国政府在2000年根据联邦法律建立一个"追忆，责任和未来"基金会，该基金通过向合作组织，如日内瓦国籍移民组织提供资金的方式，进行赔偿，但并不直接向个人进行赔偿。赔偿的也是遭受纳粹迫害的受害者，包括遭受强制奴役的民工，但很多意大利战俘虽然也被强迫劳动但是并不能被认定为民工，因而无法获得赔偿。

在这样的背景之下，很多无法获得赔偿的意大利受害人选择向德国或意大利的本国法院进行诉讼，但意大利法院一直以国家豁免原则为由驳回受害人的赔偿请求。意大利受害人在欧洲人权法院进行诉讼，也都没有得到受理。

1998年9月23日，一位在第二次世界大战中受到德国纳粹军队监禁和强制

---

[1] 郭玉军、刘元元："国际强行法与国家豁免权的冲突及其解决——以德国诉意大利案为视角"，载《河北法学》2013年第1期，第24~32页。

劳动的意大利公民 Luigi Ferrini 在意大利阿雷佐法院提起了针对德国的诉讼。2000 年 11 月 3 日,阿雷佐法院以德国作为主权国家享有豁免为由不支持卢吉费里尼的诉讼。随后案件上诉到佛罗伦萨上诉法院,佛罗伦萨上诉法院于 2001 年 11 月 16 日以同样的原因驳回原告的上诉请求。但在 2004 年 3 月 11 日,意大利最高上诉法院作出判决,支持了卢吉费里尼的请求,意大利最高上诉法院认为国家豁免权并不适用于国际犯罪的情形,意大利法院有管辖权,案子发回到阿雷佐法院重审。[1]

阿雷佐法院重审后认为,Luigi Ferrini 的赔偿请求权已经超过诉讼时效,Luigi Ferrini 不能获得赔偿。佛罗伦萨上诉法院却推翻了阿雷佐法院的判决,判决德国赔偿 Luigi Ferrini。在此案之后,类似针对德国的诉讼不断增多,意大利法院对类似的案件作出了相同的判决。

2. 希腊法院作出针对德国的判决

1944 年 6 月 10 日,德国纳粹军队在希腊的 Distomo 村实施了大屠杀。1995 年,Distomo 村的纳粹受害者亲属向希腊法院提起针对德国的赔偿诉讼,他们获得了希腊法院的支持,德国被要求对原告进行民事赔偿。德国随后上诉至希腊最高法院,2000 年,希腊最高法院作出判决,支持了受害者家属的赔偿请求。[2] 但该判决却一直没有得到执行。因为根据希腊民事诉讼程序法,要执行在希腊国内审理的涉及另一主权国家的判决需要得到司法部的批准。而该判决一直没有得到希腊司法部的批准。

Distomo 村的纳粹受害者家属随后在欧洲人权法院提起对德国的诉讼,但在 2002 年,欧洲人权法院以国家豁免原则为由拒绝受理。为使得判决得到执行,Distomo 村的纳粹受害者家属在德国法院起诉,希望德国法院承认并且执行希腊的判决,德国最高法院以希腊法院的判决违反德国国家豁免原则为由拒绝执行。在那之后 Distomo 村的纳粹受害者家属又向意大利的法院申请承认和执行判决。意大利法院承认了希腊的判决,对德国在意大利的别墅 Villa Vigoni 采取限制措施。

(二) 诉讼过程

2008 年 12 月 23 日,德国向国际法院提起诉讼,德国认为意大利在国内审判关于德国的诉讼并判决德国承担赔偿责任没有尊重德国根据国际法所享有的国

---

[1] 程梦婧:"国家管辖豁免与人权保障的对峙——'德国诉意大利案'述评",载《甘肃政法学院学报》2013 年第 6 期,第 126~131 页。

[2] "70 年后,希腊的德国法西斯大屠杀幸存者能否真正讨回迟来的正义?",载 news.xinhuanet.com/world/2015 - 03/30/c_127637518.htm. 2017 - 09 - 07.

家豁免权。另外,德国还要求国际法院宣判意大利支持希腊要求德国对纳粹受害人进行赔偿的判决违反了国际法,侵犯了德国的豁免权。意大利在2009年12月23日提交的辩诉状中提出反诉,但国际法院拒绝了意大利的反诉请求。希腊在2011年向国际法院申请参加德国诉意大利国家管辖豁免案,国际法院经过审理同意了希腊的请求。但因希腊非当事方的身份,希腊在此案中不能提出自己的主张。

在本案的诉讼中,意大利提出了三点主张:第一,武装冲突中一国武装部队在另一国所做的侵权和不法行为造成人身伤亡、财产损失的情况下,一国不得享受豁免;第二,德国在"二战"时期的犯罪行为,严重违反了国际法原则,涉及战争罪以及反人类罪,因此德国不应享有豁免权[1];第三,"二战"中的纳粹受害人家属寻求补偿的所有其他努力都已经失败,意大利法院否认德国本应当享有的豁免权是有正当理由的。

(三) 判决结果

国际法院在2012年2月3日作出了判决,国际法院的判决指出意大利允许以德国在"二战"期间违反国际人道主义法为由对德国提起民事诉讼、意大利承认希腊要求德国赔偿的判决、意大利对德国的国家财产采取强制措施,均违反了尊重德国根据国际法享有的豁免权的义务。意大利必须采取措施,保证侵犯德国豁免权的裁决不再有效。

首先,国际法院在判决中针对意大利提出的武装部队在另一国实施不法行为不能在另一国享受国家豁免作出了回应。国际法院认为,在《联合国国家及其财产管辖豁免公约》中,国家行为被区分为国家行为和商业行为,国家行为享受国家豁免。国家管辖豁免原则是国际习惯,这一国际习惯中并不包含着将武装部队在另一国实施造成的不法行为排除在国家豁免之外的内容,目前也没有将武装部队实施不法行为作为国家豁免例外的实践。意大利法院审理的案件中,实施迫害行为的是德国军队和国家机构,他们得到了当时德国国内法的授权。因此,被要求承担赔偿责任的行为是德国的国家行为,德国可以享有国家管辖豁免权。

其次,国际法院回应了意大利提出的德国违反国际强行法而不能享受国家豁免的问题。国际法院指出,在第二次世界大战期间,德国纳粹军队对意大利占领区的平民进行大屠杀、将意大利的平民驱逐到德国强迫劳动、不承认意大利武装部队成员的战俘身份并且强迫他们劳动的行为违反了国际武装冲突法,对意

---

[1] 程梦婧:"国家管辖豁免与人权保障的对峙——'德国诉意大利案'述评",载《甘肃政法学院学报》2013年第6期,第126~131页。

大利受害者的强制劳役等行为构成了反人类罪,从而违反强行法。但问题的关键在于,是否可以根据上述事实剥夺德国享有豁免的权利。在审查有关的国家实践和国际实践后,国际法院得出了结论,根据现行习惯国际法,一国不因其被控严重违反国际人权法或国际武装冲突法而被剥夺豁免权。法院在此论及了强制法和国家豁免规则之间的关系。国际法院认为:两套规则解决不同的问题,国家豁免规则在性质上属于程序法,仅限于确定一国法院是否可对另一国行使管辖权。国家豁免规则不影响诉讼针对的行为是否合法的问题。将国家豁免原则适用于德国在"二战"期间的违法行为并没有违反强行法。

最后,针对意大利的第三个论点,国际法院认为:国际习惯起源于国家实践,国际法院在国家实践中未找到任何依据来证明,国际法要求一国享有豁免权利以存在有效的其他救济措施为条件。没有有关的国际法律文件或国际实践可以支持意大利的主张。

二、案件所涉国际法原理

(一) 国家豁免的概念

国家豁免,也称主权豁免,是一项国际法原则。国家豁免是指根据国家主权和平等原则,一国的行为及其财产在未经该国的同意的情况下,不受他国的管辖。

广义上的国家豁免包括司法豁免权、行政豁免权和征税豁免权。狭义上的国家豁免,仅指包括管辖豁免权、司法豁免权和执行豁免权。[1]

管辖豁免是指一国法院在未经另一国国家同意的情况下,不得受理针对另一国国家行为及其财产的诉讼;司法豁免是指一国法院在未经另一国国家同意的情况下,不得要求另一国国家出庭作证或者参与诉讼活动,或者对另一国财产进行保全;执行豁免是一国不得对有关另一国国家及其财产的判决强制执行。

(二) 国家豁免的学说

对于如何解释国家豁免原则,逐渐地发展出了两种学说,绝对豁免理论和相对豁免理论。

1. 绝对豁免理论

绝对豁免理论从国家主权平等原则出发,强调国家的主权、独立、平等和尊严绝对不可侵犯,主张国家的一切行为和财产不论性质如何均应享有豁免。

19世纪以前,很少有国家进行商业活动,因此国家的所有行为都享有豁免

---

[1] 朱文奇编:《国际法原理与案例教程》,中国人民大学出版社2009年版,第315页。

权。19世纪之后,随着国家越来越多地参与商业活动,包括垄断国家贸易,参与铁路、邮政等的经营。国家所享有的绝对豁免首先在理论上受到了挑战。随后,20世纪的部分国家的司法实践渐渐否定了国家的绝对豁免。

随着国家越来越多地参与国际经济活动,坚持绝对豁免的国家必然会遇到一些问题:第一,个人和国家在司法管辖方面处于不平等的地位,违背了经济活动中主体平等的原则;第二,坚持绝对豁免削弱了私人和企业与国家进行商业交易活动的愿望,不利于国家发展对外经济;第三,在法律地位平等的基础上进行国际经济合作更加符合国家的根本利益。[1]

2. 相对豁免理论

相对豁免理论,也称为限制豁免理论。限制豁免的主要特征是,根据外国国家行为的性质将其区分为享有管辖豁免的"统治权行为"(或称主权行为、公法行为)和不享有管辖豁免的"管理权行为"(或称商业交易行为、私法行为)。

相对理论在20世纪被逐渐接受。20世纪很多国家的立法肯定了相对豁免理论,例如1982年加拿大的《国家豁免法》、1985年澳大利亚的《外国国家豁免法》。该理论认为,不能不对国家的行为进行区分而笼统地给予豁免。相对豁免理论一般是把外国国家行为分为:统治权行为和管理权行为。在英美法系国家的实践中,被称为"主权行为"和"商业交易行为",而大陆法系国家则相应地分为"公法行为"和"私法行为"。主权行为或公行为是指国家以主权享有者的身份而从事的行为,而商业交易行为或私行为则是国家作为民事主体参与民事活动的行为。[2]例如,比利时和意大利的法院在处理涉及外国的案件中,将国家的行为进行区分,分为"统治权行为"和"管理权行为",对"管理权行为"不给予豁免。[3]

在西方国家和一些发展中国家司法实践中,限制豁免主义确实已经居于主导地位,但很难说它已成为一项普遍接受的国际法规则。

(三)《联合国国家及其财产管辖豁免公约》的主要内容

1977年联合国国际法委员会开始编纂《联合国国家及其财产管辖豁免公约》(以下简称《豁免公约》),编纂过程长达27年。2004年12月,联合国大会通过了《豁免公约》草案,并开放签署。中国在2005年签署了《豁免公约》。根据《豁免公约》第30条的规定,《豁免公约》需要在第30个国家将批准书交联合国秘书长后方能生效,目前批准该公约的国家未到30个,《豁免公约》尚未生效。

《豁免公约》全文一共六个部分,33个条文。六个部分分别为:导言、一般原

---

[1] 周忠海主编:《国际法》,中国政法大学出版社2008年版,第138页。
[2] 朱文奇编:《国际法原理与案例教程》,中国人民大学出版社2009年版,第318页。
[3] 王铁崖主编:《国际法》,法律出版社1995年版,第131页。

则、不得援引国家豁免的诉讼、在法院诉讼中免于强制措施的国家豁免、杂项规定、最后条款。

其主要内容包括：

1. 享有豁免权的国家的含义

国家是一个比较抽象的概念,国家拥有财产或实施行为是通过具体的人或者实体来实现的。《豁免公约》语境下的"国家"有四种含义,包括：第一,国家及其政府的各种机关,例如国家元首、中央政府;第二,有权行使主权权力并以该身份行事的联邦国家的组成单位或国家政治区分单位;第三,国家机构、部门或其他实体,但须它们有权行使并且实际在行使国家的主权权力,例如外交部发出的有关外交声明时我国的国家行为;第四,以国家代表身份行事的国家代表,例如驻外的外交大使。

2. 国家及其财产管辖豁免的一般原则

(1)国家豁免。《豁免公约》第5条规定了"一国本身及其财产遵照本公约的规定在另一国法院享有管辖豁免。"这是公约的一般原则。与此同时,公约没有坚持传统的绝对豁免理论,而是采取了相对豁免理论,对国家豁免原则作出了例外规定。

(2)实行国家豁免的方式。《豁免公约》第6条对实行国家豁免的方式进行了说明,一国法院不得管辖针对另一国提起的诉讼,包括两种情况,第一是,直接将另一国作为被告;第二是,虽然没有将另一国直接作为被告起诉,但是诉讼影响了另一个国家埃及的财产、权利、利益或活动。

(3)明示放弃管辖豁免。《豁免公约》第7条是关于一国明示同意放弃管辖权豁免的。管辖豁免作为一种权利或者说利益,是可以被放弃的。如果一国在另一国法院被诉,一国可以通过三种方式明示地放弃管辖豁免。这三种方式是(a)国际协定;(b)书面合同;或(c)在法院发表的声明或在特定诉讼中提出的书面函件。

一国如果通过明示的方式放弃了管辖豁免,那么,就不能再重新要求管辖豁免。

(4)参加法院诉讼的效果。《豁免公约》第8条规定了一国在另一国法院的诉讼中参加法院诉讼则不能在诉讼中援引管辖豁免。参加诉讼包含两种情形,一国在另一国法院作为原告提起诉讼或者参与诉讼或与实体有关的任何其他步骤。

一国如果在另一国法院的诉讼中采取以下四种行为,不能被认为或解释为是同意管辖,包括援引管辖豁免、对诉讼中有待裁决的财产主张一项权利或利益、一国代表在另一国法院出庭作证、一国未在另一国法院的诉讼中出庭。

(5) 反诉。《豁免公约》第 9 条规定了三种情况下的反诉,一国不得援引管辖豁免。第一,如果一国作为原告在另一国法院提起诉讼,则该国就丧失了与本诉相同的法律关系或事实所引起的任何反诉向法院援引管辖豁免的权利。第二,一国介入另一国法院的诉讼中提出诉讼请求,则不得就与该国提出的诉讼请求相同的法律关系或事实所引起的任何反诉援引管辖豁免。第三,一国在另一国法院对该国提起的诉讼中提出反诉,则不得就本诉向法院援引管辖豁免。

3. 不得援引国家豁免的诉讼

公约在第三部分对国家豁免的例外情形做了规定,有八种情形国家不能援引国家豁免。包括:

(1) 商业交易,国家和外国自然人、法人进行的商业交易是国家豁免原则的例外。但还存在着例外的例外,如果商业交易是国家之间进行的或者商业交易中的协议另有规定的,国家仍然可以主张豁免。

(2) 雇佣合同,雇佣合同也是国家豁免原则的例外,但是如果雇佣的是为了履行政府职能或者被雇佣为外交代表、领事官员、常驻联合国代表则国家仍可以享有国家豁免。

(3) 人身伤害和财产损害。

(4) 财产的所有、占有和使用。

(5) 知识产权和工业产权。

(6) 参加公司或其他集体机构,这种情况国家享有豁免要求公司或机构的参加者仅为国家,并且该公司或机构是按照法院地国的法律注册或组成的。

(7) 国家拥有或经营的船舶,只要船舶是用于商业性目的的。

(8) 仲裁协定的效果,只要国家和外国的自然人法人之间签订了仲裁协定,则国家不能在仲裁协议的有效性、解释和适用,仲裁程序,裁决的确认或撤销中享有管辖豁免。

这八类不得援引国家豁免的诉讼,是相对豁免理论的反映。

目前在实践中,各国法院往往将国家的行为区分为商业行为和主权行为。在实践中存在的问题是如何对商业交易行为和主权行为准确作出区分。有的国家是根据行为的目的进行区分,而有的国家根据行为的性质。但实践中可能出现单一根据目的和性质难以确定行为到底属于商业交易行为还是主权行为的问题。例如一国为采购军事装备而签订的合同,根据性质应该属于商业交易行为,但很难接受采购军事装备为商业交易行为,根据行为的目的则属于国家主权行为,但其中又存在商业性质的行为。对于到底应当如何判定商业交易的性质,只能由各国法院根据具体情况自由裁量。[1]

德国纳粹军队在"二战"期间对意大利平民和战俘的迫害,得到了当时德国国内法的授权,从性质上来说,属于国家主权行为。对于国家主权行为,无论是绝对豁免理论还是相对豁免理论都支持国家可以主张豁免。德国"二战"期间对意大利平民和战俘的迫害也是侵权行为,《豁免公约》第三部分,不得援引国家豁免的诉讼中又提出了一国在由于作为或不作为引起的死亡或人身伤害,或有形财产的损害或灭失的诉讼中不得享有国家豁免,并且这部分条文并没有对国家侵权行为的性质作出具体的说明,因此,无论是主权行为还是非主权行为造成的人身伤害或财产损害,在外国法院都不享有管辖豁免[2],据此德国不应当享有豁免。根据不同的理论依据引出了对同一行为的两个不同的结论,由此产生了冲突。在这种情况下,应当如何调和冲突是值得注意的。目前,《豁免公约》尚未生效,在本案中,《豁免公约》是作为国家豁免原则是国际习惯的证明的。一旦《豁免公约》生效以后,在实践中国家主权导致的侵权行为是否享有国家豁免,需要进一步对《豁免公约》中的条文作出解释和说明。

4. 在法院诉讼中免于强制措施的国家豁免

公约第四部分规定了在法院诉讼中免于强制措施的国家豁免,第18条规定在判决前,一国法院不得对另一国家的财产强制措施,例如查封扣押,但规定了例外情形[3]。第19条规定了判决后,一国法院不得对另一国国家的财产采取强制措施,以强制执行判决,但也存在着例外情形[4]。

---

[1] 白桂梅:《国际法》,北京大学出版社2015年版,第211页。

[2] 马新民:"《联合国国家及其财产管辖豁免公约》评介",载《法学家》2005年第6期,第1~7页。

[3] 《联合国国家及其财产管辖豁免公约》第18条规定,免于判决前的强制措施的国家豁免不得在另一国法院的诉讼中针对一国财产采取判决前的强制措施,例如查封和扣押措施,除非:
(a)该国以下列方式明示同意采取此类措施:
(一)国际协定;
(二)仲裁协议或书面合同;或
(三)在法院发表的声明或在当事方发生争端后提出的书面函件;或
(b)该国已经拨出或专门指定该财产用于清偿该诉讼标的的请求。

[4] 参见:《联合国国家及其财产管辖豁免公约》第19条免于判决后的强制措施的国家豁免不得在另一国法院的诉讼中针对一国财产采取判决后的强制措施,例如查封、扣押和执行措施,除非:
(a)该国以下列方式明示同意采取此类措施:
(一)国际协定;
(二)仲裁协议或书面合同;或
(三)在法院发表的声明或在当事方发生争端后提出的书面函件;或
(b)该国已经拨出或专门指定该财产用于清偿该诉讼标的的请求;或
(c)已经证明该财产被该国具体用于或意图用于政府非商业性用途以外的目的,并且处于法院地国领土内,但条件是只可对与被诉实体有联系的财产采取判决后强制措施。

本案中国际法院采纳了《联合国国家及其财产管辖豁免公约》中的相对豁免理论,一国主张管辖豁免的前提是对国家的行为进行分类,分为国家主权行为和商业交易行为。主权行为是指国家作为主权享有者而从事的行为,只有被判定的行为为国家主权行为时,才被允许国家豁免。"二战"中德国纳粹军队的行为得到了当时其国内法的授权,是国家作为主权享有者实施的行为,是国家主权行为。国际法院因此在判定"二战"中德国纳粹军队的行为为国家主权行为的基础上,才认为德国享有国家豁免。在德国所实施的行为仍然能够享受国家豁免的基础之上,意大利法院审理针对德国提起的赔偿诉讼并作出要求德国赔偿的判决、希腊法院审理针对德国的赔偿诉讼和作出要求德国赔偿的诉讼、意大利支持希腊法院要求德国赔偿的判决都是违反国家豁免原则的行为,没有尊重德国的管辖豁免。

第六章
国家责任

一、对尼加拉瓜进行军事和准军事行动案

（一）案件背景

1983年底和1984年初，正值尼加拉瓜内战期间。尼加拉瓜反政府武装组织在美国的资助和直接参与下，在尼加拉瓜的内水和领海范围内的港口附近布雷。尼加拉瓜领海和内水的航行安全因此受到了严重的威胁，并且发生了重大的事故，使尼加拉瓜遭受了重大的损失。与此同时，尼加拉瓜的港口、石油设施也受到了美国支持下的尼加拉瓜反政府武装的破坏。

（二）案件进程

1984年4月9日国际法院收到了尼加拉瓜提起的诉讼。尼加拉瓜指控美国对尼加拉瓜采取军事和准军事行动。尼加拉瓜请求宣布美国的行为是非法使用武力和以武力相威胁、干涉其内政和侵犯其主权的行为，请求国际法院责令美国停止其行为，赔偿尼加拉瓜和其国民所受到的损害，并采取临时保全措施。

美国主张尼加拉瓜接受国际法院强制管辖的声明并没有发生法律效力，并且根据美国1984年交存联合国的接受国际法院强制管辖的"立即生效且两年内不适用于与任何中美洲国家的争端或由中美洲发生的事件引起或同中美洲事件有关的争端"的声明，美国政府认为并未赋予国际法院审理此案的管辖权。因此国际法院对该案没有管辖权。此外美国还指出，美国与尼加拉瓜之间的矛盾，应由安理会处理,且由于尼加拉瓜干涉其他中美洲国家内政才引起了美国对尼加拉瓜的行动,根据《联合国宪章》第51条的规定国际法院不应影响其行使个人或集体自卫行动的固有权利。

国际法院认为临时保全措施阶段不对美国和尼加拉瓜的声明效力进行讨论,基于当前证据应当对当前争端进行临时保全。因此国际法院于1984年5月采取了临时保全措施。临时措施要求:美国立即停止和抑制限制、封锁或危害进出尼加拉瓜港口的行为,尤其是布雷活动;尊重尼加拉瓜的主权和政治独立,不得以军事或准军事行动加以破坏;美国和尼加拉瓜均应保证不得采取任何行动加剧或扩大给国际法院提出的争端;美国政府和尼加拉瓜政府应保证不得采取任何行动破坏他方在执行国际法院为此案所做之判决的权利。[1]

1984年5月至11月,国际法院审理了美国的初步反对主张。国际法院认为依《国际法院规约》第36条第2款尼加拉瓜1929年发表的接受国际常设法院强制管辖的声明具有法律效力。11月26日国际法院作出初步判决,判定国际法院对此案有管辖权。美国并没有接受这一初步判决,在1985年1月18日宣布退出诉讼程序,同时宣布中止1956年《美国和尼加拉瓜友好通商航海条约》。10月7日,美国通知联合国秘书长中止对国际法院强制管辖权的接受。国际法院认为美国退出该案审理程序的行为发生在国际法院作出初步判决之后,因而国际法院的管辖权不受影响。国际法院决定继续审理此案。

1985年9月12~20日,国际法院开庭对本案进行缺席审判,对实质问题作出了判决。判决在回顾了本案涉及的事实后着重审查了可适用的法律及其内容。国际法院考虑到美国1946年主张的"多边条约保留",决定不适用多边条约而适用规约第38条所规定的其他国际法渊源,主要是习惯国际法。对于适用于本案的习惯国际法应从习惯法规范是否存在于国家的"法律确信"之中何国家的实践是否肯定了此项规范进行审查。要确定习惯法规则的存在,有必要从联合国一些重要文件中寻找证据。通过一系列国际文件中,国际法院认为,禁止使用武力原则与自卫权、不干涉原则、国家主权原则、人道主义原则等方面的习惯国际法规则已经通过各国"法律确信"确立了。同时国际法院认定《友好通商航海条约》应适用于本案。

(三)案件结果

在1986年6月27日,国际法院对本案作出判决。美国在尼加拉瓜布雷、袭击尼加拉瓜港口和石油设施、资助反政府武装的行为构成非法使用武力。对上

---

[1] "国际法院网:国际法院判决书、咨询意见和命令摘录1949—1991",载http://www.icj-cij.org/files/summaries/summaries-1949-1991-ch.pdf.2017-08-14。

述行为,美国政府要承担直接责任。美国指控的尼加拉瓜向萨尔瓦多提供武器和支持,即使是事实也不构成武力攻击,仅仅是干涉行为。美国所谓的集体自卫的理由并不成立,因为美国的行为并非是在受害国的宣告和请求下进行的。且美国承认的支持尼加拉瓜反政府组织推翻尼加拉瓜政府,迫使尼加拉瓜改变其内外政策的行为已经构成对尼加拉瓜内政的干涉。因此国际法院判决美国所谓自卫并不成立,美国违反了禁止使用武力原则、违背了不干涉他国内政的国际义务、侵犯他国主权,美国应当停止其行为并且对尼加拉瓜进行赔偿。[1]

国际法院判决作出后,尼加拉瓜和美国并没有就赔偿达成协议。1987年9月7日,尼加拉瓜请求国际法院进一步了结此案。1987年11月13日,美国声明其坚持认为国际法院对此案没有管辖权。美国拒不出庭应诉,也拒绝提交答辩状。1990年6月,尼加拉瓜新政府成立,新政府向国际法院表示还未能决定在几个月内应采取的步骤。1991年9月12日,国际法院收到尼加拉瓜放弃一切进行的诉讼权利的通知,并且请求国际法院正式终止此案和将此案从案单上撤销。1991年9月26日,国际法院宣布终止此案并将此案从案单上撤销。

二、案件所涉国际法原理

(一) 国家责任的概述

国际社会中经常发生违反国际法,国际条约义务的不法行为。当一国行使的不法行为对他国造成损害时,应当对损害承担法律责任,这种法律责任被称为"国家责任"。国家责任制度的制定是一个漫长的过程。1930年国际联盟就曾尝试对国家责任公约进行编撰,1949年国际法委员会又将国家责任问题列为优先审议的主题之一。1996年国际法委员会通过了《关于国家责任的条款草案》并由联合国秘书长提交给各国,征求意见。2001年,国际法委员会通过《国家对国际不法行为的责任条款草案》为建立国家责任制度奠定了重要的基础。

根据国家责任的定义可以看出,国家责任具有如下几个的特征:

(1)国家责任的主体为国家。

(2)国家责任产生于国际不法行为。国际不法行为包括作为和不作为两个方面,不法行为的内容有时仅涉及一项行为,有时则包括多项行为。

(3)国家责任实际上是一种法律责任。国际责任实际上是一种违反国际

---

[1] "国际法院网:国际法院判决书、咨询意见和命令摘录 1949—1991",载 http://www.icj-cij.org/files/summaries/summaries-1949-1991-ch.pdf. 2017-08-14.

法,违反国际条约义务的行为所引发的责任,因而属于法律责任。国家责任制度意在通过追究国家责任,以限制国家的不法行为,维持正常的国际关系秩序,在追究行为国的国家责任的同时使受害国的损害得到合理的赔偿。

（二）国家责任的构成要件

国家责任由国际不法行为以及不法行为归因于国家两部分组成。国际不法行为是指一国的行为违反该国所应承担的国际义务。其法律基础涉及了整个国际法范围。

不法行为可归因于国家,是指引起国家责任的行为必须根据国际法能够归因于国家。但国际不法行为的实施有一国实施,也有多国共同实施的情况。根据国际责任条款的规定,国际不法行为归因于国家的情况包括:

(1)国家机关的行为。

(2)实际上代表国家行事的个人行为。

(3)一国交由另一国支配的机关所做的行为。

(4)逾越权限行事的机关的行为。

(5)叛乱或起义活动的行为。

本案中,美国攻击尼加拉瓜港口石油设施,威胁尼加拉瓜的航行安全,造成尼加拉瓜重大的事故和损失的行为属于国际不法行为。且美国武装攻击尼加拉瓜,干涉该国内政的行为为国家机关的行为,明显能够归责于美国。因此美国应当对攻击尼加拉瓜的行为承担国际责任。

（三）国家责任的免除

国际法律责任的免除是指如果一国际法主体的行为的不当性已被排除,也即免除了该国际法主体的国际责任。其中,国际法律责任免除的形式有以下几种:

(1)同意。指一国以有效方式表示同意另一国实行某项与其所负之义务不符的特定行为时,即排除加害主体一方行为的不当性。

(2)反措施。受害方针对加害方所犯的国际不当行为而采取的自救措施。反措施应该包含如下条件:

①反措施是针对一国不法行为的反映;

②反措施意在使违约国履行其义务,因而反措施是在违约国拒绝履行义务下实施的;

③反措施必须与受害国所遭受的损害相一致,不得超出其损害程度;

④如果不法行为已经停止,且争端已经提交有管辖权的法院,那么,受害国不应采取反制措施;

⑤反措施的实施不应违背国际义务。[1]

（3）自卫行为。作为禁止使用武力原则的例外，根据《联合国宪章》自卫行为的规定，自卫行为应当符合：

①自卫行为是对已经发生的武力攻击进行的反击；

②自卫是在安理会采取必要措施维护和平与安全之前所采取的措施；

③当事国在采取自卫行动后必须立刻向安理会报告。

（4）不可抗力。由于不遇见和无法控制的事件发生，以至于该国不能实际履行其义务，应免除该国的国际责任。不可抗力的原因包括自然因素和人为干预两个方面，若不可抗力产生的原因由一国本身行为造成的，则不免除其国际责任。

（5）危难。这是指遇到极端危难的情况时，代表国家的机关或个人，为了挽救其生命或受其监护的人的生命，只有唯一的选择，不得已作出的不符合本国国际义务的行为。

（6）紧急状态。在国家遭到严重危及存在和根本利益的情况时，国家为了应付或消除这一严重紧急状态采取紧急措施而实施的违背国际义务的行为应当免除国际责任。

在本案中，美国承认了其对尼加拉瓜所实施的军事和准军事行动，但它在初步反对主张中指出的，其在尼加拉瓜的行动是由于尼加拉瓜干涉其他中美洲国家内政所引起的，符合个人或集体自卫行动的固有权利。但是经国际法院审理，美国的主张并未有明确的证据，不能将全部行为归结于尼加拉瓜政府。且根据国际法上的规定，自卫行为仅限于针对武装攻击，尼加拉瓜仅越过边境并未进行武装攻击的行为显然不构成自卫行动的前提，美军的行为也显然不符合自卫行为。因而不能以此为理由免除其武装攻击尼加拉瓜的国家责任。美国的行为确实构成采用武力手段对尼加拉瓜政进行的干涉。

（四）国家责任的形式

当国际不法行为归因于一国，且不存在免除责任的情况，该国应当承担相应的国际责任。国家承担国际责任的形式包括：

---

[1]《国家责任条款》第50条规定，不受反措施影响的义务：
(1) 不得使用武力或武力威胁的义务；
(2) 保护基本人权的义务；
(3) 禁止报复的人道主义的义务；
(4) 国际强制性规范承担的其他义务；
(5) 采取反措施的国家与责任国之间任何关于解决争端程序的义务；
(6) 尊重外交领事人员、管社、档案、文件不可侵犯的义务。

（1）终止不当行为。在不当行为持续进行的情况下，责任国有义务停止该行为。例如释放扣押的人质，终止非法占领。终止不当行为可以减轻一国的国际责任，但是不影响被终止的行为已经引起的国际责任。

（2）保证不再犯。对可能再次发生的不当行为，责任国要作出担保或保证不再犯。这一责任形式有道歉的作用，并且责任国的承诺实际上明确构成了责任国与受害国之间的一种新的保证协议，防止该不当行为的再次发生。

（3）恢复原状。这是指将被侵害的事物恢复到不当行为发生前的状态。恢复原状的责任形式多适用于被侵害的物尚存，或受损但可以修复，或可以制作代替品的情况。如果已经不可能恢复原状，或恢复原状的代价远远超过被损害物原来的价值，或有国际法的其他规定的情况下，则采取其他责任形式代替。

（4）补偿。补偿是指责任国对其不当行为的受害无法或难以恢复原状的情况下，给予赔偿，对受害国实际遭遇的损失给予货币补偿。此外，对于其所造成的物质损害，精神损害以及利益损失，也可提出相应的索赔。

（5）抵偿。国际法上的抵偿是责任国对受害国造成的非物质性损害给予精神上补偿的法律责任形式。根据国家责任条款规定，抵偿可以采用承认不法行为、表示遗憾、正式道歉或者另一种合适的方式。

此外在国际实践中针对违反国际义务的行为，还可以采取限制责任国主权等行为。这是国家责任中最严重的形式，仅适用于对他国进行武装侵略、危害全人类利益并构成国际罪行的某些特定行为。由于德国和日本在第二次世界大战中的侵略行为，他们在"二战"结束后被限制主权。

本案中，国际法院于1984年5月作出的要求美国立即停止和抑制对尼加拉瓜港口的进出所做的限制、封锁或危害的行为的临时措施，即是国际法院要求美国作出的终止不当行为的责任。国际法院在美国缺席的情况下作出判决，要求美国赔偿尼加拉瓜由于违反习惯国际法义务所造成的损失，赔偿尼加拉瓜由于违反1956年美尼《友好商航海条约》义务所造成的损失，即是美国侵犯别国内政、破坏社会和平的行为所应承担的国家责任形式中的赔偿责任。

（五）国家责任的援引

受害国向国际不法行为的行为国提出赔偿的要求，即为国家责任的援引。受害国，对国际不法行为以某种方式作出反映，是援引国家责任必须作出的行为。否则可能构成以默示方式放弃权利。因而受害国应将其要求通知行为国，并可以具体指明持续性不法行为的行为国应当如何停止不法行为，并采用何种赔偿形式。且国家责任的援引必须在国籍原则和用尽当地救济原则的前提下进行。若受害国已有效的方式放弃对责任国援引责任的权利，那么受害国将不得援引国家责任。

1991年9月12日,尼加拉瓜代理人通知国际法院,尼加拉瓜政府决定放弃一切进一步的诉讼权利,并请求国际法院以命令正式终止此案和将此案从案单上撤销的行为,即以有效的方式对援引国家责任的放弃。因而不得再援引国家责任。

第七章
国际法上的个人

第一节 国际法上的难民

一、Khlaifia 和其他当事人诉意大利案

近些年,由于中东、北非地区战乱频发,局势动荡,极端组织活动猖獗。大量难民、非法移民横渡地中海进入欧洲,并屡屡出现难民死亡事件。面对来势汹汹的难民、移民潮,欧洲国家无力招架与竞相推诿。

突尼斯共和国,简称"突尼斯",位于非洲大陆最北端,北部和东部面临地中海,隔突尼斯海峡与意大利的西西里岛相望。2010 年 12 月 17 日,西迪布吉德一名在街头售卖水果的失业青年,在受到执法人员粗暴对待后自焚身亡。该青年的死亡,激起了突尼斯人对高失业率、高物价以及政府腐败的不满,并导致当地居民与国民卫队发生冲突。此后,全国多处地区相继发生大规模社会骚乱,引发流血冲突。突尼斯平民的生命和自由都因此受到威胁。2011 年 1 月 14 日,突尼斯首都突尼斯市发生大规模抗议活动,示威者要求总统本·阿里立即下台,茉莉花革命爆发。一些示威者包围内政部大楼,与维持秩序的警察发生冲突。14 日下午,突尼斯官方通信社得到授权宣布,为保护公民安全,决定立即在全国所有领土上实施紧急状态法,包括禁止公共场所 3 人以上聚会,每晚 6 点至次日早 6

点严禁人员和车辆通行,警察和士兵可以对违抗命令的可疑人员使用武器等。总统本·阿里于当日晚突然离境,并携家人于 15 日飞抵沙特阿拉伯。[1]此后在阿拉伯世界引发连锁反映,多个国家的民众纷纷走上街头游行示威,反对独裁,要求政治经济改革。阿拉伯多个国家政权动荡、埃及总统穆巴拉克下台、利比亚卡扎菲政权被推翻。

在此背景下,2011 年 9 月中旬 Khlaifia 和其他两名难民乘船离开突尼斯,在海上被意大利截获。三人先后被拘留在意大利兰佩杜萨岛的一个接待中心和巴勒莫港的船只上,最终被遣返回突尼斯。2012 年,三名突尼斯人向欧洲人权法院申诉。

2015 年 9 月 1 日欧洲人权法院对 2011 年意大利囚禁 3 名突尼斯难民事件作出判决。欧洲人权法院指出,意大利囚禁难民并将难民集体遣返的行为是没有任何法律依据的,也是违反国际法的。该行为侵犯了申诉人根据《欧洲人权公约》所享有的人身自由和安全权、对受指控罪名的知情权、要求法院对拘留的合法性作出判定的权利、免遭不人道和有辱人格的待遇的权利、获得有效救济的权利以及不被集体驱逐的权利。因此,2015 年 9 月 1 日,欧洲人权法院对"Khlaifia 和其他人诉意大利案"作出了分庭判决,判定意大利政府违反《欧洲人权公约》,并判令其向每一申诉人支付 10 000 欧元非物质损害赔偿、承担申诉人的所有诉讼费用和开支。

虽然根据《欧洲人权公约》的规定,分庭判决并不是终局判决,且该事件发生的时间较早,但是对于当前的欧洲难民危机来说,该案件仍然具有借鉴与警示作用。欧盟秘书长指出:"当前的难民危机使欧洲许多地区面临严峻挑战,对保障人权构成严重威胁。今天的判决是对欧洲理事会 47 个成员国的及时提醒,寻求避难者和移民,与任何人一样,享有《欧洲人权公约》所保障的基本权利。"[2]

欧洲人权法院主席雷蒙迪也指出,欧洲人权法院禁止集体遣返难民,每个被遣返者的材料都应经过严格审查。但 2016 年 1 月 27 日,瑞典宣布驱逐 8 万名难民;27 日,芬兰政府表示,将驱逐 2 万名"不合格"难民;28 日,德国决定暂停难民亲属的家庭团聚权两年。[3]可见,要解决难民问题,欧洲还有很长的路要走。

---

[1] 伊美娜:"2010—2011 年突尼斯变革:起因与现状",载《阿拉伯世界研究》2012 年第 2 期,第 51~63 页。

[2] "欧洲人权法院判决:基本人权不容侵犯",载 http://www.sohu.com/a/30930758_162904. 2017-08-31.

[3] "欧盟国家成批驱逐难民欧洲人权法院称禁止集体遣返",载 http://news.cntv.cn/2016/01/30/ARTIB2yF5exyXVLWOhFXe6gx160130.shtml. 2017-08-31.

二、案件所涉国际法原理

(一) 国籍

国际社会的发展使得国家间人口流动更加频繁。为对一国境内的本国人口和外来人口进行管辖,需要建立明确的制度对其进行区分。而国籍正是这样的制度。所谓国籍即是指一个人属于某一国家的国民或公民的法律资格。

国籍取得的方式主要有两种:因出生而取得和因加入而取得。因出生而取得的国籍,又被称为原始国籍,是指一个人由于其出生而取得一国的国籍。对于原始国籍,各国的规定各有不同,通常分为依血统原则取得国籍、依出生地原则取得国籍,以及依血统原则和出生地原则相结合的混合原则取得国籍。因加入而取得国籍,又被称为继有国籍,是指一个人由于加入某国国籍而取得该国的国籍。由于加入国籍的方式不同,继有国籍又包括自愿申请入籍、由于婚姻入籍、由于收养入籍和由于交换领土入籍。

国籍丧失的方式也分为两种,即自愿丧失和非自愿丧失。自愿丧失国籍是指本人自愿申请退籍或自愿选择某一国籍而导致国籍的丧失。非自愿丧失国籍是指由于法定的原因,诸如取得外国国籍,婚姻,收养,认领等原因,而非本人意愿而丧失本国国籍。

由于各国对国籍的规定不同,国籍会发生抵触的情况。国籍的抵触是指一个人在同一时间内具有两个以上的国籍或者不具有任何国籍的法律状态。其中具有两个以上国籍的情况被称为国籍的积极抵触,不具有任何国际的情况被称为国际的消极抵触。由于国籍的抵触会影响国家的法律管辖,国际实践中各国往往通过国内立法、双边条约以及国际公约的方式加以解决。

(二) 外国人的待遇

外国人是指在一国境内的不具有居留国籍而据有其他国籍的人。实践中为方便管理,与本国人相区分,也将无国籍人纳入外国人的范畴内。

根据国家主权原则,国家享有对本国境内一切人、事、物进行管理的权力,因而国家有权对外国人的入境、居留和出境进行管理和规定。在入境方面,国家有权准许拒绝外国人的入境,即国家没有允许外国人入境的义务,外国人也没有要求入境的权利,各国是在平等互惠的基础上允许外国人以合法目的入境。在拘留方面国家有权规定外国人的居留的条件和待遇。外国人可根据居留国的法律、规定申请居留。对于外国人的出境,各国一般规定,外国人在符合拘留国有关出境的规定,并办理必要手续的情况下方可出境。

对于外国人的待遇问题,各国往往通过国内法和(或)签订的双边条约进行规定。国际实践中,各国对外国人的待遇主要分为国民待遇、最惠国待遇、差别待遇和互惠待遇。其中国民待遇是指国家在一定范围内给予外国人与本国人相同的待遇;最惠国待遇是指施惠国给予受惠国国民的待遇不低于现在或将来给予任何第三国国民在该国享有的待遇;差别待遇是指国家给予外国人不同于本国公民的待遇或对不同国籍的外国人给予不同待遇;互惠待遇是指国家之间根据平等互惠原则给予对方公民同等的待遇。

此外,国家主权原则也规定国家享有对境外的本国人实施管辖的权利。因而为保护本国国民在外国的合法利益,免受所在国不法行为之侵害,所采取的外交行动被称为外交保护。外交保护的给予需具备两个基本条件:"损害求偿的本国性"和"用尽当地救济"。

(三) 难民

1. 难民的概念

根据1951年《关于难民地位的公约》、1967年《关于难民地位的议定书》的规定,难民是有正当理由畏惧由于种族、宗教、国籍、属于某一特定社会团体的成员,或具有某种政治见解的原因遭受迫害,并身在其本国之外,并由于这样的畏惧而不能或不愿意受国籍国保护的人;或者不具有国籍并由于上述事情留在他以前经常居住国以外而现在不能、或由于上述畏惧而不愿返回该国的人。

但随着难民问题的不断发展,难民的概念也不断扩大。1969年非洲统一组织通过了《非洲统一组织关于非洲难民问题特定方面的公约》,将由于一国遭到外来侵略、占领、统治或发生严重危害公共秩序的实践等原因而被迫离开该国去寻求避难的人定义为难民。1989年美洲国家发表的有关难民问题的《卡塔赫纳宣言》则认为难民的范围还应包括那些因为一个国家内出现了普遍性暴力、外国入侵、国内武装冲突、大规模侵犯人权或其他严重危害公共秩序的事情,而使其生命、安全和自由受到严重威胁而逃离该国的人。联合国难民署根据其工作经验,也将难民分为公约难民和非公约难民。其中非公约难民是指国际社会关注的难民,其中包括政治难民、经济难民、战争难民和国内流离失所者。

2. 难民保护的法律依据

国际上,难民保护的相关法律主要由国际人权法律文件和区域性法律文件构成。

(1)国际人权公约。难民问题归根结底是人权的问题。因此难民保护法律体系中包括大量国际人权法律文件。当前国际人权法律文件中对难民问题进行规定的主要有:《联合国宪章》《世界人权宣言》《公民和政治权利国际公约》以及《经济、社会和文化权利国际公约》等国际人权公约。

在国际人权公约中,1951年的《关于难民地位公约》和1967年的《关于难民地位议定书》是国际人权领域解决难民问题和保护难民利益的专门性文件。两部公约对难民的界定及其在庇护国的权利义务均作出明确的规定。推动并完善了国际社会对于难民权利的保护。

(2)区域性法律文件。随着非洲等地区难民问题的逐渐突出,国际法上原有的解决难民问题的国际文件,难以适应国际形势中难民保护的需求。为进一步解决难民问题,区域性法律文件逐渐出现,如《欧洲人权公约》《非洲统一组织关于非洲难民问题特定方面的公约》《卡塔赫纳宣言》。三个文件均以采纳原有的难民定义为前提,扩大了对难民的定义,以增加保护的难民范围,区域性法律文件完善了国际难民法的同时,极大地推动了国际难民保护事业。

欧洲委员会秘书长所指出的寻求避难者和移民,与任何人一样,享有《欧洲人权公约》所保障的基本权利,反映出人权公约对解决难民问题所发挥的重大作用。

3. 难民地位的取得和丧失

(1)难民地位的取得。根据公约和议定书对难民概念的规定,取得难民身份应当符合下列三个条件:

①留在其本国以外或经常居住地以外。根据国家主权原则,国家对其领土内的国民享有管辖权。未经本国同意,其他国家或组织不得将其境内的国民认定为难民。因此,难民必须要留在其本国以外或经常居住地以外。

②因为正当理由畏惧政治迫害。迫害,根据联合国的规定,是指使人的生命和自由受到威胁的行为、形势,以及其他侵犯人权的行为。畏惧迫害表示已经遭受迫害以及可能会遭受迫害。正当理由是指,他们畏惧迫害的原因是由于他们的种族、宗教、国籍、属于某一团体和持有某种政治见解。

③不能或不愿意受国籍国保护、不能或不愿意返回以前经常居住国,而留在他国。

但1951年难民公约规定,违反国际法规定的破坏和平罪、战争罪或危害人类罪;以难民身份避难前曾在避难国以外犯过严重的非政治罪行;违反联合国宗旨和原则的行为已被认定为有罪的排除在难民之外。

由于"茉莉花革命"的影响,在Khlaifia和其他当事人诉意大利案发生前突尼斯全国多处地区发生大规模社会骚乱,引发流血冲突,国家一度进入紧急状态。在此情况下三名突尼斯人存在畏惧国内政治动荡、生命自由受威胁的正当理由,因而逃至意大利,表示其不愿接受突尼斯的保护。且由于三名突尼斯人逃离本国在意大利境内被截获,符合了难民地位取得中留在"本国以外"的条件,因而符合对难民身份取得的条件。

（2）难民身份的终止。难民的身份并非永久,国际上难民身份的终止,即永久解决难民问题的方式通常有三种：

①自愿遣返。自愿遣返是指难民的本国或经常居住国的社会、政治局势发生好转,成为难民的理由不复存在,难民自愿返回该国重新定居,接受该国保护,或重新取得该国国籍。

②就地融合。难民在申请难民身份后,在接受国定居,或取得该国国籍,受到该国保护,成为该国家公民。

③第三国安置。难民在申请难民身份后,继续申请前往愿意接受难民,或接受难民并给予其国籍的第三国,被第三国接受,最终在第三国居住或在第三国居住并取得第三国国籍,受到该国的保护,成为第三国国民。

4. 难民的出入境

根据公约及其议定书的规定,缔约国不应拒绝已经越过边境进入其领土范围内的难民停留,并且在紧急情况下也不得拒绝难民入境,即便该国不能给予难民长久的庇护,也不得将他们驱赶到使其生命、自由受到威胁的国家的领土边界。这一规则,又被称为"不推回原则"。这原则在此后的众多国际文件中都有明确的记载,是难民待遇中最为核心的原则。

对于非法入境者,《难民公约》规定,在难民应毫不迟延地自动向当地主管当局说明其非法入境、逗留的原因的情况下,不得因难民的非法入境或逗留对其加以刑罚。并且在其地位正常化或获得另一国入境许可之前,不应对其行动加以不必要的限制。若不能对其进行长久安置,则应给予其合理期限并给予便利,方便其获得另一国的入境许可。即各国应当对非法入境的难民予以一定的宽容与便利。

根据不推回原则的规定,三名突尼斯难民进入意大利领土范围内之后,意大利即便不能予以难民长久的保护,也不能将其驱赶回突尼斯。然而本案中,意大利当局在海上对三名突尼斯难民进行截获后,先后拘留于接待中心与船只上,随后将其遣返,其行为显然不符合不推回原则的规定,同时不符合对非法入境难民宽容和便利的规定。

5. 难民的待遇

难民待遇是指难民在接受国享有的权利和义务。

通常难民入境后,应对难民身份进行甄别。在确认其难民身份后所有国家都应允许他们临时居留或者长期居住在所在国境内。难民享有国民待遇、最惠国待遇和不低于一般外国人的待遇。难民的国民待遇,是指难民和接受国国民享有同样的待遇,特别是在宗教自由、子女教育、财政税收、公共救济、社会安全、工业产权保护等方面与接受国本国国民享受同样的待遇。难民的最惠国待遇,是指难民在参与非政治性和非营利性社团、从事工作、取得工业权利方面,享有的不低于第三国的待遇。难民的不低于一般外国人的待遇,是指难民在动产不动产的取得、财产租赁、初等教育以外的教育、自由职业、行动自由等方面享有不低于在同等情况下一般外国人所享有的待遇。

本案中,意大利对三名突尼斯人的处理显然不符合国际法的规定,它没有给予三名突尼斯人作为难民应当享有的权利。此外欧洲人权法院主席也表示,对难民进行集体驱逐,是不符合国际法的。对于非法入境的难民应当根据不推回原则,允许其入境。在入境对难民身份进行审核后,对于不符合难民身份的人进行遣返。对于符合难民身份的,应当根据难民公约对其权利进行维护。

第二节 引渡

一、黄海勇引渡案

（一）案件背景

黄海勇引渡案被誉为新中国成立以来最复杂的引渡案件,是中国政府首次在美洲人权法院出庭作证,也是美洲人权法院成立以来首个引渡案件。

黄海勇是中国重大走私案的首犯,曾担任深圳裕伟贸易实业有限公司、深圳市亨润国际实业有限公司、湖北裕伟贸易实业有限公司以及香港宝润集团有限公司等多家有限公司的法人代表、董事。1996年8月至1998年12月期间,黄海勇伙同他人,利用其经办的多家公司与其他企业,向海关骗领毛豆油、羊毛条《进料加工手册》3本。违法成立武汉丰润油脂保税仓库有限公司,并逃避海关监管,共同进口保税毛豆油10.74万吨在境内销售。仅毛豆油一项涉案价值就达到12.15亿元,偷逃税款7.17亿元。[1]

1998年8月,有群众向武汉海关调查局举报黄海勇等人在武汉地区非法倒卖免税进口毛豆油走私牟利,武汉海关调查局随后展开调查。同一时期,黄海勇等3名主要犯罪嫌疑人经香港辗转潜逃至美国、秘鲁。

由于该案数额巨大,造成极大的社会影响。1999年9月,新成立的武汉海关走私犯罪侦查分局立案侦查此事。2001年6月,我国公安部通过国际刑警组织针对黄海勇发布了红色通缉令。

---

[1] "新中国最复杂的引渡案内幕",载 http://news.hexun.com/2016-07-27/185168783.html. 2017-08-13.

（二）案件进程

2008年10月,黄海勇在秘鲁被秘鲁警方逮捕。2008年11月,我国根据《中华人民共和国和秘鲁共和国引渡条约》向秘鲁提出引渡黄海勇的请求。经过中国政府的反复努力,基于中秘双方以往良好的外交与合作关系,秘鲁政府快速回应我国的引渡请求,并积极配合我国开展双边引渡合作。但是,由于秘鲁已经对于普通犯罪废除了死刑(现在只对战争背景下的叛国罪保留有死刑),而且自1970年以来一直未执行过死刑,所以当时秘鲁政府要求我国就黄海勇被引渡回国以后不判处死刑作出承诺。2009年12月,经过我国最高人民法院决定,并由外交部代表中国向秘鲁政府作出了对于黄海勇不判处死刑的外交承诺。因而2010年1月26日,秘鲁最高法院判决同意引渡黄海勇。

在秘鲁最高法院判决后,黄海勇仍旧不甘心被引渡,其律师向秘鲁宪法法院提出违宪申诉。2011年5月,秘鲁宪法法院认为我国外交承诺不充分,要求秘鲁政府停止引渡程序,并推翻了秘鲁最高法院同意引渡黄海勇的判决,引渡被迫中止。虽然随后秘鲁政府向秘鲁宪法法院提出了重新审查的请求,但是此请求被秘鲁宪法法院于2013年3月驳回,维持原判。

与此同时,黄海勇及其律师也以"被引渡回国将会面临死刑,其人权将受侵犯"为由向美洲人权委员会提出申诉。由于秘鲁是美洲国家组织国际人权委员会的成员国,也是《美洲人权公约》的缔约国,对于秘鲁发生的违反《美洲人权公约》的相关案件,这两个区域性人权组织都有权进行管辖。2010年11月1日,美洲人权委员会正式受理"黄海勇诉秘鲁政府"案,并一再向美洲人权法院申请给予黄海勇"人身保护令",阻碍秘鲁政府采取引渡行动。2013年7月,美洲人权委员会作出报告,称秘鲁政府对于黄海勇的超期羁押等措施侵犯了黄海勇的人身权利,有违美洲人权公约。并出于对中国的死刑情况的疑虑,认为秘鲁政府同意引渡黄海勇的决定过于草率。建议秘鲁政府终止引渡,改变或解除对黄海勇采取的临时羁押措施。2013年10月30日,美洲人权委员会将此案提交给美洲人权法院进行审理。2014年1月29日,美洲人权法院作出决定,要求秘鲁政府在其作出最后判决之前不得引渡黄海勇。2014年9月3日,美洲人权法院巡回法庭在巴拉圭首都亚松森,借用巴拉圭最高法院开庭审理了"黄海勇诉秘鲁政府"一案。

（三）案件结果

1. 案件判决结果

2015年9月17日,美洲人权法院正式作出了秘鲁政府胜诉的裁判,判定由于引渡黄海勇回国不存在其被判处死刑和遭受酷刑的风险,所以秘鲁政府可以引渡黄海勇回国。在充分保障黄海勇穷尽秘鲁国内全部司法程序的基础上,由秘鲁政府决定是否引渡黄海勇。黄海勇引渡案获得重大突破,取得了程序上的最大胜利,奠定引渡法律基础。其后,黄海勇又陆续穷尽了秘鲁国内全部法律救济程序。[1]

2016年5月23日,秘鲁宪法法院裁决,同意秘鲁政府将黄海勇引渡给中国。7月14日,中秘两国有关执法部门签署引渡交接文件,我国成功引渡黄海勇。2016年7月17日凌晨,黄海勇自秘鲁被成功押解回国。在境外滞留18年,引渡耗时8年的黄海勇引渡案至此暂告一段落。[2]

黄海勇案件不仅涉及秘鲁国内的司法系统,还涉及美洲国家组织最重要的区域性人权保障机构——美洲人权委员会和美洲人权法院。并且两个人权保障机构在黄海勇引渡案件中起到了重要的作用。历时八年终于被成功引渡回国的黄海勇案也被称为新中国成立以来最复杂的引渡案件。

2. 案件影响

2014年以来,我国掀起了以"天网行动"为代表的境外追逃追赃风暴,并取得了突出成绩。2016年9月,G20杭州峰会又通过了《二十国集团反腐败追逃追赃高级原则》。但仍有一些重要的犯罪分子逍遥海外,巨额涉案贪腐资金尚未追回。在此背景下,作为新中国成立以来最复杂的引渡案和继赖昌星遣返案以后我国反腐败国际刑事司法合作的又一典型案例,黄海勇的成功引渡对于以后中国开展境外追逃具有重要的借鉴意义。

二、案件所涉国际法原理

国际法上的个人泛指一国境内的受该国管辖和支配的所有人,包括本国人、外国人和无国籍人。[3]作为对国际法上的个人进行管辖的重要内容,引渡是指国家将被外国追诉或判刑并处于该国境内的人,移交给请求对他们实行管辖的国家以便审判或处罚。[4]

(一) 各国的引渡义务

引渡是国家的主权行为。国家是引渡的主体,包括提出引渡请求的国家和被请求引渡的国家。在国际法上,国家没有普遍性、绝对性引渡义务。国家往往

---

[1] "我国首次在国际人权法院出庭柳华文研究员提供证词",载http://www.iolaw.org.cn/showNews.aspx? id=47127.2017-08-14.

[2] "潜逃十八年走私犯罪嫌疑人被成功引渡押解回国",载http://www.gov.cn/xinwen/2016-07/18/content_5092299.htm.2017-08-13.

[3] 邵津主编:《国际法》,北京大学出版社、高等教育出版社2014年版,第166页。

[4] 白桂梅:《国际法》,北京大学出版社2015年版,第216页。

通过与他国签订的双边条约,如引渡条约、司法协助条约、司法协助协定等,或参与国际公约,来承担引渡义务。任何国家的公民、国家行政机关或地方政府均无权与外国缔结条约,安排两国之间的引渡事宜。

此案中由于中国与秘鲁两国于 2001 年 10 月 5 日就签署了双边引渡条约。该条约的第 1 条就规定:"双方有义务根据本条约的规定开展引渡合作"。因此我国 2008 年 11 月向秘鲁方面提出引渡黄海勇的请求,也得到了秘鲁方面的积极回应与配合。

(二) 引渡的一般原则

1990 年联合国大会通过《引渡示范条约》,确立了引渡的一般原则。在结合国家一般实践的基础上,引渡的一般原则可以归纳为以下六点:

1. 政治犯不引渡原则

政治犯不引渡是国际社会普遍接受的引渡原则。这一原则表明凡是属于政治犯罪的人,引渡国都可以以此为理由拒绝将其引渡给要求引渡的国家。

18 世纪末期,法国资产阶级革命后形成了政治犯不引渡的国际法原则。1833 年《比利时引渡法》明确禁止引渡外国政治犯,2000 年《中华人民共和国引渡法》在其第 8 条也对政治犯不引渡原则进行了明确的规定[1]。这一原则逐渐得到英国、瑞士、美国等各国的承认。然而对政治犯的定义,在国际法上是不明确的,各国间都存在根据自己的利益和政策对政治犯的概念加以解释的现象。例如,美国传统上将政治犯罪分为"纯粹"的政治犯罪行为,即直接指向政府,并且不具有任何普通犯罪因素的犯罪,和与政治有关联的犯罪行为。

此案中,黄海勇伙同他人,利用其经办的多家公司逃避海关监管,偷逃税款

---

[1] 《中华人民共和国引渡法》第 8 条规定,外国向中华人民共和国提出的引渡请求,有下列情形之一的,应当拒绝引渡:

(1)根据中华人民共和国法律,被请求引渡人具有中华人民共和国国籍的;

(2)在收到引渡请求时,中华人民共和国的司法机关对于引渡请求所指的犯罪已经作出生效判决,或者已经终止刑事诉讼程序的;

(3)因政治犯罪而请求引渡的,或者中华人民共和国已经给予被请求引渡人受庇护权利的;

(4)被请求引渡人可能因其种族、宗教、国籍、性别、政治见解或者身份等方面的原因而被提起刑事诉讼或者执行刑罚,或者被请求引渡人在司法程序中可能由于上述原因受到不公正待遇的;

(5)根据中华人民共和国或者请求国法律,引渡请求所指的犯罪纯属军事犯罪的;

(6)根据中华人民共和国或者请求国法律,在收到引渡请求时,由于犯罪已过追诉时效期限或者被请求引渡人已被赦免等原因,不应当追究被请求引渡人的刑事责任的;

(7)被请求引渡人在请求国曾经遭受或者可能遭受酷刑或者其他残忍、不人道或者有辱人格的待遇或者处罚的;

(8)请求国根据缺席判决提出引渡请求的。但请求国承诺在引渡后对被请求引渡人给予在其出庭的情况下进行重新审判机会的除外。

的行为明显属于走私犯罪,而非政治犯罪,因而符合引渡的条件。

2. 本国国民不引渡原则

通常来说能够提出引渡请求的国家包括:

(1)犯罪发生地国。基于属地管辖原则,一国对其所属领域内的人和物或发生的事件,除国际法另有规定外,有按照本国法律和政策独立处置的权利。这种管辖是以一国实际控制的领域(包括领土、领空和领海)为其实施范围的,是国际法中产生最早、最普遍的基本管辖形式。犯罪发生地(犯罪行为发生地、犯罪结果发生地)是否在一国域内,往往成为该国能否成为一个引渡主体的关键。

(2)罪犯国籍国。基于属人管辖原则,国家有权对一切具有本国国籍的人实行管辖。因而,如果犯罪人是属于本国国籍的公民,国家就可以实行管辖。

(3)受害国。根据国家属地优越权的延伸原则,国家享有保护性管辖权。因此,尽管犯罪行为发生地不在本国,甚至罪犯也不属于本国人,但如果犯罪行为的所侵害的对象或个人为该国,该国就可以行使管辖权,因而有权请求引渡。

在一般情况下,本国国民不引渡。依照属人管辖的优越权被请求引渡国有权对在任何地方犯罪的本国人给予惩治。但当被引渡人是被请求引渡国的国民时被请求引渡国可以拒绝引渡。以中国为例,2000年《中华人民共和国引渡法》第8条第1款即指出本国国民拒绝引渡。[1]1928年《布斯塔曼特法典》也规定,缔约国无义务交出本国国民,但拒绝交出其本国国民的国家应将此人交付审判。但部分国家并不适用这一原则。英美两国即规定"在没有相反规定的情况下,对被要求引渡的本国国民和其他人不作任何区别"[2]。国际法院受理的英美诉利比亚的洛克比空难争端案的争议点就在于引渡利比亚本国国民的问题。

黄海勇引渡案中,由于黄海勇为中国公民,犯罪地点在中国境内,且对中国造成损害。在中国向秘鲁请求引渡黄海勇时,黄海勇为中国国民,请求完全不存在"本国国民不引渡"的问题,我国能够向秘鲁提出引渡请求。

3. 双重犯罪原则

双重犯罪原则,又称相同原则,是指请求引渡的对象的行为根据请求引渡国和被请求引渡国的法律都属于犯罪,才可以引渡。任何一方认定被引渡者的行为不构成犯罪,或者该行为尚不具有可处罚性,均不构成引渡理由。此外被引渡对象的罪行还应该达到一定的程度,通常各国法律规定以起诉为引渡目的的,监

---

[1]《中华人民共和国引渡法》第8条第1款规定,外国向中华人民共和国提出的引渡请求,有下列情形之一的,应当拒绝引渡:根据中华人民共和国法律,被请求引渡人具有中华人民共和国国籍的……

[2] [英]詹宁斯、瓦茨修订:《奥本海国际法(第一卷第二分册)》,王铁崖等译,中国大百科全书出版社1998年版,第342页。

禁或剥夺自由的期间不低于1~2年,执行刑罚的尚未执行刑罚的刑期一般不低于4~6个月。

本案中引渡黄海勇为起诉目的,作为涉案金额巨大的走私犯,无论是在秘鲁还是在中国都构成剥夺一定期限自由的犯罪。符合引渡原则中的相同原则,因此可以进行引渡。

4. 专一原则

专一原则,又称同一原则,是指请求引渡国在引渡成功后,只能按照请求引渡时所指称的罪名对被引渡的对象进行审判和处罚。不在引渡请求书上的犯罪行为,未经被请求引渡国同意的不得进行追诉的处罚。未经同意对其他罪行进行审判、处罚的,被请求引渡的国家将有权主张请求引渡的国家承担相应的国际责任。该原则的目的在于防止某些请求引渡的国家以引渡为借口,迫害被引渡的对象。

5. 保护被请求人合法权益原则

传统国际法中,被引渡对象的合法权益是不受保护的。但随着国际法的发展,为充分保障被引渡对象的人权,1984年《禁止酷刑和其他残忍、不人道或有辱人格的待遇或处罚公约》(本节简称《禁止酷刑公约》)对被引渡对象的合法权益进行了保护。公约指出,如有充分理由相信任何人在另一国家有遭受酷刑的危险,任何缔约国不得将该人驱逐、遣返或引渡至该国。

在黄海勇案件中,黄海勇为抗拒引渡,其律师以中国刑事法治中的"死刑"和"酷刑"问题向美洲人权委员会提出申诉,指出"被引渡回国将会面临死刑,其人权将受侵犯"。2013年7月美洲人权委员会要求秘鲁政府停止引渡黄海勇。但早在2009年12月经过我国最高人民法院决定,我国外交部作出了对黄海勇不判处死刑的外交承诺。因而在我国政府交涉下最终成功引渡黄海勇。

6. 或引渡或起诉原则

一国在其境内发现被请求引渡的犯罪人,应当按照引渡条约或互惠原则,将该人引渡给请求国;该国也可以不引渡,但应当对该人提起诉讼以便追究其刑事责任。1970年海牙《关于制止非法劫持航空器的公约》(本节简称《海牙公约》)第7条确立了现代意义的"或引渡或起诉"原则。1984年的《禁止酷刑公约》第7条也对或引渡或起诉进行了明确的规定[1]。在国际法院受理比利时诉塞内加尔有关或起诉或引渡义务的问题案(2012年7月20日判决)中,就涉及比利

---

[1]《禁止酷刑和其他残忍、不人道或有辱人格的待遇或处罚公约》第7条规定,缔约国如在其管辖领土内发现有被控犯有任何酷刑行为的人,如不进行引渡,则应将该案提交主管当局以便起诉;主管当局应根据该国法律,以审理情节严重的任何普通犯罪案件的同样方式作出判决。

时要求塞内加尔对侯赛因·哈布雷"或引渡或起诉"的问题。

此外,引渡原则还包括平等互惠原则、国家利益原则、适用本国法原则、双重审查原则、一事不再理原则、特定性原则等。

(三) 引渡的国内法

许多国家为规范引渡问题都制定了专门的法律,这类法律被称为引渡法。1833 年比利时制定了国际上首部引渡法。中华人民共和国首部引渡法《中华人民共和国引渡法》于 2000 年 12 月 28 日通过并开始实施。其规范内容涉及引渡的意义、引渡的方式、引渡的条件、引渡条件的提出、对引渡请求的审查等引渡的各个方面的内容。其主要内容与国际实践中各国普遍接受的一般原则相一致,并符合中国参加的一系列国际公约的规定。以中国 1988 年参与的 1984 年联合国《禁止酷刑公约》为例,《中华人民共和国引渡法》第 8 条第 7 款[1]的规定与《禁止酷刑公约》第 3 条[2]的规定相一致。

截至 2017 年 1 月,中国已经和 48 个国家签署引渡条约,也愿意同美国以及其他尚未签订引渡条约的国家在相互尊重、平等互利,照顾彼此关系的基础上,商谈引渡条约。[3]

(四) 庇护

庇护是指国家对因政治原因而遭受追诉或受迫害而来避难的外国人,准许其入境和居留。给予其保护,并拒绝将其引渡至另一国。[4]各国通常在国内法中规定庇护的相关制度,如 1793 年法国宪法首次规定,对为了争取自由从本国流亡到法国的外国人给予庇护,同时宣布对专制者不给予庇护。1982 年《中华人民共和国宪法》规定:"中华人民共和国对于因为政治原因要求避难的外国人,可以给予受庇护的权利。"

根据国际习惯的规定,庇护的规则主要有:

(1) 庇护的对象主要是政治犯。在后续的发展中庇护的对象还包括从事科

---

[1] 《中华人民共和国引渡法》第 8 条第 7 款规定,外国向中华人民共和国提出的引渡请求,有下列情形之一的,应当拒绝引渡……(七) 被请求引渡人在请求国曾经遭受或者可能遭受酷刑或者其他残忍、不人道或者有辱人格的待遇或者处罚的……

[2] 《禁止酷刑和其他残忍、不人道或有辱人格的待遇或处罚公约》第 3 条规定:
如有充分理由相信任何人在另一国家将有遭受酷刑的危险时,任何缔约国不得将该人驱逐、推回或引渡至该国。
为了确定是否有这样的根据,有关当局应该考虑到所有有关的因素,包括在适当情况下,考虑在有关国家内是否存在一贯严重、公然、大规模地侵犯人权的情况。

[3] 中纪委:"中国已经和 48 个国家签署引渡条约",载 http://www.chinanews.com/gn/2017/01-09/8118380.shtml. 2017-07-26。

[4] 梁西主编:《国际法》,武汉大学出版社 2015 年版,第 255~258 页。

学和创作活动而遭受迫害的人。

（2）危害和平罪、战争罪或危害人类罪的人，不得请求及享受庇护。此外国际公约惯例中确认的犯有国际犯罪的其他罪犯，以及一般公认的普通刑事罪犯，也不属于庇护的对象。

（3）庇护者的法律地位较为特殊，可以在庇护国居留，但不得被引渡，也不得被驱逐。

此外对于庇护场所的规定，通常情况下，国家只能在本国领土内行使庇护的权利。对于驻外使馆和在外国港口的军舰和商船能否用作庇护所，即域外庇护所，各国的争议相对较大。

第八章

国际人权法

一、在被占领巴勒斯坦领土修建隔离墙的法律后果的咨询意见

（一）案件背景

巴勒斯坦位于亚洲的西部，濒临地中海和红海，是阿拉伯的腹地。在古代，闪米特族的迦南人定居在巴勒斯坦的沿海和平原周围。公元前13世纪腓尼基人在沿海建立国家。公元前13世纪，闪米特族的希伯来人从埃及来到巴勒斯坦，征服了土著居民闪米特族的迦南人，先后建立过希伯来王国、以色列王国、犹太王国、马卡比王朝等，他们统称为犹太人。公元前64年，罗马帝国占领巴勒斯坦后，大规模屠杀反抗的犹太人，余者大部分被赶出巴勒斯坦，成为一个流亡民族。公元7世纪巴基斯坦成为阿拉伯帝国的一部分。阿拉伯人不断移入，并和当地土著居民同化，逐步形成了现代巴勒斯坦阿拉伯人。此后的一千多年，巴勒斯坦一直在阿拉伯人的统治之下。20世纪，犹太人中开始出现犹太复国主义，但并未引起广泛的共鸣。然而"二战"期间纳粹对犹太人的大屠杀政策却加剧了犹太人复国的意志。1947年，巴勒斯坦处于英国的托管之下。在英国的安排与联合国的支持下，犹太人在巴勒斯坦南部建立了以色列。

由于阿拉伯人和犹太人都声称自己是巴勒斯坦的真正主人，巴以矛盾也由此产生。在宗教、文化、民族等内部因素和世界局势变化的外部因素的影响下，巴以冲突成为自20世纪以来，持续时间最长、影响最为深远的地区冲突之一，更是中东问题的核心。

以色列隔离墙的修建源于巴以冲突。1948年5月以色列建国后,因以色列侵占阿拉伯人领土,受到阿拉伯国家排挤,双方于1948年、1956年、1967年、1973年、1982年五次发生战争。由于阿拉伯国家战败,100多万巴勒斯坦阿拉伯人被赶出领土。2002年6月,以色列以阻止巴勒斯坦激进分子进入以色列为由,沿1967年的巴以边界修建隔离墙。依照计划该隔离墙为长约700公里、宽约100公里的钢筋混凝土墙,同时配有高压电网、电子监控系统等,能够将约旦河西岸巴基斯坦与以色列彻底隔绝。2003年7月一期工程竣工。巴勒斯坦认为隔离墙在很多地方已经占据了该方领土,包括东耶路撒冷的大部分地区也被隔离墙圈占,导致双方矛盾进一步加剧。[1]

（二）案件进程与结果

2003年12月8日联合国大会第十届紧急特别会议通过的ES-10/14号决议提出问题,即"考虑国际法的规则和原则,包括1949年的《日内瓦第四公约》以及安全理事会和大会有关决议,如秘书长报告所述,以色列在包括耶路撒冷及周边地带的被占领巴勒斯坦领土构筑围墙,有何法律后果"。2003年12月10日,联合国秘书长把大会所做决定正式传递给国际法院。请求国际法院提出咨询意见。

国际法院首先分析了《国际法院规约》第65条第1款,国际法院"对于任何法律问题如经任何团体由《联合国宪章》授权而请求或依照《联合国宪章》而请求时,得发表咨询意见";《联合国宪章》第96条第1款"大会或安全理事会对于任何法律问题得请国际法院发表咨询意见"的授权;以及《联合国宪章》第10条授予的联合国大会讨论《联合国宪章》范围内"任何问题或事项"的权限,第11条第2款明确规定大会有权讨论"联合国任何会员国……向大会所提关于维持国际和平及安全之问题",并根据这些条款所定特定条件提出建议,等一系列内容。国际法院认为其对联合国大会ES-10/14号决议所请求作出咨询意见的管辖权。并认定该咨询意见符合司法职能,因此可就大会向国际法院提出的问题给出意见。

其次国际法院逐一分析了以色列领土的合法性,并从国际人道主义法、人权法以及具有重大意义的国际法规则和原则等多个方面来判断以色列所采取措施是否合法。在此基础上国际法院开始确定以色列修建隔离墙是否违反了国际法规则和原则。根据所掌握的材料,国际法院无法认同,以色列为隔离墙选定的具

---

[1] 邵沙平主编:《国际法》,高等教育出版社2012年版,第395页。

体走向是实现其安全目标所必需的。沿着所选走向修建的隔离墙及建立的相关制度,严重侵犯了居住在以色列所占领土的巴勒斯坦人的诸多权利,而且这一走向造成的侵权,不可以军事紧急情况或者国家安全或公共秩序的要求为借口。因此,以色列修建隔离墙违背了国际人道法和人权法。

此外国际法庭还对以色列所主张的自卫和必要状态,以色列要承担的违约行为的法律后果,以及其他国家应当承担的法律后果等问题——进行分析。

2004年7月9日国际法院根据联合国大会的请求,对以色列在被占领巴勒斯坦领土修建隔离墙的法律后果问题宣布了咨询意见

(1)裁定国际法院对大会所要求的咨询意见有管辖权;

(2)裁决国际法院有权接收大会对咨询意见的请求;

(3)国际法院答复联合国大会所提出的问题:

①认为以色列在被占领巴勒斯坦领土,修建、正在修建的隔离墙的行为及其相关制度违反国际法;

②认为以色列有义务终止其违反国际法的行为:包括立即停止和拆除,正在和已经被占领巴勒斯坦领土修建的隔离墙工程,并立即撤销与其相关的所有立法和管制行为或使其无效;

③认为以色列有义务赔偿在被占领巴勒斯坦领土修建隔离墙造成的一切损失;

④认为所有国家均有义务不承认修建隔离墙造成的非法状况,不为维持修建隔离墙造成的状况提供帮助或援助;1949年8月12日《关于战时保护平民的日内瓦第四公约》的所有缔约国,有义务在遵守《联合国宪章》和国际法的同时,确保遵守该公约中的国际人道主义法内容;

⑤认为联合国,特别是联合国大会和安全理事会,应该考虑采取何种进一步行动终止修建隔离墙及相关制度所造成的非法状况,对本咨询意见给予应有的考虑。[1]

二、案件所涉国际法原理

(一) 人权概述

在此咨询意见案中涉及了多方面的国际法规则原则,其中人权法方面的规则原则就是此案件的一个重点问题。那么什么是人权? 通常来说,人权是指人作为人所享有的或应当享有的不能任意剥夺的基本权利,具有天然性、平等性、

---

[1] "国际法院网:国际法院判决书、咨询意见和命令摘录 2003—2007",载 http://www.icj-cij.org/files/summaries/summaries-2003-2007-ch.pdf. 2017-08-14。

不可剥夺性与普遍性的特点。[1]随着历史的发展,人权的概念也不断充实与完善。起初人权是指政治、自由权利,如生命权、自由权、公民权。社会经济的发展使得经济、社会、文化权利逐渐为人们所重视。第二次世界大战后,和平发展权、民族自决权、环境权也被纳入人权的范围内。

(二) 国际人权法概述

国际人权法是保护人权的原则、规则与制度的总称,由国际人权法实体法和国际人权法程序法两部分组成。相比于国际法的其他领域,国际人权法具有两个明显的特征:人权公约缔约国之间不存在权利义务的对等关系;个人是国际人权公约的直接受益者。在国际人权法下,权利和义务发生脱位,国家只承担义务不享受权利,人权与自由才是国际人权法保护的对象。因而自然人才是国际人权公约的直接受益者。并且不同于国际法的其他领域,国家之间相互制衡的力量是不存在的。[2]当前人权的国际保护更多是依靠国际人权公约文件和国际人权保护机制共同监督和维护的。

(三) 国际人权法渊源

国际法的渊源主要包括国际人权公约与习惯国际法。其中国际人权公约分为全球性人权公约和区域性人权公约。当前已经具有强行性的国际习惯法规则主要有:禁止种族灭绝、禁止种族歧视、禁止种族隔离、禁止酷刑、禁止奴隶贩卖和废除奴隶制等。但在具体的实施上则需要国内法的形式来落实。

1. 国际人权宪章

1945年通过的《联合国宪章》首次将保护人权规定为国际组织的宗旨。其对人权的原则性规定,也成为国际人权保护的重要法律依据。在此基础上,1948年联合国大会通过的《世界人权宣言》与1966年联合国大会通过的《公民权利和政治权利国际公约》《经济、社会和文化权利国际公约》共同构成国际人权法领域至关重要的法律渊源,对国际人权法的形成和发展起了重要作用,因而又被称为国际人权宪章。

(1)《世界人权宣言》的地位及其作用。《联合国宪章》明确将人权作为主要宗旨后,1948年联合国大会通过并颁布了《世界人权宣言》,对人权进行更为全面而具体的规定。

《世界人权宣言》,共计30条。对公民和政治权利,经济、社会、文化权利进行了规定。其中,公民和政治权利包括:生命权、自由权、平等权、财产权、隐私权、人格权、居住权、迁徙自由、言论自由、信仰自由、集会自由、自由选举担任公职、公开

---

[1] 白桂梅:《国际法》,北京大学出版社2015年版,第281页。
[2] 白桂梅:《国际法》,北京大学出版社2015年版,第285页。

公平审讯的权利、无罪推定、刑事刑罚不得溯及既往、禁止奴隶制、禁止酷刑和残酷及有辱人格的待遇、免受任意逮捕等一系列权利。经济、社会、文化权利包括：工作权、同工同酬权、社会保障权、自由选择职业权、教育权、休息权、参与社会文化生活权等。此外，还指出人权与自由不是绝对的，应当受到法律所确定的限制。

《世界人权宣言》作为第一个对人权进行全面且具体规定的国际文件，为此后的国际人权公约的制定奠定了基础，促进了国际人权法律、习惯、规则的形成和发展。

(2)《经济、社会、文化权利国际公约》《公民权利和政治权利国际公约》。

1966年联合国大会通过了《经济、社会、文化权利国际公约》与《公民权利和政治权利国际公约》。两个公约分别对《世界人权宣言》中公民的政治权利，经济、社会、文化权利进行规定。并在两个公约的第1条以同样的措辞规定："所有人民都享有自决权。他们凭着这种权力自由决定他们的政治地位，并自由谋求他们的经济、社会、文化的发展。"此外，两个公约还对少数者权利和天然资源主权进行了规定。

《经济、社会、文化权利国际公约》的内容主要包括：工作权、公正和良好的工作条件、组织工会权、社会保障权、保护家庭并对妇女和儿童的特别保护、相当的生活水准权、健康权、受教育权、逐步实行义务教育、参加社会文化和科学进步的权利。

《公民权利和政治权利国际公约》的内容主要包括：生命权、免于酷刑权、免于奴役和强迫劳动权、人身自由和安全权、被剥夺自由者享有人道待遇权、免于因债务而被监禁的自由、迁徙自由、外国人免于非法驱逐、公正审判权、禁止刑法的溯及效力、法律前的人格、私生活不受干扰权、思想良心和宗教自由、自由发表意见权、禁止鼓吹战争和煽动民族宗教仇恨、和平集会权、结社自由权、婚姻家庭权、儿童权、参政权、法律前平等权、保护少数者权利等。

2. 专门领域的国际人权文件

(1)禁止种族灭绝。1948年联合国大会通过了《防止及惩治灭绝种族罪公约》。灭绝种族罪是指蓄意全部或局部消灭某一民族、人种、种族和宗教团体。[1]根据公约规定灭绝种族罪行为，无论发生在何时，都属于国际法上的罪行。应当

---

[1] 《防止及惩治灭绝种族罪公约》第2条规定，灭绝种族罪系指蓄意全部或局部消灭某一民族、人种、种族和宗教团体，犯有下列行为之一者：
(1)伤害该团体的成员；
(2)致使该团体的成员在身体上和精神上遭受严重伤害；
(3)故意使该团体处于某种生活状态下，以毁灭其全部或局部的生命；
(4)强制施行办法，意图防止该团体内的生育；
(5)强迫转移该团体的儿童至另一团体。

进行防止和惩治。灭绝种族罪包括：灭绝种族、预谋灭绝种族、直接公然煽动灭绝种族、意图灭绝种族、共谋灭绝种族等。

(2) 禁止种族歧视。非歧视原则是《联合国宪章》《世界人权宣言》共同规定的一项基本原则。由于种族歧视的普遍存在，1963年联合国大会通过了《消除一切形式种族歧视国际公约》。根据该公约的规定，"种族歧视"是指"基于种族、肤色、世系或原属国或民族本原之任何区别、排斥、限制或优惠，其目的或效果为取消或损害政治、经济、社会、文化或公共生活其他方面人权及基本自由在平等地位上之承认、享受或行使。"

为解决种族歧视问题，该公约要求缔约国以一切方法消除种族歧视，促进种族谅解。并建立"消除种族歧视委员会"监督公约的执行。

(3) 禁止种族隔离。在所有的种族歧视形式中，最为严重的是种族隔离罪行。1973年联合国大会通过了《禁止并惩治种族隔离罪国际公约》。该公约将种族隔离罪行视为是"危害人类的国际罪行"。将种族隔离罪定义为，为建立和维持一个种族团体对任何其他种族团体的主宰地位，并且有计划的压迫他们而作出的不人道的行为。[1]

本案中，以色列修建隔离墙的目的并不是为建立和维持一个种族团体对任何其他种族团体的主宰地位，因而不构成种族隔离。

---

〔1〕《禁止并惩治种族隔离罪行国际公约》规定，为本公约的目的，所谓"种族隔离的罪行"，应包括与南部非洲境内所推行的相类似的种族分离和种族歧视的政策和办法，是指建立和维持一个种族团体对任何其他种族团体的主宰地位，并且有计划地压迫他们而作出的下列不人道行为：

(a) 用下列方式剥夺一个或一个以上种族团体的一个或一个以上成员的生命和人身自由的权利：

(一) 杀害一个或一个以上种族团体的成员；

(二) 使一个或一个以上种族团体的成员受到身体上或心理上的严重伤害，侵犯他们的自由或尊严，或者严刑拷打他们或使他们受残酷、不人道或屈辱的待遇或刑罚；

(三) 任意逮捕和非法监禁一个或一个以上种族团体的成员；

(b) 对一个或一个以上种族团体故意加以旨在使其全部或局部灭绝的生活条件；

(c) 任何立法措施及其他措施，旨在阻止一个或一个以上种族团体参与该国政治、社会、经济和文化生活者，以及故意造成条件，以阻止一个或一个以上这种团体的充分发展，特别是剥夺一个或一个以上种族团体的成员的基本人权和自由，包括工作的权利、组织已获承认的工会的权利、受教育的权利、离开和返回自己国家的权利、享有国籍的权利、自由迁移和居住的权利、自由主张和表达的权利以及自由和平集会和结社的权利；

(d) 任何措施，包括立法措施，旨在用下列方法按照种族界线分化人民者：为一个或一个以上种族团体的成员建立单独的保留区或居住区，禁止不同种族团体的成员互相通婚，没收属于一个或一个以上种族团体或其成员的地产；

(e) 剥削一个或一个以上种族团体的成员的劳力，特别是强迫劳动；

(f) 迫害反对种族隔离的组织或个人，剥夺其基本权利和自由。

(4) 禁止酷刑和其他残忍、不人道和有辱人格的待遇或处罚。1955 年《囚犯待遇最低限度标准规则》、1975 年《保护人人不受苦刑和其他残忍、不人道或、有辱人格待遇或处罚宣言》、1979 年执法人员行为守则、1984 年联合国大会通过《禁止酷刑和其他不人道或有辱人格的待遇或处罚公约》是禁止酷刑和其他残忍、不人道或有辱人格的待遇处罚方面的专门性公约。酷刑行为被明确定义为国际罪行。酷刑是指为取得情报或供状，蓄意使某人在肉体或精神上遭受剧烈疼痛或痛苦的任何行为，而这种疼痛或痛苦是由以官方身份行动的人所造成，或在其唆使或默许下造成的。

如今禁止酷刑已经形成为国际习惯法中的一项规则，从而对该公约的非缔约国发生法律拘束力。

(5) 废除并禁止奴隶制度。奴隶制是指"为对一人行使附属于所有权的任何或一切权力的地位与状况"。1926 年《国际禁奴公约》和 1956 年《废止奴隶制、奴隶贩运及类似奴隶制之制度与习俗补充公约》作为废除并禁止奴隶制度领域的专门性公约，要求缔约国在所有领域消除一切类似奴隶制的习俗。禁止奴隶制也已经发展成为国际习惯法中的一项规则。

(6) 保护妇女权利。在保护妇女、消除性别领域，联合国大会于 1979 年通过的《消除对妇女一切形式歧视公约》是保护妇女权利最为重要的国际人权公约。其中"对妇女的歧视"是指基于性别而作的任何区别、排除和限制，其影响或目的足以妨碍或否认妇女不论已婚未婚在男女平等的基础上认识、享有或行使在政治、经济、社会、文化、公民或任何其他方面的人权和基本自由。

(7) 保护儿童权利。1989 年《儿童权利公约》，是保护儿童权利领域最为重要的国际人权公约。该公约将"儿童"定义为所有未满 18 岁的人。并特别要求缔约国尊重儿童的自由发表意见的权利、言论自由、思想、良心和信仰自由以及尊重儿童的隐私权、名誉权和荣誉权等；要求缔约国确保儿童不卷入任何武装冲突的敌对行动当中；要求缔约国禁止买卖儿童、儿童卖淫和儿童色情制品。

(8) 其他方面的有关专门领域的人权保护制度。除上述内容外，在人权保护的其他领域专门性的国际公约也发挥着巨大的作用。如 1951 年《关于难民地位的公约》、1953 年《男女工人同工同酬公约》、1958 年国际劳工组织《废止强迫劳动公约》、1967 年《难民地位的议定书》、1990 年《保护所有迁徙工人及其家庭成员权利国际公约》，以及保护战时和武装冲突中人权的日内瓦四公约和两个附加议定书等。

3. 区域性国际人权保护公约

(1)《欧洲人权公约》。在区域性的人权保护制度方面，欧洲地区是建立最早,对人权进行区域保护最为有效的地区。自 1953 年生效后,通过议定书的形式不断扩大其保护人权的内容,并逐渐完善其实施机制。作为第一个区域性国际人权条例,《欧洲人权公约》主要涉及公民权利和政治权利,包括生命权,禁止酷刑,人身自由权,公正审判权,罪刑法定原则,私生活不受干扰,思想、良心和宗教自由,言论自由,集会自由和结社自由等。其 11 个议定书,主要涉及财产权、受教育权、迁徙自由以及禁止集体驱逐外国人等多项基本人权。建立的两个实施机构分别为欧洲人权委员会和欧洲人权法院。

(2)《美洲人权公约》。美洲地区于 1948 年就通过了《美洲人的权利和义务宣言》,除了规定公民权利和政治权利,该宣言还大量地规定了经济、社会和文化权利,并在规定权利的同时,专门规定了个人义务的内容。同时规定美洲人权委员会和美洲人权法院为执行公约的主要机构。

(3)《非洲人权和人民权利宪章》。1981 年,非洲统一组织[1]通过了《非洲人权和民族权利宪章》,该宪章不仅规定了个人的人权,还专门规定了个人的基本义务,以及集体人权。

(四) 案件涉及的人权问题

以色列隔离墙的建立首先影响了巴勒斯坦人民自决权。自 1977 年以来,以色列在耶路撒冷及周边被占领巴勒斯坦领土修建定居点的行为,明显违反了《日内瓦第四公约》第 49 条第 6 款的规定,"占领国不得将其本国平民之一部分驱逐或移送至其所占领之领土。"并且由于以色列政府所定的隔离墙走向中包含了生活在被占领巴勒斯坦领土的大约 80% 的定居者,修建隔离墙及其制度在当地造成了可能永久存续的"既成事实"。以上两点足以体现以色列所采取的非法措施所导致的部分地区巴勒斯坦人口的离开。因此,隔离墙的修建,再加上先前采取的措施,严重妨碍了巴勒斯坦人民行使其自决权,因此也违背了以色列尊重这种权利的义务。

其次,以色列修建隔离墙的行为极大限制了被占领巴勒斯坦领土居民的行动自由,剥夺相当多巴勒斯坦人的"选择居所的自由"。加之之前以色列定居点的建立,会改变被占领巴勒斯坦领土的人口构成,妨碍了《公民及政治权利国际公约》第 12 条第 1 款保证被占领巴勒斯坦领土居民(以色列公民及归化以色列的公民除外)享有的行动自由;违反 1907 年《海牙章程》第 46 条和第 52 条及《日内瓦第四公约》第 53 条规定的条件,破坏和征用了财产;也严重妨害了农业

---

[1] 2002 年 7 月 9 日非洲联盟取代非洲统一组织。

生产，以及有关人口接受保健服务、进入教育机构以及接触主要水源，妨碍了有关人员行使《经济、社会、文化权利国际公约》和《联合国儿童权利公约》宣告的工作、保健、教育及适当生活水准权；隔离墙的修建及其相关制度因加剧了上述人口变化，违反了《日内瓦第四公约》第49条第6款和先前所引安全理事会的有关决议。

第九章
国家领土

第一节 领土的取得和变更

一、白礁岛、中岩礁和南礁的主权归属案

(一) 案件背景

白礁岛是一个花岗岩岛,长137米,平均宽60米,低潮位时面积约有8 560平方米。白礁岛位于北纬1°19′48″、东经104°24′27″,在新加坡以东约24海里,马来西亚柔佛州以南7.7海里,印度尼西亚民丹岛以北7.6海里处,其位于新加坡海峡东面入口处,该岛与南中国海相邻。白礁在葡萄牙语中是 Pedra Branca,在西班牙语中则是 Batu Puteh,岛上有一座建于19世纪中叶的霍士堡灯塔,该岛因常年被白色的鸟粪所覆盖而得名中岩礁和南礁是距离白礁岛最近的两处海洋地物。中岩礁位于白礁岛以南0.6海里,由两个相距约250米的小岩石群组成,这些小岩石高出水面0.6米至1.2米。南礁位于白礁岛南南西方向2.2海里处,是只有在低潮位时才能看得见的岩层。

白礁岛历史上是柔佛苏丹国[1]的领土。1511年,葡萄牙在占领马六甲海峡以后,建立了柔佛苏丹国。到17世纪中叶,荷兰控制了葡萄牙占领的各个地区。

---

[1] 阿拉伯语中,苏丹是指国家元首的头衔,苏丹国则是指由苏丹统治的国家。

1795年,英国统治了马来群岛的几个荷兰属地,但在1814年,英国又将原来马来群岛的荷兰属地归还给了荷兰。1812年,柔佛苏丹马哈茂德三世逝世,他的两个儿子都声称继任柔佛苏丹国王位。英国承认长子侯赛因为继承人(在新加坡),而荷兰则承认幼子阿卜杜勒·拉赫曼为继承人(在廖内群岛,现在的印度尼西亚民丹岛)。

1819年,东印度公司在新加坡岛(当时属于柔佛苏丹国)建立了一家英国"工厂"(贸易站),该工厂是英国政府在英国属地的代理机构。这加剧了英国和荷兰在该地区大肆争占殖民地产生的紧张局势。1824年3月17日,英国和荷兰签署了《英荷条约》,根据该条约,荷兰将马来半岛上的势力范围马六甲让与英国,以换取英国放弃苏门答腊上的明古连地区,条约中并没有明确提到白礁岛,但规定"新加坡海峡南部的其他岛屿"划归英国的势力范围。1824年8月2日,东印度公司、柔佛苏丹和天猛公(一名马来西亚高级官员)签订了《友好同盟条约》,把新加坡及其方圆10英里以内的所有岛屿全部割让给东印度公司。在同一年,东印度公司将马来亚的三个港口属地,新加坡,槟城和马六甲组成海峡殖民地。

1850年3月至1851年10月,英国人在白礁岛上修建了一座灯塔,并将灯塔交给其殖民地新加坡管理。

1867年,海峡殖民地成为英国直辖殖民地。1885年,英国政府与柔佛苏丹国缔结了《柔佛条约》,根据该条约,英国拥有与柔佛苏丹国的陆路贸易权和通过柔佛苏丹国的过境权,并负责其外交关系,该条约还规定,英国保护柔佛苏丹国领土完整。

海峡殖民地于1946年解散,同年,马来亚联盟成立,由部分前海峡殖民地(不包括新加坡)、马来联邦和五个马来属邦(包括柔佛)组成,马来亚联盟仍然是英国的殖民地。自1946年起,新加坡作为一个独立的英国直辖殖民地来治理。1948年,马来亚联盟改为马来亚联合邦。1957年,马来亚联合邦宣布独立[1],柔佛成为联合邦的一个组成州。1959年,新加坡实现自治,成为自治邦。1963年,马来西亚成立,由马来亚联合邦与前英国殖民地新加坡、沙巴和沙捞越合并而成。1965年,新加坡脱离马来西亚,成为一个独立的主权国家。[2]

1979年12月21日,马来西亚印制了一张名为"马来西亚领海及大陆架边界"的地图(以下简称"1979年地图")。该地图将白礁岛划入马来西亚领水。

---

[1] "马来西亚国家概况",载 www.fmprc.gov.cn/web/gjhdq_676201/gj_676203/yz_676205/1206_676716/1206x0_676718/. 2017 - 10 - 04。

[2] "新加坡国家概况",载 www.fmprc.gov.cn/web/gjhdq_676201/gj_676203/yz_676205/1206_677076/1206x0_677078/. 2017 - 10 - 04。

新加坡通过1980年2月14日外交照会,抗议马来西亚将白礁岛划入马来西亚领水的行为,并要求马来西亚对1979年的地图予以纠正。两国就此相互致信,随后在1993—1994年举行了一系列政府间会谈,但主权归属问题并没有得到解决。在1993年2月举行的第一轮会谈中,新加坡也提出了中岩礁和南礁的从属权利问题。由于双边谈判缺乏进展,当事双方同意将该争端交由国际法院裁决。

(二) 诉讼过程

马来西亚在其书状中指出,它"长期拥有对白礁岛的原始所有权。白礁岛是,且一直是,马来西亚柔佛州的一部分。马来西亚对该岛屿的主权一直没有发生过变化。新加坡在该岛上出现,唯一目的是经领土最高统治者许可建造并维护一座灯塔,不足以拥有白礁岛的主权"。马来西亚进一步指出,该岛屿"在任何相关的时间里均不能被视为不属于任何人的土地,因此也不能认为可通过占领而轻易获得"。

新加坡声称,"选择白礁岛作为修建灯塔的地点,得到了英联邦政府的授权",该过程始于1847年,"是一种典型的主权归属占有行为"。新加坡认为,新加坡对白礁岛的主权是英联邦政府根据当时的法律原则授予的,自那时起,白礁岛"一直由英联邦政府及其合法继承国,新加坡共和国管理"。虽然新加坡在其诉状和辩诉状中未明确提及白礁岛的地位是不属于任何人的土地,但国际法院注意到,新加坡在其答辩状中明确指出,"显而易见的是,白礁岛在1847年是不属于任何人的土地"。

国际法院认为,白礁岛的归属问题已简化为马来西亚能否证明新加坡于1847年至1851年在白礁岛开展活动之前马来西亚就拥有对该岛的原始所有权,以及与此相反,新加坡能否证明其诉求,说明从19世纪中叶英联邦政府代理机构开始修建灯塔起的某个时期它就"合法占有白礁岛"。

国际法院指出,从17世纪到19世纪初,人们承认柔佛王国的领土和领海由马来亚半岛相当一部分地区构成,横跨新加坡海峡,包括新加坡海峡地区的大小岛屿,白礁岛也位列其中。国际法院查明,白礁岛一直以新加坡海峡的航行险地而著称,这是一个重要事实。因此,该岛屿显然不是一块未知的土地。纵观古柔佛苏丹国的历史,没有证据表明曾经有争夺新加坡海峡地区岛屿主权的争端问题,这一事实是另一个重要因素。

白礁岛是一个无人居住且不适合居住的岛屿,从16世纪初到19世纪中叶,没有任何其他国家对其提出过主权诉求,国际法院引用帕马斯岛案,认为,国家权力不一定要在"事实上,每一刻对每一寸领土"都行使。国际法院因此得出结论,柔佛苏丹国的领土范围大体上涵盖新加坡海峡上的所有大小岛屿,其中包括白礁岛。国际法院得出结论柔佛苏丹国拥有对白礁岛的原始所有权。

国际法院认为,1824 年的《英荷条约》将白礁岛划归为了英国的势力范围,随后的证据并不能确定白礁岛是属于新加坡还是柔佛苏丹国的领土。新加坡殖民地秘书曾在 1953 年写信给柔佛苏丹关于确定白礁岛水域的领水边界,柔佛的回信显示柔佛仍然认为它没有拥有对白礁岛的主权。1953 年之后,新加坡一直在白礁岛领水范围内调查船只失事情况,从而对该岛行使主权。1978 年新加坡方面允许或禁止马来西亚官员勘查白礁岛周围水域的行为,被视为主权归属行为,为新加坡对白礁岛提出主权诉求提供了有力支持。另外,马来西亚只有在 2003 年 6 月,即将争端交由国际法院处理的《特别协定》生效后,马来西亚才对新加坡的这类行为提出抗议。

对于新加坡声称自霍士堡灯塔启用至今,英国和新加坡的旗帜就一直在灯塔上悬挂,这一行动也是行使主权的一种体现,国际法院不同意,但认为应当考虑马来西亚并没有抗议。

对于中岩礁和南礁的主权,新加坡认为应当和白礁岛一致,中岩礁和南礁是白礁岛的附属地,和白礁岛构成一个单一的海洋地物。马来西亚认为,从历史或地貌角度而言,这三个海洋地物并未构成一个非常明确的群岛,并补充说,它们一直被视为在柔佛/马来西亚管辖区域内的地物。

国际法院认为,中岩礁与白礁岛的法律地位不同,新加坡对白礁岛的行为跟中岩礁无关,中岩礁应当属于马来西亚,在南礁主权方面,国际法院指出,由于南礁地理特征特殊,是一个低潮高地,南礁位于马来西亚大陆、白礁岛和中岩礁所产生的领水明显重叠部分之内。当事双方没有授权国际法院划定争议地区马来西亚和新加坡的领水界限。

(三) 判决结果

国际法院在 2008 年作出判决,对白礁岛、中岩礁、南礁的主权分别作出了认定。国际法院认定,白礁岛的主权已经属于新加坡。中岩礁的主权属于马来西亚。对于南礁,国际法院认定,南礁这一低潮高地位于哪一国家的领水之内,该礁的主权就属于哪一国家。

二、南苏丹共和国独立事件简介

(一) 南苏丹共和国简介

南苏丹共和国,简称南苏丹,首都为朱巴,位于非洲东北部,北纬 4~10 度之间,系内陆国。南苏丹是一个多部族国家,有丁卡、努尔、希鲁克、巴里等 64 个部族,人口约 50 万人。南苏丹居民大多信奉原始部落宗教,约 18% 的居民信奉伊斯兰教,约17%的居民信奉基督教。南苏丹东邻埃塞俄比亚,南接肯尼亚、乌干达和刚果民主共和国,西邻中非共和国,北接苏丹。2011年,南苏丹通过全民公决从苏丹分离获得独立。[1]

(二) 南苏丹独立历史

1. 苏丹独立

非洲大陆以撒哈拉沙漠为界,撒哈拉沙漠以北以阿拉伯人和柏柏尔人为主,而撒哈拉沙漠以南,则主要是黑人。苏丹正位于二者之间。

7世纪开始,阿拉伯人从尼罗河和红海两个方向陆续进入苏丹北部地区,这使得苏丹北部由主要以黑人为主的地区变成以阿拉伯人为主的地区。

19世纪20年代初,名义上臣属于奥斯曼帝国的埃及开始征服苏丹尼罗河沿岸各部落,并建立其统治。19世纪60年代,埃及统治者继续向苏丹南部扩张,并通过武力强行占领苏丹南部地区。1882年,埃及被英军占领,成为英国的保护国。1899年,英国与埃及签订《英埃共管协定》。根据此协定,苏丹成为英国和埃及的共管国,但实际上英国独占了对苏丹的统治。为了长期控制苏丹,英国对苏丹分而治之,将苏丹南方列为"封闭区",禁止南北方之间的人员流动。另外,英国在苏丹南方推广基督教和英语,扩大南北方差距。第一次世界大战后,苏丹民族解放运动逐渐兴起,在第二次世界大战期间及之后,民族解放运动在苏丹国内发展成重要的政治力量。英国利用苏丹内部政党、教派间的矛盾,使得苏丹的独立一次又一次受阻。1952年7月,埃及发生革命建立革命政府,革命政府支持苏丹自决。1953年,英国被迫同意苏丹独立。1954年1月,苏丹自治政府成立。1955年11月,英埃军队撤出苏丹。1956年1月1日,苏丹宣布独立。[2]

2. 苏丹第一次内战

1955年,苏丹宣布独立前夕,被解雇的南方工人举行游行示威,遭到苏丹军警野蛮镇压,南方普遍发生反政府骚乱。[3] 1956年,驻扎在特里特地区的南方防卫兵团的一支部队被命令前往苏丹首都喀土穆参加独立庆典。由于南方士兵对北方军官在英国人撤离后接管指挥权的不满,他们担心北方人解散南方部队,所以他们为了自保发动了起义。起义发生之后,苏丹南部对北方人的袭击开始蔓延,苏丹政府宣布南部的三个省进入紧急状态,并派出了部队进行镇压和报复。很多南方的士兵进入丛林,开展游击战。苏丹第一次内战就此爆发。1960

---

[1] "南苏丹概况",载 http://ss.chineseembassy.org/chn/sdnfjj/sdnfgk/. 2017-08-24.

[2] "苏丹历史的发展阶段简介",载 http://www.shijielishi.com/sudan/lishi/533.html. 2017-09-2.

[3] 余建华:"南苏丹问题由来与发展探析",载《史林》1989年第1期。

年,和苏丹政府进行游击战的武装力量组建了政治组织"苏丹非洲民族联盟",该组织主张通过武装斗争实现南方的独立。1970年,参加内战的原政府军上尉约瑟夫·阿古整合了南方各支反抗力量建立了政治组织"南苏丹解放运动",该组织的目的是实现南方的独立。[1]

1969年时,苏丹政府发生了政变,新的苏丹政府主张民族和解。在埃塞俄比亚领导人海尔·塞拉西皇帝的调停下,苏丹政府和"南部苏丹解放运动"经过了一年多谈判,终于在1972年2月27日达成了《亚的斯亚贝巴协定》,宣告内战的结束。根据《亚的斯亚贝巴协定》,苏丹政府允许苏丹南部进行自治,建立自治政府。

3. 苏丹第二次内战

20世纪80年代,苏丹发现了石油,且石油主要分布于南部。苏丹政府为了控制石油资源,颁布法令废除了南部的自治政府。同时,苏丹政府对苏丹南部重新进行伊斯兰化,但南部人民主要信仰基督教或原始部落宗教,这毫无疑问加剧了苏丹政府和苏丹南方之间的矛盾。

1983年,南方的卡丁族士兵拒绝苏丹政府要求北上的命令,随后他们遭到了北方军队的攻击,第二次内战爆发。这次内战持续时间更长,长达22年。政府军上校约翰·加郎领导南方籍的军人起事,他建立了"苏丹人民解放运动"(以下简称"苏人解")这一政治组织,该组织在南苏丹分离后作为一个统一的政党和组织在南苏丹活动。"苏人解"反对苏丹政府推行的种族主义政策,要求取消伊斯兰法律。"苏人解"并不主张独立,而是希望建立一个统一包容的"新苏丹"。"苏人解"提出的"新苏丹"的理念获得北方和南方很多民众的支持。

苏丹政府始终坚持种族主义政策,不断强化伊斯兰教在国家政治文化生活中的地位。1990年甚至宣布在北方穆斯林聚居区全面实行伊斯兰教法,并将对南方的战争称为"圣战"。

1991年,"苏人解"内部产生了分裂,部分成员认为约翰·加郎的"新苏丹"目标不现实。1991年9月初,约翰·加郎修改了其政治目标,暗示苏丹政府如果在全国坚持伊斯兰体制,南方将分离。"苏人解"内部的分裂最后导致了南方卡丁族和努尔族之间的冲突。直到1998年,卡丁族和努尔族和解。在两大部族和解之后,"苏人解"的力量得到加强,在和苏丹政府的战争中取得了一系列胜利。苏丹政府不得不作出妥协,1998年,苏丹颁布新宪法承认宗教平等和信仰自由。

2002年,在东非政府间发展组织(以下简称伊加特)和美国的调解下,苏丹

---

[1] 于红:"和解和平看苏丹",载《中国民族》2017年第11期,第67~70页。

政府和"苏人解"进行和谈。经过三年的谈判,2005 年 1 月,巴希尔领导下的苏丹政府和约翰·加郎领导下的"苏人解"签署了《全面和平协议》,第二次内战宣告结束。协议签署后,联合国向苏丹派出了维和部队以确保苏丹政府和"苏人解"遵守协议。

根据《全面和平协议》的规定,苏丹南部自治,设立六年的过渡期,在 2011 年 1 月 9 日举行苏丹南部公民参加的投票,决定苏丹南部是否分离。

4. 南苏丹分离

《全面和平协定》通过以后,苏丹民族团结政府成立了。巴希尔任总统,约翰·加郎任第一副总统兼南方自治政府主席。[1]约翰·加郎在 2005 年 7 月 30 日乘坐直升机发生意外遇难。萨尔瓦·基尔继任南方自治政府主席和苏丹第一副总统,萨瓦尔·基尔倾向于南部独立,他在苏丹南部分离苏丹后成为南苏丹的总统。

在过渡期间,南北方之间的矛盾仍然严重。苏丹首都位于北方,苏丹政府领导人中主要是北方的阿拉伯人,这导致南方民众普遍认为,苏丹政府偏袒北方,加上近年来北方发展比南方快,建设得比南方好。而南方的一些官员则认为,苏丹政府隐瞒石油收入的真实情况,以此克扣南方应得的利益份额。因而,他们希望分离后能够享受自己的石油利益,建设好自己的国家。[2]

在这样的背景下,苏丹南部于 2011 年 1 月举行全民公决。苏丹南部的选民参加了公决,公决结果是 98.83% 选民支持独立。7 月 9 日,南苏丹共和国成立。[3]

(三) 后续发展

南苏丹通过全民公决从苏丹分离,但是还有许多问题没有解决,南苏丹和苏丹之间边界依然没有划分清楚,对于石油收入的分配也存在着分歧。在其内部,国家高层领导之间的政治斗争异常激烈,并且南苏丹国家领导人缺乏治国的经验,腐败问题也愈演愈烈。

2013 年,南苏丹内部爆发了战争。来自南苏丹最大部族丁卡族的总统萨尔瓦·基尔指责副总统里克·马沙尔发动政变,而副总统里克·马沙尔则声称这是执政党在压制改革。里克·马沙尔带领着主要由南苏丹第二大部族努尔人组成的军队向首都朱巴进发。

伊加特出面进行了干涉,萨尔瓦·基尔和里克·马沙尔所领导的势力经过

---

[1] "苏丹组成首届民族团结政府",载 www.gmw.cn/01gmrb/2005 - 09/22/content_308048.htm. 2017 - 09 - 06.

[2] 李新烽:"南苏丹公投的特点和影响",载《西亚非洲》2011 年第 4 期。

[3] "南苏丹概况",载 http://ss.chineseembassy.org/chn/sdnfjj/sdnfgk/. 2017 - 08 - 24.

谈判在 2014 年 1 月达成停火协议。随后准备召开和平谈判,但是因为双方都提出了很多附加条件导致和平谈判一直被延迟。伊加特、非洲联盟、美国等政治力量积极推动和平谈判的进行。最终内战双方在 2015 年签署了《解决南苏丹冲突协议》。但以萨尔瓦·基尔为首的南苏丹政府并没有全面履行协议,和平并没有维持多久,2016 年 7 月,里克·马沙尔的卫队和萨尔瓦·基尔总统的卫队爆发武装冲突,里克·马沙尔所领导的军队被政府军所打败并被迫逃往刚果(金)边境地区。里克·马沙尔先逃到了刚果(金),后转至喀土穆。战火让大量平民流离失所,并且加剧了南苏丹的人道主义危机。事件发生后,联合国派遣了 4000 人的区域保护部队部署在朱巴。

2017 年 5 月 22 日,南苏丹总统萨尔瓦·基尔在首都朱巴宣布开启全国对话,希望以此结束内战。[1]

三、案件所涉国际法原理

(一) 领土的概念

1. 何谓领土

领土是指在国家主权支配下的地球表面的特定部分。领土是国家的构成要素之一,是一个国家行使主权的空间范围,领土是国际法的客体。国家在其领土上的权威不仅是最高的,也是排他的。[2]

领土具有历史性,现代国际法产生以前,民族国家的领土很大程度上是既定事实,即便根据国际法规则来划定,也要尊重历史。领土归属首先是一个民族的历史问题。领土具有法律性,追溯领土归属的历史,归根结底是领土的原始取得问题。[3]

2. 领土的组成要素

领土的组成部分包括领陆、领水、领陆和领水之上的领空以及领陆和领水之下的底土。

(1)领陆。领陆是指国家领土范围内的所有陆地,包括大陆陆地和岛屿陆地。陆地是国家领土的最基本的组成部分,没有领陆的存在就没有国家领土。

(2)领水。领水是一国领土范围内的所有水域,包括内水和领海两部分。

---

[1] "南苏丹开启全国谈话",载 http://world.people.com.cn/n1/2017/0524/c1002-29295468.html. 2017-08-25.

[2] 詹宁斯、瓦茨修订:《奥本海国际法(第一卷第二分册)》,中国大百科全书出版社 1998 年版,第 3 页。

[3] 张乃根:《国际法原理》,复旦大学出版社 2012 年版,第 202~203 页。

内水是一国领陆范围的所有水域,包括河流、湖泊、运河、港口、河口、内海湾、内海峡等,以及领海基线内全部海域。领海则是领海基线向外延伸一定宽度的海域。内水和领海的主要不同在于,外国船舶在一国领海享有无害通过权,而在内水则不享有无害通过权。

河流可分为内河、界河和国际河流。如果一条河流完全在一国领土范围内,则这条河流为内河,外国船舶是不可以未经允许进入内河或在内河上航行的。如果一条河流两侧分属两个国家,此条河流作为两国领土的分界线,被称为界河也称国际界河,沿岸国对于河流分界线中往本国一侧的水域享有管辖权,如果界河是可航河流,则两国船舶一般可自由航行,但一般不对第三国船舶开放。如果一条河流流经两个以上的国家,则称为多国河流,对于多国河流,沿岸各国对其境内的河流段享有主权和行使管辖权,实践中多国河流往往通过专门协定、成立专门机构来协调多国河流的水资源使用、管理、生态环境保护。流经数国,通航海洋,并且通过缔结条约向所有国家开放的河流是国际河流。

(3) 领空。领空是领陆和领水之上的一定高度的空间,国家对其领空享有完全的、排他的主权。领空之上便是外层空间,目前对于领空的高度问题,仍然没有得到解决。

(4) 底土。领陆和领水之下的底土也是国家领土的组成部分,底土中的地下水、水床资源,完全是属于拥有该底土的国家所有。对于底土的深度问题,国际法上并没有统一的规定,目前多数学者主张以现代科技所能达到的最深深度为准。

本案中,白礁岛是一个岛屿,并且这块区域并不被认为是无主地,白礁岛是一国主权之下的领陆。但中岩礁和南礁则不同,礁不同于岛屿,岛屿也是领陆,但礁不是,礁所在的区域,如果处于一国领土范围内,则是领海,如果在国家领土范围外,则应当属于公海。

(二) 传统的领土取得和变更的方式

由于某种原因一个国家取得新的领土或者丧失部分领土就是领土的取得和变更。先占、添附、时效、割让和征服是传统的领土取得和变更方式。现代的国际法还承认民族自决和公民投票作为领土取得和变更的方式。

1. 先占

先占理论最早来源于罗马法的物法,但和罗马法不同,国际法上的先占仅指主权意义上的国家行为。先占是最古老的领土取得方式,先占的对象必须是无主地,国家是先占的主体,先占行为必须是一种国家行为。

在占领前不属于任何国家领土的地方是无主地。无主地有两种情形:一是从来就没有被任何国家占领过的地方。即使没有被任何国家占领,但是在该土地上已经有一定社会和政治组织的部落或民族所居住所居住的地方,现代国际法也不认为是无主地,国际法院在西撒哈拉案中提出,具有一定社会和政治组织的部落或民族所居住的领土不得被认为是无主地;另一种是曾经属于某国但后来又放弃的领土。[1]判断一个先占行为是否是国家行为,应当根据有效占领原则,即是否在所涉领土上进行行政管理。一旦一块土地为一个国家所先占,那么这块土地就成为这个国家的领土。与先占相关联的一个概念是发现。二者的区别在于是否对所涉的领土建立有效占领。

2. 添附

由于自然或者人为原因而导致原有领土扩大是添附。添附分为自然添附和人为添附。自然添附是由于自然的原因而形成的新领土,例如一座岛屿上的火山爆发而导致新的陆地的形成。人为添附是指因人为的作用的而形成的新的领土,例如填海造陆。

3. 时效

时效是对不正当和非法占领他国领土的事实的合法化,时效的价值追求是稳定国际秩序。时效的条件相当严格,只有在占有国在长期内持续而稳定地占有某一领土,并且被占领国默许、不提出抗议或者停止抗议。与先占不同,时效所占有的领土是他国的领土,而先占的对象是无主地。

实践中,比较难以认定的是时效的长短问题。究竟多长的时间符合时效的要求,国际法上并没有关于这一问题的公论。因为时效的长短难以取得共识,也几乎很难形成共识,而且这样的案例很容易牵涉秩序价值和公义价值之间的冲突,可以说,时效这一方式存在相当大的争议。

在先占与时效取得的国际法上,适用了"禁止反言"原则。在民事关系中,这是指当法律禁止前后言行不一致时,当事人不得出尔反尔。将该原则适用于国际法,是指当某个国家已经明确承认另一国对某领土的主权,不能再反言,要求已先占或时效取得该领土的主权。[2]在1953年9月21日写给新加坡殖民地秘书的回信中,柔佛州州务大臣指出:"柔佛政府没有这个岛屿的所有权。"国际法院认为,柔佛的回复显示柔佛认为它没有白礁岛的主权,而根据禁止反言原则,该国不能再主张对该岛的主权。[3]

4. 割让

割让可以分为强制性的割让和非强制性转让两类。一般所言的割让是狭义上的割让,即强制性的割让,其是指一国在不自愿的情况将领土无代价地转移给

---

[1] 白桂梅:《国际法》,北京大学出版社2015年版,第349页。
[2] 张乃根:《国际法原理》,复旦大学出版社2012年版,第209页。
[3] 王秀梅:"白礁岛、中岩礁和南礁案的国际法解读",载《东南亚研究》2009年第1期。

另一个国家,通常是作为战争中战胜国对战败国的要求。例如,普法战争后,1871 年《法兰克福合约》,法国将阿尔萨斯和洛林割让给普鲁士。在认为战争是解决国际争端合法手段的前提下,强制性的领土割让不能认为是非法的。但是,现代国际法认为,只有在集体安全和自卫的情况下,才能进行战争,那么通过战争来割让领土的行为就丧失合法性了。

非强制性的转让是两国自愿转让领土的行为,如买卖、交换、赠与。例如,阿拉斯加原为俄罗斯的领土,1867 年 4 月俄罗斯以 720 万美元的价格将阿拉斯加卖给美国,从此阿拉斯加成为美国的领土。

5. 征服

与割让一样,征服也是通过武力的方式取得他国领土,二者的不同在于,割让往往是作为战争的结果之一,由战败国和战胜国签订条约,将领土进行转让,而征服则并不签订条约。征服也不同于临时占领。

现代国际法认为征服不是一种合法的领土取得方式,凡通过武力威胁或武力取得和占领的领土,均为非法的取得或占领。

柏威夏寺案涉及多种领土取得和变更的方式。例如,1824 年 8 月 2 日,东印度公司、柔佛苏丹和天猛公签订的《友好同盟条约》,英国即通过非强制性割让的方式,取得了新加坡及其方圆 10 英里以内的所有岛屿的领土主权。还有新加坡取得白礁岛的主权应该根据时效理论来解释,较为恰当。对于白礁岛,国际法院认定了白礁岛的原始所有权为柔佛苏丹国所有,但随后的证据不能确定白礁岛到底属于新加坡还是柔佛苏丹国。国际法院基于 1953 年新加坡秘书写信给柔佛苏丹确定领水边界,而柔佛苏丹并没有认为白礁岛是其领土;新加坡一直在白礁岛水域调查船只失事情况;新加坡允许或禁止马来西亚官员勘查白礁岛水域;马来西亚没有对新加坡在白礁岛上悬挂国旗进行抗议这些事实,作出了白礁岛主权现在属于新加坡的判决。虽然白礁岛的领土主权无法确定,但是应当说,新加坡提供了事实证明其对白礁岛长期并且稳定的占有这一事实,并且马来西亚只在 2003 年的时候,才对新加坡的行为提出了抗议,从时效理论出发,应当肯定新加坡取得了白礁岛的领土主权。

(三) 现代领土变更方式

1. 民族自决

民族自决是国际法的一项基本原则,这项原则的含义是指,一个被外国奴役或者遭受殖民统治的民族有权利决定自己的命运,可以通过当地居民的投票、也可以通过武装斗争建立独立的民族国家。

联合国在民族自决方面发挥了非常大的作用,它一方面通过了一系列关于民族自决的决议,如 1960 年《给予殖民地国家和人民独立宣言》;另一方面

也直接介入有关殖民地的独立,介入的方式就是监督殖民地的公民投票和选举

2. 全民公决

通过全体公民投票来决定领土的归属的方式是全民公决。全民公决作为现代国际法上一种领土变更方式,其合法性取决于国内法的规定,或者公民是否能够自由地、不受干涉地通过投票的方式表达自己的意愿。

要进行全民公决,应当符合以下几个条件:第一,有合法的根据和正当的理由;第二,公民能否自由地表达意志;第三,必要时由联合国监督。在实践中对全民公决是否具备这三个要件往往很难作出认定。例如,乌克兰克里米亚自治共和国在2014年3月进行全民公决,以决定是否加入俄罗斯。结果超过96.6%的民众赞成加入俄罗斯。克里米亚议会在公决结果出来的第二天正式决定脱离乌克兰,成为独立的"克里米亚共和国",同时申请加入俄罗斯。这是近几年来影响较大的通过全民公决决定领土归属的事件。这一事件在国际社会引起了关于"公决"合法性的讨论。联合国大会对此问题专门通过决议否定了克里米亚公决的合法性。[1]

南苏丹从苏丹分离是全民公决决定领土归属的国际实践。经历了两次内战,苏丹南部才获得了全民公决的机会,并最终以全民公决的形式从苏丹分离建立南苏丹。分离是一国的一部分分离出去建立新的国家,而原来的国家的继续存在着。全民公决是指全体公民通过投票的方式决定领土的归属,通过全民公决的方式决定领土主权,是现代的领土变更方式。在实践中,领土的变更问题往往会比较复杂。全民公决往往只解决了一块领土是否从母国分离出去的问题,但是像南苏丹一样,分离后和原国家的边界划分,不是一块领土之上的公民进行全民公决就能决定的。对于国与国之间的边界划分,往往需要国家间就边界问题进行谈判,签订边界条约,确定大致的边界走向,再根据边界条约成立划界委员会,确定边界线的准确位置。南苏丹分离之后,苏丹和南苏丹之间因为边界问题,数次发生冲突,两国在联合国的督促下,2015年两国在边界地区设立"非军事化安全边境区"[2],但是至今未就边界线的划分问题进行谈判更不用说签订边界条约,可以说,解决分离之后南苏丹和苏丹之间的边界划分问题仍然任重而道远。

---

[1] "联合国大会通过决议称克里米亚公投无效中国弃权",载 http://gb.cri.cn/42071/2014/03/28/6071s4482284.htm.

[2] "苏丹和南苏丹同意建立'非军事化安全边境区'",载 http://world.huanqiu.com/hot/2015-10/7768925.html. 2017-09-04.

第二节　边界和边境制度

一、柏威夏寺案

（一）案件背景

柏威夏寺位于泰国与柬埔寨交界处，扁担山山脉东部，是一座非常古老的寺庙。该寺目前虽然已经部分毁损了，但还是具有相当大的艺术和考古价值。

1904 年 2 月 13 日暹罗（泰国的古称为暹罗，1939 年 6 月 24 日改为泰国，1945 年复名暹罗，1949 年再度改名为泰国，沿用至今）和法国（柬埔寨当时是法国的殖民地，于 1953 年获得独立）签订划分边界的条约，根据两国边界条约第 1 条的规定，泰国和法国同意扁担山地区两国的边界线应当沿着山脉分水岭。同时，边界条约第 3 条规定，边界线的准确走向应当由法暹混合划界委员会来确定（以下简称混合委员会）。混合委员会由暹罗政府和法国政府分别派人组成。混合划界委员会在 1906 年举行了会议，决定扁担山山脉东部地区的勘测工作由混合划界委员会中的法国人员负责。在 1907 年 1 月 19 日以后，混合委员会就未召开过任何正式的会议。在 1907 年 1 月底，混合划界委员会中的法国方面负责人向法国政府报告勘测工作已经完成。

划界工作的最后一步是绘制边界地图。但是由于当时的暹罗政府没有掌握足够的技术来开展这项工作，所以暹罗政府就向法国政府请求由混合划界委员会中的法国人员承担绘制边界地图的工作。法国政府安排了混合划界委员会中的法国方面工作人员绘制边界地图，地图于 1907 年由法国一家著名的地图出版社 H. Barrcre 出版，并交给了当时的暹罗政府。绘制出的边界地图一共十一张，其中三张地图标示出的边界线不在实际的分水岭线上，按照实际的分水岭线，柏威夏寺应在泰国境内，而地图上柏威夏寺位于柬埔寨境内。但当时暹罗政府在收到边界地图后并没有对地图上的错误提出反对意见。

泰国政府在 1934—1935 年对扁担山地区的一次勘查行动中，已经发现了柏威夏寺地区的边界地图存在错误，但是在这次勘查之后泰国仍然出版了将柏威夏寺划在柬埔寨境内的地图，并且官方仍在使用错误的地图。

直到 1949 年，泰国政府对这一问题采取行动，并派兵进驻了柏威夏寺。法国政府在获悉此情况后，于 1949 年和 1950 年向泰国政府数次发出照会提出抗议，但均未得到答复。

1953 年柬埔寨获得独立后，新政府企图在柏威夏寺地区建立权力机关，要求泰国撤走其武装力量,但并没有成功。之后,柬泰双方多次就柏威夏寺地区的边界问题进行谈判,但均以失败告终。

(二) 诉讼过程

1959年9月30日,柬埔寨政府向国际法院提起诉讼,请求国际法院宣告柏威夏寺地区的领土主权属于柬埔寨,泰国应撤出它驻扎在柏威夏寺遗址的武装部队。柬埔寨认为:1907年的边界地图明确地标明该寺在柬埔寨境内,但泰国并没有提出异议,而是继续使用该地图,并且在发现地图错误以后还继续使用和出版,这说明泰国已经接受1907年的边界地图,所以泰国应受这份地图的约束。

针对泰国的起诉,泰国针对管辖权提出了初步的反对意见,但国际法院在1961年作出判决,确认了国际法院的管辖权。随后,国际法院对案件的实质问题进行了审理。

针对实质问题,泰国认为:混合划界委员会具体承担了划定边界的工作,对于边界线的确定应当由混合划界委员会决定,但错误的地图并非当时的混合委员会编制。尽管该地图以混合委员工做成果的名义送给了泰国政府,但该地图并未经过混合委员会的同意;边界线的确定应当根据边界条约来确定,本案中所涉的地图已经与边界条约规定的边界线严重不符;泰国政府并未对地图表示接受,泰国政府未对地图提出不同意见不代表泰国接受了对于柏威夏寺地区边界线的变动,这些地图只有政府中的少数官员看到过,并且这些官员都没有专业的知识。另外柏威夏寺地区边界线的变动明显地违背了1904年边界条约的规定,泰国政府不可能将柏威夏寺地区划归给柬埔寨。所以,泰国请求国际法院驳回柬埔寨的起诉,并宣布柏威夏寺地区是泰国的领土。

(三) 判决结果

国际法院在1962年针对实质问题作出了判决,宣布柏威夏寺为柬埔寨主权管辖权下的领土,泰国有义务撤出泰国在柏威夏寺及靠近柬埔寨领土地区驻扎的任何武装力量。其次,泰国有义务将其自占领该寺以来从柏威夏寺及其附近地区搬走的文物归还给柬埔寨。

国际法院的判决作出后,泰国对本案的结局深为遗憾,却仍然履行了义务撤回了军队。但是泰国政府宣布保留收回柏威夏寺地区的权利。

(四) 最新发展

泰柬两国关于柏威夏寺的争议并未就此结束,双方边境冲突不断。2001年起,柬埔寨开展为柏威夏寺申请世界文化遗产的工作。2008年,在第33届世界遗产大会上,柏威夏寺被列入世界遗产名录,之后柬埔寨和泰国两国对柏威夏寺的争端就再度升温,一度发生军事对峙,同年10月在该地区甚至发生了交火。

之后,泰、柬两国对于柏威夏寺附近的领土归属问题的争端就一直处于紧张的状态下。2011 年 4 月 28 日,柬埔寨再次向国际法院提起针对泰国的诉讼,申请国际法院对于 1962 年 6 月 15 日作出的判决作出解释,特别是"寺庙周围地区"的范围,提交诉讼申请的当天柬埔寨申请国际法院发出临时措施,制止泰国入侵其领土的行为。2011 年 7 月 18 日,国际法院通过了临时措施的决定。

2013 年 11 月 11 日,国际法院作出判决,对 1962 年判决中的执行问题作出了具体的说明,重申了柏威夏寺的及其周围部分争议地区的领土主权为柬埔寨所有,对"寺庙周围地区"作出了解释,但并未对寺庙周围地区的具体范围作出说明。在判决作出前,泰柬两国达成一致,无论结果如何,都将接受。在判决作出后,泰柬两国均表示满意,之后两国就未再发生冲突。

1962 年和 2013 年的判决都明确将柏威夏寺地区的主权划归柬埔寨,但未明确柏威夏寺周围地区 4.6 平方公里的争议领土范围。尽管如此,泰国和柬埔寨已经同意通过和平方式共同商讨争议领土解决办法。

围绕柏威夏寺地区的领土和边界争端持续了一个世纪,至 2013 年国际法院裁决的作出暂时告一段落。

二、案件所涉国际法原理

(一) 边界的概念

边界是国家领土主权范围的界线,边界是"一条划分一国领土与他国领土或国家管辖范围之外区域的界线"[1]。边界可以有边界标志,也可以没有标界标志。边界的作用主要有两个:第一,宣示国家主权的范围,边界之内都是一国的领土,除非国际条约或国际习惯有例外规定,否则任何他国和他国国民都不得未经允许越过边界;第二,边界可以分隔两国的领土,边界的两边分属两个国家。因此,边界的划分通常是两个国家之间的事情。划分边界的法律意义在于:边界一旦确定,国家的领土主权就可在其确定的范围内得到行使。

泰国与柬埔寨之间的边界线即分隔了泰国与柬埔寨的领土,在柏威夏寺地区,边界线在柏威夏寺的北边,则柏威夏寺地区的领土为柬埔寨所有,泰国的国民即不能未经柬埔寨的同意而跨过边界线前往柏威夏寺;边界线在柏威夏寺南边,则柏威夏寺地区的领土即为泰国所有,同样地,在这种情况下柬埔寨国民也不得未经泰国允许而跨过边界线前往柏威夏寺。

(二) 边界的种类

国家领土由领陆、领海、领陆和领海的底土以及领空这几部分组成,因此国

---

[1] 王铁崖主编:《国际法》,法律出版社 1995 年版,第 243 页。

家边界可以分为陆地边界、水域边界、海上边界、空中边界和地下边界。

此外还可以分为自然边界和人为边界。自然边界依据国家领土的地理特征所划分,它是指一个国家认为应当将其边界扩展到其安全防卫所需要的自然界线。人为边界是指通过在边界线上设立边界标志或者以经线或纬线划分的边界,从政治意义上来理解是指按照国家之间的协议人为划定的边界。

在本案中,泰国和柬埔寨即依据两国接壤处的扁担山的山脉分水岭作为两国边界划分的自然界线。

(三) 边界的形成的方式

从国际实践出发,国家的边界基于两种事实而形成:一是传统习惯,由传统习惯而形成的边界又称为传统边界线;二是依据条约而划定。条约可以是多边条约,但更多的是由相邻国家签订的双边条约。通过条约来确定边界不仅明确,而且还具有长期的稳定性。

暹罗与法国在 1904 年签订了边界条约,通过边界条约可以确定在扁担山地区暹罗和柬埔寨的分界线。然而泰国和柬埔寨在柏威夏寺地区的边界线因为边界地图和边界条约的不一致而发生了争议,但是泰国柬埔寨两国在扁担山地区的其他边界线很明确,并且相当稳定。

(四) 边界划分的一般程序

对于边界的划分包括签订边界条约,成立联合划境委员会、勘定边界、绘制地图和标界等几个阶段。

1. 边界条约

边界条约的内容一般是确认国家边界的位置、界点和边界线的走向,成立联合划界委员会有关的事项。边界条约中应对边界线做具体的描述,以便之后的边界勘定。

签订边界条约划定领土边界是现代国际社会国家之间的通常做法。边界条约与其他条约相比,除了适用具有一般条约所适用规则外,还有特殊的地位,在许多国际公约中,都对边界条约作出了特别的规定。如 1969 年《维也纳条约法公约》(Vienna Convention on the Law of Treaties)第 62 条第 2 款规定,情况之基本改变不得援引为终止或退出确定一边界的条约之理由;1978 年《关于国家在条约方面的继承的维也纳公约》(Vienna Convention on Succession of States in Respect of Treaties)第 11 条边界制度中规定,国家继承本身不影响条约规定的边界或条约规定的同边界制度有关的义务和权利。从上述国际条约可以看出,边界条约具有相对的永久性。

边界条约的特殊地位,加上各国出于对国家领土主权的维护,国家间对边界条约的签订非常重视。

2. 划界

在国家间签订边界条约以后,应当进行划界(delimitation)。划界是依据边界条约由双方成立的划界委员会进行的。划界委员会根据边界条约进行实地勘定,确定边界线的准确位置,明确界河中岛屿、沙洲的归属,共同立起界桩,起草两国陆地边界议定书,包括界桩位置登记表,绘制体现全部边界走向和界桩位置的议定书详细附图,以及解决与完成上述任何有关的各项具体问题。

除了边界条约,还有边界地图、边界议定书,或者备忘录,对于确定国家领土边界都是具有法律效力的依据。有时可能会出现这些文件对于边界的规定不一致的情形。

暹罗和法国在划分边界的过程中,首先是在1904年签订了边界条约,随后根据边界条约成立了混合划界委员会具体开展勘查边界的工作,在勘查完边界后,暹罗请求法国人绘制边界地图。但绘制出的边界地图和边界条约并不一致。泰国政府认为,边界地图并没有经过混合委员会的批准,是无效的;泰国也没有接受错误的地图。而柬埔寨则认为泰国接受地图后并没有提出异议,已经默认了地图的效力。国际法院基于禁止反言支持了柬埔寨的主张。[1]国际法中的禁止反言是一国对另一国同意某些事务后,不能在日后改变其立场的一种法律技术。[2]禁反言是国际法追求稳定性的体现。柏威夏寺案中泰国和柬埔寨所签订的边界条约仅规定了根据分水岭来划分边界,划定边界后泰国委托法国人所制作的地图将柏威夏寺划归在柬埔寨一边。泰国在之后对泰国和柬埔寨边界的勘探中,发现了地图所标示的分水岭和实际的分水岭存在着差异。但是泰国并没有改变地图上的错误,仍然继续使用错误的地图。泰国享受了1904年边界条约所带来的稳定,在能够纠正错误的情况下没有纠正地图中的错误。

(五) 划界的一般方法

两国的边界划分在遇到河流、湖泊或内海、山脉时,除非历史传统习惯或条约有相反规定,一般按照下列原则划界。

---

[1] 柏威夏寺案国际法院1962年5月15日判决书,"如果一个当事国由于其自己的行为助成了错误,或原可避免该错误,或有关情况可以使当事国注意到可能的错误,该错误就不能作为同意的瑕疵的抗辩,这是一项已经确立的法律规则。泰国政府没有经过调查就接受了错误的地图,并且在很长的时间内甚至在发现地图中的错误后也没有及时提出反对意见,那么现在泰国政府就不能主张他的接受的无效。错误的地图并没有违反1904年的边界条约,而成为1904年边界条约的一部分"。

[2] 曲波:"禁反言在国际法中的适用——以领土争端案为例",载《法学杂志》2014年第8期。

第一,以河流为界,此河流即界河。非通航河流除非条约另有规定,遵循"中间线原则",即以河流中间线为界。当河流分为两个以上支流时,以主流河道中间线为界。对于可航河流,一般遵循"最深航线原则"或"最深谷底线原则",即以最深航道的中间线为界。例如,《中华人民共和国和缅甸联邦政府边界条约》第8条规定,缔约双方同意,凡是以河流为界的地段,不能通航的河流以河道中心线为界,能够通航的河流以主要航道(水流最深处)的中心线为界;如果界河改道,除双方另有协议外,两国的边界线维持不变。

第二,以湖泊或内海为界,此湖泊或内海即为界湖。目前对于湖泊中的分界线的确定还没有统一的规则。可以以湖泊的中间线为界,对于可航的湖泊,可以按照航道分界。但具体如何划分,应由划界的两国通过边界条约来协商确定。

第三,以山脉为界,此山即为界山。对于界山,一般以山脉分水岭作为两国领土边界线。例如,《中蒙边界条约》第1条规定了,中蒙边界线从最西端起沿着额尔齐斯河(哈尔额尔齐斯河)和科布多河之间的阿尔泰山脉(蒙古阿尔泰山脉)正干分水岭而行。

暹罗和法国签订的边界条约就约定在扁担山地区的边界线应当沿着山脉分水岭,通过山脉分水岭来确定了暹罗和法国的边界线。

(六) 边境制度

1. 边界标志的维护

边界不可侵犯,边界标志对于相邻国家而言具有神圣性。因此,有关国家签订的条约及国内法均建立了边界标志的维护制度,对边界标志,任何国家、任何人均不得加以毁损或移动,否则将追究相应的法律责任。如发现边界标志移动或毁损,有关国家应采取必要措施,在原址按原定的规格予以恢复、修理或重建。

2. 界河与边境土地的利用

界河的利用及管理制度包括水利灌溉、发电、航运、捕鱼等方面的制度。在利用界河的过程中,不得损害邻国的利益,不得使河水污染,不得造成邻国河水泛滥或河水枯竭,不得人为造成河水改道。一般来说,相邻国家船舶均可在界河上自由航行,沿岸国有权在分界线的己方水域捕鱼,但对生物资源的养护负有共同责任。

边境土地的利用尽管属于领土国家主权范围,但一国在边境地区的活动同样要考虑到邻国的利益和安全。因此,相邻国家除以国内法对边境地区的活动加以规制以外,还往往就特定事项达成一致,如保护边境地区的植物,不建立靶场及武器试验场等。

3. 边境居民的往来

为了国家安全和对边境进行有效管理,各国在边境往往设立边境检查制度,对出入境的人和货物进行限制。但是，为了便利边境居民的生活和生产，相邻国家还往往订立协定，在和平时期对边境居民在国界两侧一定范围内从事航运、贸易、探亲访友、进香朝圣等活动给以特殊的便利。

在1962年国际法院判决作出宣布柏威夏寺为柬埔寨领土后，柬埔寨允许两国居民共同在寺内礼佛，方便了边境居民的往来。

（七）边界争端的处理

由于边界之内便是国家领土，领土之于国家具有非常重要的意义，加上宗教、历史、自然资源等各个方面的原因，边界问题成为国家关系中一个很敏感又非常复杂的问题，各个国家在边界上都很难作出妥协，如果边界问题处理不好，甚至会发生武装冲突。

当国与国之间发生边界争端时，应当按照现行的国际法原则，采用和平的方式解决，武力或者武力威胁是不可取的。和平解决边界争端，除了争端国直接进行谈判或者由第三国进行调解等政治方法外，还可以采取诉诸国际性法庭，采取法律程序解决的方法。

通过法律程序解决边界争端，可以使边界的具体安排具有稳定性和终局性，也避免了武力冲突，有利于国家之间关系的和谐与稳定。

泰国和柬埔寨为解决边界争端，采取了谈判、武装冲突、司法诉讼的方式。柬埔寨为了解决柏威夏寺地区的边界线争议，和泰国进行了多次谈判，希望通过谈判能够解决争端，但都没有结果。随后，柬埔寨采取了司法手段，向国际法院提起诉讼，国际法院审理了柏威夏寺地区的边界线争议。国际法院最后作出了柏威夏寺地区归属于柬埔寨的判决，泰国对此并不满意，但还是履行了判决。以向国际法院提起诉讼解决边界争端的方式，避免了武装冲突。但在1962年国际法院宣布柏威夏寺地区归属于柬埔寨之后，两国的争端并没有解决。之后发生了多次冲突。在2011年，柬埔寨又将柏威夏寺地区边界线问题诉至国际法院，国际法院在2013年作出判决。泰国和柬埔寨都表示接受，并且宣布将通过谈判解决边界问题。

第十章
海洋法

第一节 领海及毗连区

一、领土争端和海洋划界案(尼加拉瓜诉哥伦比亚)

(一) 案件背景

尼加拉瓜,全称尼加拉瓜共和国。位于中美洲中部,北接洪都拉斯,南连哥斯达黎加,东临加勒比海,西濒太平洋。哥伦比亚共和国,简称"哥伦比亚",位于南美洲西北部,西临太平洋,北临加勒比海,东临委内瑞拉,东南临巴西,南与秘鲁、厄瓜多尔,西北与巴拿马为邻。

普罗维登西亚—圣安德烈斯岛和圣卡塔利娜岛省,是哥伦比亚在加勒比海上的一个省。由两个群岛和八个环礁组成,面积112平方公里。

公元629年,英国人在上述地区设立殖民地。1786年,英国将该殖民地让与西班牙。1810年7月20日,波哥大爆发了大规模反对西班牙殖民统治的暴动。1819年8月10日哥伦比亚结束了西班牙的殖民统治。1821年,西班牙将该省归属哥伦比亚。1522年,西班牙开始对尼加拉瓜进行殖民统治。1821年9月15日,尼加拉瓜摆脱西班牙殖民统治,宣告独立。1822年至1823年,尼加拉瓜加入墨西哥帝国。1839年,尼加拉瓜建立共和国。由于双方在殖民统治结束后，对于海洋的划界存在争端，1928 年 3 月 24 日尼加拉瓜与哥伦比亚签署了《关于哥伦比亚和尼加拉瓜争议的领土问题条约》（本章简称《1928 年条约》）。条约中规定哥伦比亚对普罗维登西亚－圣安德烈斯岛和圣卡塔利娜岛省以及组成圣安德烈斯群岛的大小岛屿和礁石拥有主权，但并未说明该群岛的具体构成。1991 年 7 月 4 日，哥伦比亚设省——圣安德烈斯－普罗维登西亚。下设一个自治市，即首府圣安德列斯。

（二）案件进程

2001 年 12 月 6 日，尼加拉瓜向国际法院书记处提交请求书，就其与哥伦比亚两国间存在的与西加勒比"领土所有权和海洋划界有关"的争端，对哥伦比亚共和国提起诉讼。2007 年 12 月 13 日，国际法院就哥伦比亚提出的对管辖权的初步反对意见作出了判决，其中国际法院认定，国际法院具有依照《波哥大条约》第 31 条的规定，对当事双方声称对除圣安德烈斯岛、普罗维登西亚岛和圣卡塔利娜岛以外岛屿拥有主权的争端及当事双方之间关于海洋划界的争端作出裁决的管辖权。对尼加拉瓜对圣安德烈斯岛、普罗维登西亚岛和圣卡塔利娜岛拥有主权的主张无管辖权，其原因在于该问题已经在《1928 年条约》中确定，其中尼加拉瓜承认哥伦比亚对上述岛屿的主权。

（三）案件结果

在对案件进行最终审理的过程中，国际法院首先考虑双方的主权问题。在争议岛屿的实际占有方面，当事双方就阿尔布开克礁、东－东南礁、龙卡多尔、塞拉纳、塞拉尼亚和新巴霍岛高潮时仍高于水面一事达成一致意见。考虑到哥伦比亚提出的证据无法充分确定基塔苏埃尼奥的任何地物能否构成国际法界定的岛屿，国际法院裁定其为低潮高地。但在争议海洋岛屿的主权方面，《1928 年条约》和历史记录均未对该群岛的构成得出决定性结论。要解决提交其受理的争端，国际法院必须审议当事双方为证明各自主权主张而提出的论点和证据。但在本案中，实际占领地保有权原则不足以帮助确定尼加拉瓜和哥伦比亚两国间争议岛屿的主权，因为历史记录未明确表明在脱离西班牙独立前或独立时，这些地物是归属哥伦比亚的殖民省，还是归属尼加拉瓜的殖民省。

随后，国际法院审议了能否根据有效控制原则确定主权。国际法院根据哥伦比亚这些年对争议地区采取的诸如公共行政和立法、经济活动监管、公共工程、执法措施、海军考察、搜索和营救活动以及领事代表等不同类型的有效控制行为，裁定，多年来哥伦比亚持续且始终如一地依照主权权利对争议岛屿采取行动。这一行使主权权力的行为属公共行为，且没有证据证明在 1969 年即出现争端前遭到了尼加拉瓜的抗议。因此国际法院认定事实为哥伦比亚对争议岛屿的主权主张提供了非常确凿的证明。哥伦比亚对阿尔布开克、新巴霍岛、东—东南礁、基塔苏埃尼奥、龙卡多尔、塞拉纳和塞拉尼亚的各岛屿拥有主权。并且由于尼加拉瓜尚未确定其大陆边缘已远远扩展至同从哥伦比亚大陆海岸线起测算的200海里的大陆架部分相重叠。因此,国际法院不能按照尼加拉瓜的请求划定海洋边界。

在明确双方主权后国际法院根据《海洋法公约》第74条和第83条所载的海洋划界原则及《公约》第121条所述的岛屿法律制度对争议区域进行划界、调整,并进行不对称性测试。确定双方在该争议区域的权利。

2012年11月19日国际法院就领土和海洋争端案(尼加拉瓜诉哥伦比亚)作出判决,裁定:

(1)哥伦比亚共和国对阿尔布开克、新巴霍岛、东—东南礁、基塔苏埃尼奥、龙卡多尔、塞拉纳和塞拉尼亚的各岛屿拥有主权;

(2)可以受理尼加拉瓜共和国第一(3)号最后呈件所载的主张,即请求国际法院裁定并宣告:"在由尼加拉瓜和哥伦比亚大陆沿岸构成的地理和法律框架内,适当的划界形式应当是一个均等分割双方大陆架重叠部分的大陆架界线";

(3)国际法院不能维持尼加拉瓜共和国第一(3)号最后呈件所载的主张;

(4)划分尼加拉瓜和哥伦比亚的大陆架和专属经济区的单一海洋边界线应沿连接为以下坐标点的测地线划定(见表10-1-1):

表10-1-1 尼加拉瓜和哥伦比亚的大陆架和专属经济区的单一海洋边界线坐标点

序号	北纬	西经
1	13°46′35.7″	81°29′34.7″
2	13°31′08.0″	81°45′59.4″
3	13°03′15.8″	81°46′22.7″
4	12°50′12.8″	81°59′22.6″
5	12°07′28.8″	82°07′27.7″
6	12°00′04.5″	81°57′57.8″

海洋边界线应由第1点沿纬线(坐标为北纬13°46′35.7″)向正东延伸,到从测算尼加拉瓜领海宽度的基线起200海里的距离为止。海洋边界线应由位于阿尔布开克周边12海里弧线上的点6(坐标为北纬12°00′04.5″、西经81°57′57.8″),继续沿此弧线延伸,直到点7为止(坐标为北纬12°11′53.5″和西经81°38′16.6″),该点位于经东-东南礁周边12海里弧线最南端的纬线上。之后,边

界线沿此纬线延伸,直到东—东南礁周边 12 海里弧线最南端的点 8(坐标为北纬 12°11′53.5″、西经 81°28′29.5″),并继续沿此弧线延伸至最东端的点(点 9,坐标为北纬 12°24′09.3″、西经 81°14′43.9″)。边界线应由该点沿着纬线(坐标为北纬 12°24′09.3″)延伸到从测算尼加拉瓜领海宽度的基线其 200 海里的距离为止;

(5)基塔苏埃尼奥和塞拉纳周边的单一海洋边界线应分别沿着从 QS 32 和 QS 32 12 海里范围内的低潮高地算起的 12 海里弧线,以及从塞拉纳礁及其附近其他礁群算起的 12 海里弧线划定;

(6)尼加拉瓜最后呈件所载的主张,即请求国际法院宣告哥伦比亚阻止尼加拉瓜获取位于 82 度经线以东的自然资源,违反了哥伦比亚按照国际法应遵守的义务。[1]

二、案件所涉国际法原理

作为国际法最为古老的部门之一,国际海洋法是关于各种海域的法律地位以及调整国家之间在海洋活动中发生的各种关系的原则、规则、制度的总称。在人类科学技术日益进步的背景下,人类对海洋的认知与掌控逐渐增强,海洋法的体系也随之日趋完善。1958 年第一次联合国海洋法会议在日内瓦召开,会议通过了《领海及毗连区公约》《大陆架公约》《公海公约》《关于强制解决争端的任意议定书》以及《捕鱼与养护公海生物资源公约》。1982 年 12 月 10 日,第三次海洋法会议通过了《联合国海洋法公约》。海洋法公约对领海、毗连区用于国际航行的海峡、专属经济区、国际海底区域等所有重要的国际海洋法律制度进行规定,确立了海洋新秩序。

(一) 领海

领海是国际法的通用术语。根据《联合国海洋法公约》第 2 条的规定,领海是指沿海国的主权及于其陆地领土及其内水以外邻接的一带海域,在群岛国的情形下则及于群岛水域以外邻接的一带海域。

1. 领海的界限

(1)领海的宽度。根据《联合国海洋法公约》第 3 条的规定[2],沿海国可以自主确定领海的宽度,但领海宽度从领海基线量起不应超过 12 海里。

---

〔1〕 国际法院网:"国际法院判决书、咨询意见和命令摘录 2008—2012",载 http://www.icj-cij.org/files/summaries/summaries-2008-2012-ch.pdf.2017-08-14。

〔2〕《联合国海洋公约》第 3 条规定,每一个国家有权确定其领海宽度,是从按照本公约确定的基线量起不超过 12 海里的界线为止。

（2）领海基线。领海基线是测算领海宽度的起始线。目前世界上公认的领海基线的划法主要有三种：第一，正常基线法，也称低潮基线法，以海水落潮退到离岸边最远的一条线为基线，再根据规定的领海宽度向外延伸形成的线即为领海线。第二，直线基线法，又叫折线基线法。对于海岸曲折，岸外有众多岛礁的国家这种划法比较方便。在大陆沿岸突出部或沿海岛屿上选定某些点作为基点，把连接各相邻基点所得到的折线作为领海基线，以此作为基线的起点，向外延伸到国家规定的领海宽度即为领海线。第三，混合基线法，即同时采用正常基线法和直线基线法。在基线和领海线之间的海域就是领海或领海宽度。中国采用的是直线基线法。

（3）领海的界限。领海的界限可分为内部界限和外部界限。内部界限即为领海基线，基线以内是内水，以外是领海。领海的外部界限是一国根据《联合国海洋公约》的规定确定的本国领海最大范围的边界线，是以领海基线为准向外延伸到确定距离的分界线，是宣示或确定国家海洋主权范围最外、最远的线。领海界限以外就是毗连区、专属经济区和公海。划定领海界限的方法有交圆法、共同切线法、平行线法。

2. 领海的法律地位与制度

（1）沿海国的权利。一国的领土包括领陆、领水、领空及底土。领海是沿海国领水的重要组成部分，受到国家主权的支配与管辖。在领海内，沿海国可以行使的权利主要有：

①对领海内自然资源享有所有权和专属管辖权。

②享有对领海航行以及领海上空飞行的管辖权。

③享有海洋科学研究的专属权。

④享有海洋环境保护和保全的管辖权。

⑤享有国防保卫权。

可见沿海国对其领海范围内的一切人与事享有管辖权。但是，外国船舶在领海范围内享有无害通过的权利。

对领海内的商业船只的管辖包括刑事管辖权和民事管辖权两方面。但沿海国不应在通过领海的外国船舶上行使刑事管辖权，以逮捕与在该船舶通过期间船上所犯任何罪行有关的任何人或进行与该项罪行有关的任何调查。但在罪行的后果及于沿海国、罪行属于扰乱当地安宁或领海的良好秩序的性质、船长或船旗国外交代表或领事官员请求地方当局予以帮助、措施是为取缔违法贩运麻醉药品或精神调理物质所必要的情况下除外。沿海国也不应为了对船舶上的某人行使民事管辖权而停止该船的航行或改变其航向。

国际法院裁定尼加拉瓜请求国际法院宣告哥伦比亚共和国阻止尼加拉瓜共

和国获取位于 82°经线以东的自然资源的主张，违反了哥伦比亚共和国按照国际法应遵守的义务。其原因在于根据国际法院的判决，尼加拉瓜的领海外部界限在西经 82°与 81°之间，也就是说，在争议地区西经 82°与 81°之间，也包含哥伦比亚的领海。由于领海属于一国之领土，哥伦比亚有权对其领海内自然资源享有所有权和专属管辖权。

(2) 无害通过制度。根据《海洋法公约》的规定，无害通过是指在不损害沿海国安全和良好秩序的前提下，外国船舶迅速地和连续不停地通过沿海国的领海而无需事先通知或取得沿海国的许可。

《联合国海洋法公约》对"无害"作出了原则性规定。"无害"是指不损害沿海国的和平、秩序和安全。对于何为损害沿岸国的和平、良好秩序和安全的行为，《联合国海洋法公约》第 19 条[1]进行了具体的说明。

"通过"是指除通常航行所附带的、由于不可抗力或遇难等情况，外国船舶必须持续不断的迅速行驶，不能停靠，不能抛锚。对于外国潜水艇和其他潜水设备，在通过时必须在海面上航行，并展示其旗帜。

沿海国不应当妨害他国无害通过的义务。但可以在符合《联合国海洋法公约》及其国际法原则的前提下，制定关于无害通过的部分事项的法律和规章，如航行安全、海上交通管理、保护电缆管道、养护资源、防止污染、海洋科学研究测量以及指定海道或分道通航制度等内容。我国法律明确规定任何外国船舶在中国领海航行，必须遵守中华人民共和国政府的有关法令。

外国军舰是否享有在领海内无害通行的权利，是值得商榷的问题。对军舰

---

[1]《联合国海洋法公约》第 19 条第 2 款规定：

2. 如果外国船舶在领海内进行下列任何一种活动，其通过即应视为损害沿海国的和平、良好秩序或安全：

(a) 对沿海国的主权、领土完整或政治独立进行任何武力威胁或使用武力，或以任何其他违反《联合国宪章》所体现的国际法原则的方式进行武力威胁或使用武力；

(b) 以任何种类的武器进行任何操练或演习；

(c) 任何目的在于搜集情报使沿海国的防务或安全受损害的行为；

(d) 任何目的在于影响沿海国防务或安全的宣传行为；

(e) 在船上起落或接载任何飞机；

(f) 在船上发射、降落或接载任何军事装置；

(g) 违反沿海国海关、财政、移民或卫生的法律和规章，上下任何商品、货币或人员；

(h) 违反本公约规定的任何故意和严重的污染行为；

(i) 任何捕鱼活动；

(j) 进行研究或测量活动；

(k) 任何目的在于干扰沿海国任何通信系统或任何其他设施或设备的行为；

(l) 与通过没有直接关系的任何其他活动。

无害通过权存有异议的国家,分别对《领海及毗连区公约》和《联合国海洋法公约》的有关条款提出了保留和发表了解释性声明。我国在批准《联合国海洋法公约》时发表声明,并在《领海及毗连区法》规定,没有中华人民共和国政府的许可,任何外国飞机和军用船舶都不得进入中国的领海和领海上空。

（二）毗连区

毗邻区是邻海以外邻接领海,沿海国对特定事项行使必要管制了一块海域。其宽度从领海基线量起,不得超过 24 海里。毗连区并不在沿海国的领土范围内,因此,沿海国不能在毗连区内行使完全的和排他的属地管辖权,但领海国可以对特定的事项行使权利。

根据《联合国海洋法公约》第 33 条[1]以及《领海及毗邻区公约》第 24 条[2]的规定,沿海国可以在其毗连区内实施防止在其领土或领海内违反其海关、财政、移民或卫生的法律和规章,并且惩治在其领土内违反上述法律和规章的行为。

《中华人民共和国领海及毗连区法》规定:中国有权在毗连区内,为防止和惩处在其陆地领土、内水或者领海内违反有关安全、海关、财政、卫生或者入境出境管理的法律、法规的行为行使管制权。

（三）群岛水域

岛屿是指四面环水并在高潮时高出水面的自然形成的陆地区域,拥有相应的领海、毗邻区、专属经济区和大陆架。根据 1982 年《国际海洋法公约》第 46 条的规定,"群岛"是指一群岛屿,彼此密切相关,以至于这种岛屿、水域和其他自然地形在本质上构成了一个地理、经济和政治的实体。"群岛国"则是指全部由一个群岛和多个群岛构成的国家,同时可包括其他岛屿。

群岛基线的划定一般采用将群岛最外缘各岛和各干礁最外缘各点相连接的直线基线法。但不同于陆地领土,在划定群岛基线的过程中对水域面积和陆地面积的比例也有一定的要求,即在基线范围内,水域面积和陆地面积的比例应在 1∶1 到 9∶1 之间,在基线的长度方面,基线超过 100 海里的线段最多不能超过基

---

[1]《联合国海洋法公约》第 33 条规定毗连区。
1.沿海国可在毗连其领海称为毗连区的区域内,行使为下列事项所必要的管制:
(a)防止在其领土或领海内违犯其海关、财政、移民或卫生的法律和规章;
(b)惩治在其领土或领海内违犯上述法律和规章的行为。
2.毗连区从测算领海宽度的基线量起,不得超过二十四海里。

[2]《邻海及毗连区公约》第 24 条规定:1.沿海国可在毗连其领海的公海区域内,行使为下列事项所必要的管制:(a)防止在其领土或领海内违犯其海关、财政、移民或卫生的法规;(b)惩治在其领土或领海内违犯上述法规的行为。2.毗连区从测算领海宽度的基线量起,不得超过十二海里。

线总数的 3%,此外,基线不能明显偏离群岛轮廓,不能将其他国家的领海与公海或专属经济区隔断。

本案中国际法院根据现行国际法规定的沿海国家有权确定的领海宽度为 12 海里。认定争议地区的岛屿均有权形成 12 海里领海,不论其是否属于《海洋法公约》第 121 条第 3 款所述的例外情况。并裁定,哥伦比亚对基塔苏埃尼奥 QS 32 周围 12 海里的领海拥有权利。在测算该领海时,国际法院指出为测算其领海宽度,哥伦比亚有权采用 QS 32 12 海里范围内的低潮高地,既是采用低潮基线法确定基线。

第二节 专属经济区与大陆架

一、尼加拉瓜和洪都拉斯在加勒比海的领土和海洋争端案

(一) 案件背景

尼加拉瓜,全称尼加拉瓜共和国,位于中美洲中部,北接洪都拉斯,南连哥斯达黎加,东临加勒比海,西濒太平洋。洪都拉斯共和国,简称"洪都拉斯",是中北美洲的一个多山国家。与危地马拉、萨尔瓦多和尼加拉瓜接壤,位于太平洋和加勒比海之间。

尼加拉瓜和洪都拉斯东部海岸的大陆边缘通常被称为"尼加拉瓜海隆"。它是一个相对平整的三角形平台,深约 20 米。尼加拉瓜海隆在尼加拉瓜和洪都拉斯的海岸与牙买加的海岸之间的中点处左右终止,深度陡然达到 1 500 多米。在下降至这一深度之前,海隆断裂分为数个大的沙洲,诸如雷诺尔沙洲和罗萨琳德(也叫罗萨琳达)沙洲,被 200 多米的海峡与主平台分开。在靠近尼加拉瓜和洪都拉斯陆地的海脊的较浅处生长有大量的珊瑚礁,其中一些长出了水平面,形成了沙礁。

沙礁大多数是由珊瑚礁物理降解后的沙子形成的小而低的岛屿,主要是在波浪和风的重新作用下形成的。大的沙礁可以积累足够多的沉积物,使植物得以附着和固定。格拉西亚斯-阿迪奥斯角前方 15°纬线以北大陆架的岛屿特征表现在博贝尔礁、萨凡纳礁、皇家港礁和南礁,这些沙礁位于科科河口以东 30~40 海里。

在 1821 年摆脱西班牙的殖民统治获得独立之后,尼加拉瓜与洪都拉斯获得对各自领土的主权,包括沿着这些领土海岸线的岛屿,但却没有对这些岛屿进行命名。1894 年 10 月 7 日,尼加拉瓜与洪都拉斯成功地缔结了一项一般性边界条

约《Gámez – Bonilla 条约》，并于 1896 年 12 月 26 日生效。根据法律上已占有的原则，《Gámez – Bonilla 条约》第 2 条规定"独立之日分别构成尼加拉瓜省和洪都拉斯省的领土分别归洪都拉斯共和国和尼加拉瓜共和国所有。"《Gámez – Bonilla 条约》第 1 条进一步规定，成立一个混合边界委员会来划定尼加拉瓜与洪都拉斯之间的边界线。委员会将边界线划定为从太平洋的丰塞卡湾到位于在陆地领土 1/3 处的 Portillo de 特奥特卡辛特，但是委员会未能确定从该点到大西洋海岸的边界线。

根据《Gámez – Bonilla 条约》第 3 条的条款，尼加拉瓜与洪都拉斯随后向西班牙国王这一唯一的仲裁者提出了关于剩余部分边界线的争端。西班牙国王阿方索八世于 1906 年 12 月 23 日作出仲裁裁决，划出了从科科河口格拉西亚斯—阿迪奥斯角到 Portillo de 特奥特卡辛特的边界。尼加拉瓜随后在 1912 年 3 月 19 日的照会中对仲裁裁决的有效性和约束性表示反对。在数次努力解决这一争端未果以及 1957 年发生一系列的边界事故之后，美洲国家组织（美洲组织）理事会于同年接手这一案件。通过由美洲组织理事会成立的一个特设委员会的调解，尼加拉瓜与洪都拉斯同意将其争端提交给国际法院。

国际法院在其 1960 年 11 月 18 日的判决中裁定，西班牙国王于 1906 年 12 月 23 日作出的仲裁裁决有效，也具有拘束力，尼加拉瓜有义务执行这一裁决。由于尼加拉瓜与洪都拉斯后来未能商定如何执行 1906 年的仲裁裁决，尼加拉瓜要求美洲和平委员会进行干预。美洲和平委员会随后成立了一个混合委员会，混合委员会完成了边界线的划定，并于 1962 年树立了界碑。混合委员会裁断，陆地边界线将始于科科河口北纬 14°59.8′和西经 83°08.9′处。

在 1963 年到 1979 年，洪都拉斯与尼加拉瓜之间友好相处。1977 年，尼加拉瓜就有关加勒比海洋边界线的问题发起一系列的谈判。然而，这些谈判并未取得进展。在接下来的时期里，两国关系恶化。两国的外交交流中记载了无数次在 15°纬线附近一国捕获和（或）袭击另一国渔船的事件。两国试图解决这一局势，但是几经努力均未果。

1999 年 11 月 29 日，尼加拉瓜向中美洲法院提出请求书，控告洪都拉斯，并请求指示临时措施。在这之前，洪都拉斯表示欲批准 1986 年与哥伦比亚签署的关于海洋划界的条约（本章简称《1986 年条约》），其中规定 82°经线以东的北纬 14°59′08″线为洪都拉斯与哥伦比亚之间的边界线。在其申请书中，尼加拉瓜要求中美洲法院宣布，洪都拉斯试图核准与批准的《1986 年条约》违反了区域一体化的某些法律文书，包括《中美洲国家组织宪章特古西加尔巴议定书》。在指示临时措施的请求中，尼加拉瓜要求中美洲法院命令洪都拉斯放弃核准与批准《1986 年条约》，直到尼加拉瓜在其海洋空间的主权利益、中美洲的承袭利益和区域机构的最高利益获得"保障"为止。中美洲法院在 1999 年 11 月 30 日的命令中裁断,洪都拉斯应中止批准《1986 年条约》的程序,直到案情实质得到决断为止。

但是洪都拉斯与哥伦比亚继续其批准进程,并于 1999 年 12 月 20 日交换了批准文书。2000 年 1 月 7 日,尼加拉瓜进一步请求指示临时措施,请中美洲法院宣布洪都拉斯批准《1986 年条约》的进程无效。中美洲法院在 2000 年 1 月 17 日的命令中判定,洪都拉斯未遵守其 1999 年 11 月 30 日关于临时措施的命令,但是又认为中美洲法院没有就尼加拉瓜的要求宣布洪都拉斯批准进程无效作出判定的管辖权。中美洲法院在 2001 年 11 月 27 日的关于案情实质的判决中确认存在"中美洲领土世袭"。中美洲法院进一步认为,通过批准《1986 年条约》,洪都拉斯侵犯了《中美洲国家组织宪章特古西加尔巴议定书》的一些条款,除其他外,这些条款规定了中美洲一体化体系的基本目标和原则,包括"中美洲领土世袭"的概念。

在 20 世纪 90 年代,还就当事双方发布关于争端地区地图事宜交换了一些外交照会。[1]

(二) 案件进程

1999 年 12 月 8 日,尼加拉瓜向国际法院递交请求书,就加勒比海内分别属于两国的海洋区域划界的争端对洪都拉斯提起诉讼。国际法院于 2000 年 3 月 21 日确定 2001 年 3 月 21 日为尼加拉瓜提出诉状,2002 年 3 月 21 日为洪都拉斯提出辩诉状的时限。尼加拉瓜和洪都拉斯在规定时限内提出诉状和辩诉状。法院于 2002 年 6 月 13 日发布命令,核准尼加拉瓜提出答辩状,洪都拉斯提出复辩状,并确定 2003 年 1 月 13 日为尼加拉瓜提出答辩状,2003 年 8 月 13 日为洪都拉斯提出复辩状的时限。尼加拉瓜和洪都拉斯在规定时限内提出答辩状和复辩状。

公开辩论于 2007 年 3 月 5 日至 23 日举行。当事双方向法院提出的最后意见。尼加拉瓜请法院裁定并宣告书状中所述代表当事双方海岸线的等分线,即从位于距河口大约 3 英里的一个固定点北纬 15°02′00″和西经 83°05′26″划起,作为划定尼加拉瓜海隆地区领海、专属经济区和大陆架争端地区的单一海洋边界。边界的起点是科科河主河口的河道分界线,该线可以随时依 1906 年西班牙国王的仲裁加以确定。并在不妨碍以上所述的情况下,请法院就争端地区的海岛和沙礁的主权问题作出裁决。

---

[1] 赵伟:"尼加拉瓜和洪都拉斯在加勒比海的领土和海洋边界争端案(尼加拉瓜诉洪都拉斯,1999—2007)",载《中国海洋法学评论》2007 年第 2 期总第 6 期。

洪都拉斯请国际法院裁定并宣告：

(1) 博贝尔礁、南礁、萨凡纳礁和皇家港礁,连同尼加拉瓜声称拥有的位于15°纬线以北的其他所有岛屿、沙礁、岩石、海岸和珊瑚礁主权都属于洪都拉斯共和国。

(2) 将由法院划定的海洋边界线的起点的坐标应为北纬14°59.8′和西经83°05.8′。从混合委员会于1962年确定的坐标为北纬14°59.8′和西经83°08.9′的点到将由法院划定的海洋边界线起点之间的边界,将由本案各当事方根据1906年12月23日西班牙国王所做对各当事方都有拘束力的仲裁商定,并考虑到了科科河(塞戈维亚河或旺克斯河)河口不断变化的地理特征。

(3) 在北纬14°59.8′和西经83°05.8′坐标点以东,划分尼加拉瓜和洪都拉斯各自领海、专属经济区和大陆架的单一海洋边界线沿着北纬14°59.8′的现有海洋边界线,或一条经调整的等距线,直至达到第三国的管辖区为止。

(三) 案件结果

2007年10月8日国际法院对尼加拉瓜和洪都拉斯在加勒比海的领土和海洋争端案(尼加拉瓜诉洪都拉斯)作出判决。

(1) 裁定洪都拉斯对博贝尔礁、萨凡纳礁、皇家港礁和南礁拥有主权;

(2) 裁决划分尼加拉瓜共和国和洪都拉斯领海、大陆架和专属经济区之间的单一海洋边界线的起点应位于北纬15°00′52″和西经83°05′58″的坐标点;

(3) 裁决单一海洋边界线始于坐标为北纬15°00′52″和西经83°05′58″的点,应沿着70°14′41.25″的方位,延续到边界线与博贝尔礁领海12海里弧线的交点A(坐标为北纬15°05′25″和西经82°52′54″)。边界线应由A点沿着博贝尔礁领海12海里弧线向南至边界线与爱丁堡礁领海12海里弧线的交点B(坐标为北纬14°57′13″和西经82°50′03″)。边界线应由B点继续沿着由博贝尔礁、皇家港礁和南礁(洪都拉斯)和爱丁堡礁(尼加拉瓜)之间的等距点所形成的中线,经点C(坐标为北纬14°56′45″和西经82°33′56″)和点D(坐标为北纬14°56′35″和东经82°33′20″),直至到达南礁(洪都拉斯)和爱丁堡礁(尼加拉瓜)领海12海里弧线的交点E(坐标为北纬14°53′15″西经82°29′24″)。边界线应由E点沿着南礁领海12海里弧线朝北前进,直至到达点F(坐标为北纬15°16′08″和西经82°21′56″)处的方位线。从E点继续沿着方位角为70°14′41.25″的线,直至到达第三国的权利可能受到影响的地区;

(4) 裁定有关各方必须本着诚意进行谈判,就1906年仲裁裁决所确定的陆地边界线终点和国际法院确定位于北纬15°00′52″和西经83°05′58″的坐标点的单一海洋边界线起点之间的领海部分边界线的走向达成一致意见。[1]

二、案件所涉国际法原理

(一) 专属经济区

1. 专属经济区的概念

专属经济区是指领海以外并邻接领海,从领海基线起算不应超过 200 海里的海域。在此区域内,沿海国对其自然资源享有一定的主权权利和管辖权。[2] 专属经济区概念的产生源于渔业争端,1946 年阿根廷提出对"大陆外缘海"的主权主张;1947 年智利提出对邻近其海岸的海域的主权主张;1952 年,智利、厄瓜多尔和秘鲁在《关于领海的圣地亚哥宣言》中宣布,各该国对其沿海宽至 200 海里的海域拥有专属的主权和管辖权。但是专属经济区概念的形成和提出是在 1972 年,当时中美洲和加勒比海的一些国家通过《圣多明各宣言》,宣布沿岸不超过 200 海里的海域为"承袭海",受各沿海国的管辖。同年,非洲国家关于海洋法的讨论会在喀麦隆首都雅温得举行,会上提出的"经济区"概念,得到了与会各国的支持。肯尼亚在 1972 年向联合国海底委员会正式提出经济区条款草案,并规定 200 海里为专属经济区的最大宽度。1974 年第三次联合国海洋法会议上专属经济区概念被接收,随后作为一种新制度被订入 1982 年的《联合国海洋法公约》。

本案中对国际法院在划定尼加拉瓜与洪都拉斯领海、专属经济区和大陆架的海岸边界时指出直至到达第三国的权利可能受到影响的地区,与专属经济区从领海基线起算不应超过 200 海里的海域,但距离另一个国领海基线更近除外这一专属经济区范围相一致。

2. 专属经济区的法律地位

专属经济区不同于领海,并不是一国领土范围内的区域,但是沿海国对其专属经济区享有国际法规定的权利。根据 1982 年《联合国海洋法公约》的规定,沿海国在其专属经济区有下列权利:勘探和开发、养护和管理海床和底土以及上覆水域的自然资源的主权权利;利用海水、海流和风力生产能源等的主权权利;对建造和使用人工岛屿、进行海洋科学研究和保护海洋环境的管辖权。但是沿海国在专属经济区行使自己的权利时应当适当顾及其他国家的权利和义务,并应当以符合公约规定的方式进行。

---

[1] 国际法院网:"国际法院判决书、咨询意见和命令摘录 2002—2007",载 http://www.icj-cij.org/files/summaries/summaries-2002-2007-ch.pdf.2017-08-14.

[2] 白桂梅:《国际法》,北京大学出版社 2015 年版,第 392 页。

同时其他国家在专属经济区内仍享有航行和飞越的自由、铺设海底电缆和管道的自由,以及与这些自由有关的其他符合国际法的用途。但是各国在他国专属经济区内行使其权利和履行义务时,应当适当顾及沿海国的权利与义务,并遵守沿海国制定的不违反国际法的法律制度。

(二) 大陆架

1. 大陆架的概念

美国最早以法律文件形式提出大陆架概念,1945年时任美国总统杜鲁门发表了《大陆架公告》,宣布对其海岸毗连的大陆架底土海床的自然资源享有管辖权。1958年第一次海洋法会议制定了《大陆架公约》,以国际公约的形式确定了大陆架这一概念。1982年《联合国海洋法公约》再次对大陆架的概念进行修正与明确。根据公约的规定,沿海国的大陆架是指包括其领海以外依其陆地领土的全部自然延伸,扩展到大陆边外缘的海底区域的海床和底土。如果从测算领海宽度的基线量起到大陆边外缘的距离不到200海里,则扩展到200海里的距离。对于超出200海里的大陆架外部界限,国际法规定不得延伸到大陆边外缘的地方,最大为从领海基线起350海里或2500米等深线100海里(见图10-2-1)。

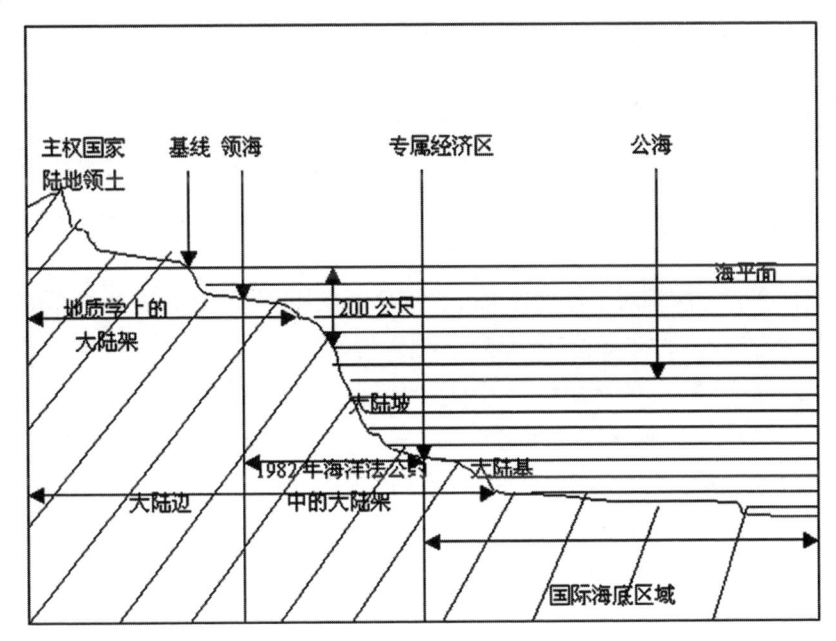

图10-2-1 海洋边界

2. 大陆架的法律地位

大陆架不是沿海国的领土组成部分,但是沿海国却在大陆架上享有主权权利。

其主权权利包括：沿海国为探测大陆架及开发其天然资源，对大陆架行使主权上权利；建造并授权建造、操作和使用和管理人工岛屿、设施和结构，并对它们拥有专属管辖的权利；以及授权和管理为一切目的在大陆架上进行钻探的专属权利。但沿海国如不探测大陆架或开发其天然资源，未经沿海国其明示同意，任何人也不得从事此项工作或对大陆架主张权利。因而沿海国对大陆架的权利不以实际或观念上之占领或明文公告为条件，是一种天然的权利。其中探索和开发的天然资源包括在海床及底土之矿物、及其他无生资源以及定着类之有生机体，在海床上下固定不动，或非与海床或底土在形体上经常接触即不能移动之有机体。

除沿海国外，其他国家也对大陆架下享有权利。[1]

（三）专属经济区与大陆架的关系

专属经济区和大陆架在200海里以内是一个重叠的区域，沿海国的权利也有重叠。但专属经济区与大陆架在规定上仍旧存在一定差异：

（1）两者的依据不同。大陆架是自然形成的事实依据，专属经济区需要国家主张，否则仍是公海。

（2）两者范围不同。200海里是专属经济区的最大宽度。但根据专属经济区的规定，"如果从测算领海宽度的基线量起到大陆边外缘的距离不到200海里，则扩展到200海里的距离"，而200海里则是大陆架的最小宽度。

（3）两者权利和义务不同，沿海国在专属经济区内对所有的资源都有主权权利，而沿海国对大陆架的主权权利仅限于海床和底土的矿物资源和非生物资源。

此外在国际法院对于尼加拉瓜和洪都拉斯在加勒比海的领土和海洋争端案的公开辩论中，尼加拉瓜请国际法院裁定宣告的从位于距河口大约3英里的一个固定点北纬15°02′00″和西经83°05′26″划起，作为划定尼加拉瓜海隆地区领海、专属经济区和大陆架争端地区的单一海洋边界。其中单一海岸边界即是指专属经济区与大陆架划一条共同的边界线。虽然《联合国海洋公约》并未对单一海岸边界进行规定，包括本案，在国际法院与国际仲裁案中，大部分的海洋划界案均为单一海洋划界，如缅甸湾划界案。

在本案的最终裁决中也指出有关各方必须本着诚意进行谈判，就1906年仲裁裁决所确定的陆地边界线终点和国际法院确定位于北纬15°00′52″和西经

---

[1]《大陆架公约》第4条规定，沿海国除为探测大陆架及开发其天然资源有权采取合理措施外，对于在大陆架上敷设或维持海底电缆或管线不得加以阻碍。

83°05′58″的坐标点的单一海洋边界线起点之间的领海部分边界线的走向达成一致意见。

(四) 专属经济区与大陆架的划界

《联合国国际海洋法公约》对专属经济区和大陆架的界线作出了规定。但相邻或相向国家按照《联合国国际海洋法公约》所主张的专属经济区和大陆架往往发生重合,对于如何划定大陆架疆界不同国家提出的主张不同,非常容易导致争端。《联合国国际海洋法公约》要求专属经济区和大陆架的划界问题得到公平解决,但此项规定为原则性规定,并且主要规定的内容是解决划界争端程序。国际法院已经受理了多起专属经济区和大陆架边界争端的案件,但其司法实践并没有充分解决这一问题。

第十一章

空间法

第一节 空气空间法

一、1988年7月3日空中事件案

（一）案件背景

1988年美国与伊朗的空中事件案与平台石油案的背景相同,同样发生在两伊战争期间。1988年7月3日,驻扎在波斯湾的美军发射了两枚巡航导弹,在伊朗领海上空击中了一架伊朗民航客机"伊航655号,A-300"。飞机当即坠毁,导致机组人员在内的机内290余人全部遇难。伊朗政府向美国政府提出严重抗议,要求美国政府对此负责,并赔偿伊朗的飞机损失及290余名遇难者所遭受的损害。但国际民用航空组织裁定这起严重的空难事故是由于过失引发。美国因此拒绝给予赔偿。

（二）案件进程

1989年5月17日伊朗政府向国际法院起诉美国政府侵犯伊朗领空主权并造成严重的空难事故,请求国际法院宣布：

(1)国际民用航空组织在1989年3月17日所作出的裁定是错误的；

(2)美国政府违反了《蒙特利尔公约》；

(3) 美国政府应负责赔偿伊朗共和国的损失。

在接受了伊朗的诉讼请求后,国际法院于1989年12月13日规定了双方递交诉状和辩诉状的时间表。又根据双方的请求作了两次延长。其间,美国以国际法院对此争议没有管辖权为由提出了它的初步反对主张。国际法院征求了伊朗方面的意见,并对初步反对主张进行初步判决。

在当事人提交书状,完成书面程序之后,国际法院对美国提出的初步反对主张进行审理。美国方面主张双方不存在实质性的争端,因而国际法院对此争端没有管辖权。国际法院并不认同美国的主张,指出在这一事件中,双方的争议并不是对于这件击落伊朗飞机和造成重大损失的空难事实,而是美国应不应该对此事件负赔偿责任和如何赔偿。对此国际法院能够行使管辖权。

1994年9月12日国际法院对本案的实质问题进行审理。

在国际法院审理期间,美国和伊朗进行了多次谈判,寻求其他解决此问题的方式。1994年8月8日,国际法院受到两国代理人通知,告知两国政府正在进行谈判,并且可能取得圆满结果,请求国际法院推迟开庭时间。国际法院接受了双方的请求。

(三) 案件结果

在长达两年的谈判之后,美国最终同意向伊朗拨付1.31亿美元,伊朗同意终止1989年向国际法院提起的诉讼,两国政府在1996年2月26日签订《解决国际法院及美伊求偿法庭若干案件的总协议》(本章简称总协议),两国的求偿争端因此获得了较为圆满的解决。国际法院收到两国的请求后,于1996年2月22日终止此案的诉讼,从国际法院的案件单上将本案撤销。

在总协议中,美国政府对向1988年7月3日击落伊朗科客机事件中的死难者家属表示了歉意,并且给予了他们充分的赔偿。在美国拨出的1.31亿美元中,0.61亿美元作为空中事件的赔偿;0.7亿美元作为对美伊求偿法庭四项伊朗求偿案的赔偿。这笔款项将按照协议上述附的死难者名单和根据协定规定的条件和要求偿付。根据协议的安排和规定,长达数年的美国伊朗空难索赔争端得到了较为圆满的解决。

二、案件所涉国际法原理

(一) 空气空间法概述

1. 空气空间法的概念

随着人类空间活动的范围逐渐扩大,空间被划分为空气空间和外层空间。其中空气空间通常是指环绕地球的大气层空间,空气空间以外的空间即为外层空间。

空间法作为规定空间各区域的法律地位,调整国际法主体在空间活动中相互关系的法律规范,即由调整空气空间和调整外层空间两部分的法律规范组成。空气空间法是调整国家间在空气空间内的各种活动的行为规范、原则和制度的总称,具有民用性和平时性的特点。

2. 空气空间法的法律地位

在第一次世界大战前,国际法领域对空气空间的法律地位主要分为完全自由说、有条件自由说、海洋比拟说、国家主权说和有限主权说这五种学说。但第一次世界大战结束后,各国逐渐意识到航空器在空气空间领域对国家造成的威胁。国家主权说得到普遍的认同。1919年巴黎《关于航空管理的公约》(本章简称《巴黎航空公约》)首次以公约形式肯定国家对其领土之上的空气空间享有完全的排他的主权。1944年芝加哥《国际民用航空公约》(本章简称1944年《芝加哥公约》)中对领空主权作出更为明确的规定,"缔约各国承认每一国家对其领土之上的空气空间具有完全的和排他的主权"。

因此,国家领陆领水之上的空气空间为一国领空,国家对于其领空具有完全的排他的主权。[1] 领空和领陆、领水、底土共同构成国家领土的组成部分。在非国家领土的空气空间,如公海上空,航空器飞行自由。

此外领空主权不仅适用于航空,也适用于无线电信。也就是说一国对其国境内的无线电信传递拥有完全的排他的管辖权,因而有权对境内无线电频谱资源进行合法保护。[2]

基于对空气空间法律地位的认识,对案件进行回顾。"美国的部队发射的巡航导弹在伊朗领海上空击中了一架伊朗民航客机"的这一行为中,民航客机活动的范围即为空气空间,在伊朗领海上空即为伊朗领空。在他国领空击落该国民航客机的国际事件,即是侵犯他国领空主权的行为。因此伊朗针对美军的行为向国际法院提出申请书状告美国政府侵犯伊朗领空主权。

(二) 国际航空法

1. 国际航空法的概念

国际航空法,是对关于航空器运行以及民用航空活动的法律规范的总称,是空气空间法的重要组成部分。作为20世纪新兴的法律部门,国际航空法是为适应人类在空气空间中活动的需要而产生发展的。1919年由29个国家共同签署的《巴黎航空公约》标志着全球首个关于航空规则的国际公约的诞生,基于该公

---

[1] 由于空气空间和外层空间的分界问题尚未解决,领空的高度问题也未得出定论。
[2] 邵津主编:《国际法》,北京大学出版社、高等教育出版社2014年版,第166页。

约设立了国际航空委员会;1944 年 53 个国家签署了芝加哥公约该公约取代巴黎公约,确立了现代国际航空法的基本原则,建立了国际民用航空组织;1970 年 12 月 16 日在海牙签署的《关于制止非法劫持航空器的公约》(本章简称《海牙公约》)以及 1971 年在蒙特利尔签署的《关于制止危害民用航空安全的非法行为的公约》(本章简称《蒙特利尔公约》)确立了维护国际民用航空安全的基本原则与制度。[1]

2. 国际航空法的制度

国际航空法的制度主要分为国际航空的基本法律制度、国际航空的损害赔偿制度以及维护国际民用航空安全的法律制度。

(1)国际航空的基本法律制度。国际航空的基本法律制度主要由 1944 年《芝加哥公约》确定。该公约将航空器划分为"民用航空器"和"国家航空器"。公约仅适用于"民用航空器",并在第 3 条中指出应用于军事、海关、警察等领域的"国家航空器"未经他国允许禁止在他国领土内飞行或降落。虽然该公约仅对缔约国进行规范,但当前该公约的缔约国数量已经达到 189 个。根据芝加哥公约的规定,国际航空的基本制度主要包括:

①航空器的国籍。要维护缔约国对领空的管辖,首先要对航空器的国籍进行明确。根据芝加哥公约第三章"航空器的规定",从事国际航行的每一个航空器都应当有适当的国籍标志和登记标志。本案中认定坠毁客机为伊朗科技即是通过其国际标志登记标志的确认。

②在缔约国领空飞行的权利与许可。《芝加哥公约》相明有航空器分为两类。从事国际定期航班飞行的航空器和不从事国际航班定期飞行的航空器。对于不定期飞行的航空器,无需事先获得批准,有权飞入、飞经缔约国领土而不降落,或作非运输业务性降落,但飞经国有权命令其降落。相比之下定期航班在另一国领土上空飞行必须获得该国的许可。此外缔约国有权拒绝准许其他缔约国的航空器以营利为目的在其领土内载运乘客、邮件或货物前往领土内另一地点。缔约各国由于军事和公共安全需要,可限制或禁止其他国家的航空器在其部分领土上空飞行。

③不得对飞行中的民用航空器使用武力:根据 1984 年对《芝加哥公约》的修改,明确规定每个国家都必须避免对飞行中的航空器使用武器。

④国际定期航班依协定的运营权利:1944 年的《国际航班过境协定》和《国际航班运输协定》解决了缔约国间的国际定期航班的运营权问题。

⑤国际民用航班的组织权责:1944 年《芝加哥公约》确规定成立国际民用航

---

[1] 白桂梅:《国际法》,北京大学出版社 2015 年版,第 216 页。

空组织,由大会,理事会和其他必要的各种机构组成。所有缔约成员在大会会议上都享有同等的代表权。理事会由选出的 33 个缔约成员组成。国际民航组织与《芝加哥公约》同时于 1947 年 4 月 4 日成立生效,现在作为联合国的专门机构,有 189 个成员。

由于在伊朗领空被美军击中的航空器为民用航空器,该航空器的国籍国为伊朗,因而符合国际航空法的管辖范围。伊朗向国际法院递交的申请书中第 1 条就请求国际法院宣布"美国的行为已经违反了《国际民用航空公约》及其附件的相关规定"。根据 1984 年芝加哥公约的规定,每一个国家必须避免对飞行中的航空器使用武器。虽然国际民航组织认定美军行为为过失行为,但并不否认美军击中民航客机的案件事实,因而美军的行为明显违反了基本法律制度中的"不得对飞行中的航空器使用武器"。伊朗的严重空难事件也符合《芝加哥公约》对航空器的规定。

此外在本案件中对美军击中伊朗民航客机的行为性质进行认定的组织为芝加哥会议建立的国际民用航空组织。根据其职权的规定,作为缔约国争议双方中任意一方均可申请对无法协商的条款解释争议进行裁决。

(2)维护国际民用航空安全的法律制度。1929 年 10 月 12 日在华沙签订的《统一国际航空运输某些规则的公约》,是第一个有关航空承运人损害赔偿责任的国际公约。该公约以航空承运人的过失为基础确立了损害赔偿的过失责任制度。在其第三章对关于损害赔偿责任的主要内容进行了明确的规定。[1] 1955 年在海牙签订的《修改 1929 年 10 月 12 日在华沙签订的〈国际航空运输某些规则的公约〉的议定书》。该议定书对国际运输进行定义,删除了 1929 年《华沙公约》关于运输货物和行李的损坏灭失由驾驶上、航空器操作上、领航上的过失导致,承运人及其代理人采取必要的措施避免损失时,不承担责任的规定。同时提高了承运人的责任限额。

与 1929 年华沙公约不同,1952 年在罗马签订的《关于外国航空器对地面第三者造成损害的公约》是第一个有关航空器对地名第三者造成损害的赔偿责任公约。该公约以航空器造成的损害后果为基础,规范了缔约国领土内的,由另一缔约国登记的航空器在飞行中对地面和水面上第三者造成损害所承担的责任。1978 年《蒙特利尔议定书》对《罗马公约》进行修改。在扩大罗马公约的适用范

---

[1]《统一国际航空运输某些规则的公约》第 17 条规定,对于旅客因死亡、受伤或身体上的任何其他损害而产生的损失,如果造成这种损失的事故是发生在航空器上或上下航空器过程中,承运人应负责任。

第 18 条规定,对于任何已登记的行李或货物因毁灭、遗失或损坏而产生的损失,如果造成这种损失的事故是发生在航空运输期间,承运人应负责任。

围的同时,提高了《罗马公约》规定的赔偿限额。在证明承运人损害的故意后,要求承运人承担无限责任。

1999年,国际民航组织在蒙特利尔通过了《统一国际航空运输某些规则的公约》。该公约在肯定1929年《华沙公约》重要贡献的基础上,进一步推动国际航空运输规则的现代化与一体化,以进一步确保国际航空运输消费者的利益。该公约第17条规定,对于游客在航空器的任意操作过程中因死亡或其他身体伤害而产生的损失,承运人应当承担责任。并设定了10万特别提款权的规定。

(3)国际航空的损害赔偿制度。

20世纪60年代末期,劫持飞机严重威胁了国际航空安全。为维护国际民用航空安全,打击空中恐怖主义行为,国际社会制定了一系列国际公约,将危害国际航空安全的恐怖主义行为规定为国际犯罪。具体公约如下:

①1963年9月14日在日本东京签订了《关于在航空器内的犯罪和其他某些行为的公约》。

②1970年12月16日在荷兰海牙签订了《关于制止非法劫持航空器的公约》,简称《海牙公约》。

③1971年9月30日于蒙特利尔签订《关于制止危害民用航空安全的非法行为的公约》,即1971年《蒙特利尔公约》。

④1988年2月24日与蒙特利尔制定《制止在为国际民用航空服务的机场上的非法暴力行为的议定书》,又称蒙特利尔议定书。

⑤1999年12月9日联合国大会通过制定《制止向恐怖主义提供资助的国际公约》,对控制危害国际航空罪行的国际法规则进行进一步规定。

根据海牙公约、蒙特利尔公约以及蒙特利尔议定书的规定,当前危害国际航空安全的罪名,主要包括:非法劫持航空器罪、危害航空器飞行安全罪[1]、危害国际民用航空机场安全罪。同时根据《海牙公约》和《蒙特利尔公约》的规定,各缔约国均可依靠国际公约对危害国际航空安全罪实施管辖权。此外公约还对预

---

[1] 《制止危害民用航空安全的非法行为公约》第1条规定,
1.任何人如果非法地和故意地从事下属行为,即是犯罪:
(1)对飞行中的航空器内的人从事暴力行为,如该行为将会危及航空器的安全;或
(2)破坏使用中的航空器或对该航空器造成损害,使其不能飞行或将会危及其飞行安全;或
(3)用任何方法在使用中的航空器内放置或使别人放置一种将会破坏航空器或对其造成损坏使其不能飞行或对其造成损坏而将会危及其飞行安全的装置和物质;或
(4)破坏或损坏航行设备或妨碍其工作,如任何此种行为将会危及飞行中的航空器的安全;或
(5)传送明知是虚假的情报,从而危及飞行的航空器的安全。

防和惩治危害国际航空安全罪的法律合作措施等内容进行了规定,以进一步维护国际航空领域的安全。

1989年5月17日伊朗政府向国际法院提出的申请书,第二款即指出美国政府违反了《蒙特利尔公约》第1条、第3条、第10条第(1)项等的规定;但国际民航组织则发表声明,称这起严重的空难事故是由于过失引发。因而美国的过失行为明显不符合《蒙特利尔公约》第1条所规定的犯罪故意。因而本案中美国击中伊朗客机的行为也明显不属于危害国际航空安全罪的范畴。

(三) 中华人民共和国民用航空法

1995年10月30日《中华人民共和国民用航空法》由第八届全国人大代表大会常务委员会第十六次会议经审议通过,标志着中国第一部民用航空法的诞生。截至2017年10月《中华人民共和国民用航空法》已经修订三次。

最新修正的《中华人民共和国民用航空法》共计16章、214条。规范了我国民用航空器国籍、航空器权利、民用航空器适航管理、航空人员、民用机场、空中航行、公共航空运输企业、公共航空运输、通用航空、搜寻援救和事故调查、对地面第三人损害的赔偿责任、对外国民用航空器的特别规定、涉外关系的法律适用等中国民用航空领域所涉及的各类问题。该法在第2条中就指出表明对领空的完全的排他的主权。[1]同时在第5条对民用航空器进行界定。[2]

此外《中华人民共和国民用航空法》在其第14章"涉外关系的法律适用"第184条[3]中确立了优先适用国际条约的原则。但是,我国声明保留的条款除外。

第二节 外层空间法

一、俄美卫星撞击事件

铱星移动通信系统是美国铱星公司委托摩托罗拉公司设计的一种全球性卫

---

[1] 《中华人民共和国民用航空法》第2条规定,中华人民共和国的领陆和领水之上的空域为中华人民共和国领空。中华人民共和国对领空享有完全的、排他的主权。

[2] 《中华人民共和国民用航空法》第5条规定,本法所称民用航空器,是指除用于执行军事、海关、警察飞行任务外的航空器。

[3] 《中华人民共和国民用航空法》第184条规定,中华人民共和国缔结或者参加的国际条约同本法有不同规定的,适用国际条约的规定;但是,中华人民共和国声明保留的条款除外。

中华人民共和国法律和中华人民共和国缔结或者参加的国际条约没有规定的,可以适用国际惯例。

星移动通信系统。美国铱星公司在 1997 年和 1998 年发射了几十颗用于手机全球通信的人造卫星——铱星,用于全球性卫星移动通信系统。Cosmos－2251 卫星则是俄罗斯军队和政府通信系统的一部分。自 1970 年开始,俄罗斯先后在 800 公里高度轨道上部署了四颗类似卫星。

北京时间 2009 年 2 月 11 日 0 时 55 分,美国铱星 33 与俄罗斯已报废的 Cosmos－2251 卫星在西伯利亚上空的近地轨道[1]发生相撞,成为近地轨道有史以来发生的第一次卫星相撞事故。[2] 该撞击导致美国铱星公司的服务被迫中断。同时重约 560 公斤的铱星和重达近 920 公斤的俄罗斯卫星在撞击后产生 600 余块太空碎片,其中"宇宙－2251"的碎片分布高度在 198~1689 千米,而"Iridium33"的碎片均集中在 582~1262 千米高的范围内。对这一范围内的太空活动安全造成了极大威胁。在太空碎片的扩散过程中还可能导致国际空间站的被迫变轨。[3]

事件发生后美国和俄罗斯互相指责对方应当为此事件负责。俄罗斯太空专家指美国太空总署未能及时发出预警。随后五角大楼发言人承认,美国在计算卫星轨道时存在失误。但同时美国国防部发言人也指出,由于"太空垃圾"达到数万件,国防部难以逐一追踪,无法预测这种相撞事故。美国国防部将投入更多经费,加强对太空运行对象的监测,以保护美国宇宙飞船及卫星。这一事件的发生也反映出各国在太空问题上紧密合作的必要性。

其实空中垃圾撞击事件并不罕见,自人类进军宇宙以来,已经发射了 4 000 多次航天运载火箭。据统计,太空中现有直径大于 10 厘米的碎片 9 000 多个,大于 1.2 厘米的有数十万个,而漆片和固体推进剂尘粒等微小颗粒可能数以百万计。2005 年 1 月 17 日,在南极上空 885 公里也发生了一起撞击事故——一块 31 年前发射的美国雷神火箭推进器遗弃物,与中国 6 年前发射的长征四号火箭 CZ-4 碎片相撞。

二、案件所涉国际法原理

(一) 外层空间概述

1. 外层空间的概念与特点

随着科技的发展,外层空间逐渐为人类所认识。1957 年 10 月 4 日苏联第 1

---

[1] 近地轨道又称低地轨道,一般高度距地面 2000 公里以下的近圆形轨道都可称近地轨道。通常这一轨道中气象卫星、通信卫星等较为密集。

[2] 罗露璐:"现存国际空间活动争端解决机制存在的问题及完善构想——回顾俄美卫星相撞事件",载《法制与社会》2010 年第 20 期。

[3] "美俄卫星相撞专题",载 http://tech.qq.com/zt/2009/wxxz/. 2017-09-07.

颗地球人造卫星史泼尼克一号标志着空间竞赛的正式开端。联合国大会随即指出国际社会应当开始着手研究对外层空间物体的监督制度,以确保外层空间的和平利用。1959 年联合国设立和平利用外层空间委员会这一常设机构,研究相关法律问题。1963 年联合国大会通过了《各国探索和利用外层空间活动的法律原则宣言》成为国际上第一部规范外层空间活动的国际文件,此后国际又陆续缔结了许多有关外层空间活动的条约和协定,形成了外层空间法这一崭新的国际法分支。

外层空间法作为调整人类探测和利用外层空间活动的国际法规范的总称,具有如下特点:

(1)外层空间法的法律渊源主要为国际条约。相比较与国际法的其他领域,国际空间法发展时间较短,因而主要依靠国际条约对外层空间活动进行规范。1966 年的《外层各国探索和利用包括月球和其他天体在内的外层空间活动原则的条约》(简称《外层空间条约》、外空宪章)以多边公约的形式将外空宣言所宣告的九条政策性原则转化为国际法原则。1968 年《营救宇航员和归还发射到外层空间的实体的协定》(简称《营救协定》)、1971 年《空间实体造成损害的国际责任公约》(简称《赔偿责任公约》)、1974 年《关于登记射入外空空间物体的公约》(简称《登记公约》)和 1979 年《关于各国在月球和其他天体上的活动的协定》(简称《月球协定》)建立了外层空间法律制度的四项基本原则。这五项条约共同构成了外层空间法的基本框架。

(2)外层空间法都是在联合国的主持之下制定的一系列的决议和宣言。联合国和平利用外层空间委员会是联合国在这一领域的行动中心。

(3)外层空间法的主体只能是国家以及国家或政府作为成员的国际空间组织。自然人,法人仅能作为国内空间法的法律主体。

(4)外层空间法的规定具有较大的前瞻性。国际空间法更多的是对的尚未发生或预计将发生的问题作出的原则性规定。

2. 外层空间的法律地位

外层空间不同于空气空间。根据《外层空间条约》的规定,任何国家都不能对外层空间主张主权,但是各国可以平等地开发利用外层空间。《月球协定》也作出了类似的规定。因而外层空间不在任何国家的主权管辖范围内,各国不得将外层空间据为己有,只能在遵守国际法的基础上自由平等的探测和利用外层空间。

(二) 外层空间法的主要原则

《外层空间条约》对航天活动所应遵守的基本原则进行规定。主要包括:

(1)共同利益的原则;

(2) 自由探索和利用原则；
(3) 不得据为己有原则；
(4) 限制军事化原则；
(5) 援救航天员的原则；
(6) 国家责任原则；
(7) 对空间物体的管辖权和控制权原则；
(8) 外空物体登记原则；
(9) 保护空间环境原则；
(10) 国际合作原则。

(三) 外层空间法的主要制度

1. 宇航员营救制度

外层空间活动的风险性较大，载人航天的危险性更是不言而喻。1966年《外层空间条约》第5条规定，宇航员是人类派往外空的使节。在宇航员发生意外、遇难或在另一缔约国境内或公海紧急降落时，各缔约国应提供一切可能的援助。他们降落后，应立即、安全地被送回登记国。第8条规定向外层空间发射的物体或其组成部分，在其登记的缔约国境内寻获，应归还给缔约国。

在《外层空间条约》搜救宇航员原则的基础上，《宇航员营救协定》进一步规定了宇航员遇有意外与空间物体返回地球的通知、对于航员的营救和援助、归还宇航员和空间物体以及费用承担问题。

《宇航员营救协定》第2条至第4条规定，对因意外事故而降落的宇航员，降落地国应立即予以援救并提供一切帮助，同时通知发射当局和联合国秘书长。宇航员若在公海或不属于任何国家的地方降落，凡力所能及的缔约国应协助寻找和营救。宇航员无论在何地降落或被发现，应保证其安全并立即交还给发射当局。第5条对空间物体的归还进行了规定。

2. 空间物体损害赔偿责任制度

外空物体造成损害的国际责任是指一国因发射外空物体失败而发生意外事故或者在外空物体返还地球的过程中造成的对其他地面国的损害而引起的国际责任。由于外层空间活动的风险性较，为给予外层空间活动的受害人公正且充分的赔偿，《外层空间宣言》和《外空条约》规定了各国对本国在外层空间的活动负有国际责任的原则。

根据《外空条约》，发射或促进把航天物体发射入外空的缔约国，及其为发射提供领土或设备的缔约国，都应当对该物体及其组成部分对另一缔约国或其自然人或法人受到的损害，负国际责任。

1971年《赔偿责任公约》作为调整因外空物体造成损失而产生的国际责任

的专门国际法文件,对损害赔偿的责任主体、损害赔偿范围、求偿程序、赔偿额度、适用法律以及赔款限额进行了明确的规定。

由于被撞的俄罗斯卫星 Cosmos-2251 为报废卫星,且为对《损害赔偿责任公约》中的生命、健康等内容造成损害;除美国自身外也没有对其他国家、自然人、法人的财产,或政府间国际组织的财产造成损失或损害。因此美国无需承担赔偿责任。

3. 空间物体登记制度

为保障全人类和平利用外层空间的共同利益,1974 年的《登记公约》建立了强制性的空间物体登记制度。这一制度有助于确认空间物体的发射国,从而有助于外层空间法原则与制度的实施,规范发射国的权利与义务。根据公约规定,凡发射进入或越出地球轨道的空间物体均应进行登记。为发射成功的空间物体,不必进行登记。

空间物体的登记分两个部分。第一,发射国应自行建立登记册,在本国登记册登记同时通知联合国秘书长。对于两个及两个以上国家同时发射的同一空间物体,应共同决定由一国登记并通知联合国秘书长。登记国对该空间物体享有管辖控制和所有权。第二,建立一个总登记册,由联合国秘书长对总登记册进行登记和保存。该登记册需要对各发射国的国名、空间物体的标志或登记号码、发射的日期与地区、轨道参数及其一般功能进行登记。

本案中,俄罗斯的卫星 Cosmos-2251 和美国的卫星铱星 33 分别于 1993 年和 1997 年发射。此时已经建立了空间物体登记制度,因而两颗卫星均为两国的登记卫星,对名称、发射时间、发射地点等信息有明确的记载。

4. 月球开发制度

月球是地球的天然卫星,也是整个宇宙中距离地球最近的星体。加之其丰富的矿产资源,月球成为人类探索太空的首选目标。1979 年的《月球协定》中针对各国在月球及其他天体上的活动作出了以下规定。

(1)人类共同继承财产。根据《月球协定》第 11 条规定,月球及其自然资源均为全人类的共同财产,任何国家不得通过利用或占领或以其他任何方式据为己有,月球表面或其下层或其任何部分或其中的自然资源均不应成为任何国家、国际组织、实体或自然人的财产。这与《外层空间条约》相一致。

(2)月球非军事化原则。即禁止在月球上适用武力、禁止利用月球危害他人、禁止在月球及其周边安置使用核武器、禁止在月球建立军事基地等。作为《月球协定》的宗旨之一月球非军事化原则意在避免月球成为国际冲突的场所,从而和平利用外层空间。

(3)国际合作互助原则,即各缔约国在国际合作的基础上,共同推进月球的开发与利用。

(4) 月球环境保护原则。各国在探索和利用月球时要防止对月球环境的破坏,保持月球环境平衡。

(5) 科学研究、探索原则,即各地约国在平等的基础上,按照国际法的规定在月球上享有科学研究的自由。

(6) 国际开发制度:《月球协定》国际开发制度也进行了规定。要求各国有序安全的开发月球自然资源,对资源进行合作管理,公平分享,扩大资源的使用机会。但当前针对这一规定,国际上仍存在较大的争议。[1]

此外《月球协定》还规定了协商制度与和平解决争端的等活动原则,但截至2014年4月28日,《月球协定》仅有11个签署国,16个缔约国。

(四) 外层空间法的新发展

1. 国际空间站

1971年4月,苏联发射了世界上第一个空间站"礼炮一号",进一步推动了人类探索外太空的进程。1988年9月29日,美国,欧洲航天局11个成员国,日本和加拿大签订了《关于永久性在人民用空间站的设计、研制、经营和使用的合作协议》共同建设永久性载人空间站。1998年俄罗斯与上述成员国共同签署了新的空间站协议,建设阿尔法空间站。但对于空间站上没有明确的法律对其进行规范。

2. 外层空间的商业利用

随着空间技术的逐渐成熟,外层空间的商业化程度越来越高,并主要集中于卫星通信、广播、遥感等领域。但由于国际外层空间法的主体仅为国家、政府及其参与的国际性组织,当前主要依靠国内法对你空间商业化活动进行调整和管理。美俄两国卫星撞击事件中,美方撞击的卫星为美国铱星公司发射的人造卫星,其目的是用于全球的卫星通信,属于对外层空间的商业利用。

3. 外层空间的环境保护

人类对外层空间的探索和利用不免对外层空间的环境造成不利影响。虽然在《外层空间条约》等国际性外层空间领域的条约中已经对保护外层空间环境有一些原则性的规定,要求缔约国在研究探索外层空间时避免对其进行污染。但是随着人类空间活动的不断发展,外空轨道上所累计的空间垃圾不断增多。这些空间垃圾,主要由报废卫星、运载火箭的遗弃物、空间物体,以及火箭、卫星与空间物体碰撞后产生的破碎物构成。

---

[1] 邵津主编:《国际法》,北京大学出版社、高等教育出版社2014年版,第214~219页。

本案中美俄两国发生碰撞的卫星中,俄罗斯的卫星 Cosmos – 2251,就是已报废的卫星,属于空间垃圾。在其与美国卫星撞击后,产生的大量碎片同样属于太空垃圾,对太空安全,特别是近地轨道的安全,造成极大影响。2005 年,南极上空的撞击事件,也是由于中美两国的火箭运行过程中所形成的太空垃圾导致的。

因而,为保护外层空间环境,在各国提高对太空碎片观测应对能力的同时,联合国外空科技小组委员会也开始着手制定关于减少空间碎片的指导方针。在 1988 年第 44 届联合国大会上,空间碎片问题被纳入和平利用外层空间国际合作为主题的决议中。在 1994 年第 31 届外空委科技小组委员会上空间碎片问题开始作为会议的单独的议题,并首次在官方文件中对空间碎片进行定义。指出空间碎片"人造性"和"非功能性"的特点。在 1999 年第 36 届外空委科技小组会议上通过了"关于空间碎片的技术报告",对空间碎片作出了具体明确的规定,即"空间碎片系指位于地球轨道或再入大气层不能发挥功能而且没有理由指望其能够发挥或继续发挥其原定功能或经核准或可能核准的任何其他功能的所有人造物体,包括其碎片和部件,且不论是否能够查明其拥有者"。但对于该定义尚未形成统一的认识。[1]

---

[1] 苏惠芳:"空间碎片造成损害责任制度研究",中国政法大学,2011 年。

第十二章
外交和领事关系法

一、在德黑兰的美国外交和领事人员案

(一) 案件背景

1979年2月,伊朗发生伊斯兰革命,伊朗人民在伊朗宗教领袖霍梅尼领导下推翻了巴列维国王的统治,建立了伊朗伊斯兰共和国。10月22日,美国不顾伊朗当局抗议,让巴列维赴美治病。10月29日,霍梅尼发表演说,公开谴责美国支持巴列维,他宣称"美国在伊朗的统治是我们一切不幸的根源"。5天后的11月4日,一批伊斯兰学生在美国驻德黑兰使馆外游行示威,一部分学生随后袭击了使馆。尽管美国使馆一再请求,伊朗当局并没有采取措施制止学生们的行为。结果,美国使馆的整个馆舍被侵占,美国使馆人员和非美籍的工作人员被扣留,使馆的档案文件被捣毁。次日,学生们的行动得到了霍梅尼和伊朗当局公开支持。在同一天,美国驻大不里士和设拉子的领事馆也被占领。自那时起,占领者一直控制着上述美国使领馆,并将多名使馆外交人员、行政技术人员和普通美国国民扣押在使馆馆舍内作为人质。此外,在伊朗外交部的建筑物之内,美国驻伊朗代办及另两位外交人员也被扣押。

扣押人质者要求美国将巴列维引渡回伊朗受审。霍梅尼也一再强调,如果美国方面拒绝将巴列维引渡回伊朗,被扣押的美国人质将作为间谍而受到审讯。霍梅尼还下令成立了一个国际委员会,调查美国在伊朗所犯的"间谍罪"。扣押人质者在 11 月 18 日和 20 日先后释放了 13 名人质,但此后拒绝释放其他人质,以迫使美国满足他们提出的各种要求。人质们经常被捆绑和蒙面,处于极端困难和与世隔绝的境地,受到审判甚至被处死的威胁。自美国使馆遭到占领之后,伊朗当局未采取任何措施来终止对美使馆馆舍及其人员的侵犯行为,也未对美使馆及有关人员遭受的损害进行赔偿,相反却对学生占领使馆和扣押人质的行为表示认可,并拒绝与美国就此问题进行谈判。

在这一事件发生后,当时的卡特政府采取了强硬立场,要求伊朗释放人质。美国驱逐了 183 名在美的伊朗外交官和伊朗学生,停止从伊朗进口石油,冻结了伊朗在美国的资产。美国甚至采取了相应的军事行动,派大量军舰进入印度洋和阿拉伯海进行示威。

1979 年 12 月 4 日,联合国安理会通过决议,重申所有国家对《维也纳外交关系公约》的义务,尊重外交人员和外交使团驻地的不可侵犯性,呼吁伊朗当局将被扣留的美国使馆人员释放,对他们提供保护和允许他们离开伊朗。

(二) 诉讼过程

美国于 1979 年 11 月 29 日向国际法院提起申诉书,美国政府要求国际法院宣布:(1)伊朗当局违反了根据《维也纳条约法公约》《联合国宪章》《关于防止及处罚对国际保护人员(包括外交人员)犯罪的公约》所负担的国际义务;(2)伊朗当局有义务立即释放当前扣押在美国大使馆内的全部美国侨民,并保证所有上述人员及在德黑兰的全部美国侨民安全离开伊朗;(3)伊朗应对美国赔偿损失;(4)伊朗政府应将对美国大使馆馆舍及人员和领事馆馆舍犯罪者提交其有关主管机关进行追诉。同时美国政府要求国际法院采取临时措施。

12 月 9 日,国际法院收到伊朗外长的一封信函,信中提请国际法院注意伊朗的伊斯兰革命运动的深远影响和实质特点,即一个被压迫的民族反对其压迫者及其主子的革命;并表示,因这场革命而产生的种种事件的审查,实质上都属于直接干涉伊朗国家主权的性质。

在国际法院进行的公开辩论中,伊朗没有派代表出席。

(三) 判决结果

国际法院在 1979 年 12 月 15 日发布临时措施的命令,要求伊朗政府立即将美国大使馆、办事处和领事馆的馆舍交还给美国政府,释放被扣押的美国籍人员,根据两国之间的现行国际条约和一般国际法为美国的外交和领事人员提供保护、特权和豁免,同时要求美国和伊朗政府不得采取任何可能加剧两国之间紧张局势的行动。

1980 年 5 月 24 日,国际法院对本案作出了判决:针对美国所指控的行为是否可以归于伊朗,以及伊朗是否违反某些义务。国际法院认为,1979 年 11 月 4 日的袭击美国大使馆的事件中,美国大使馆馆舍被占,聚在里面的人被抓走作为人质,大使馆内的财产和档案被劫掠,实行袭击者是追随霍梅尼的穆斯林大学生(在国际法院的判决这些大学生中被简称为"好斗分子")。好斗分子在这种场合的所做所为只有证实他们实际上是代表伊朗,才能将好斗分子的行为直接归因于伊朗。国际法院得到的证据不足以证实这一点。但是,伊朗作为使馆的驻在国,有义务采取适当措施保护美国大使馆,可是伊朗没有采取什么措施防止这一袭击,在袭击达到完成的地步以前加以制止,或者迫使好斗分子撤出使馆馆舍和释放人质。国际法院认为,这显示是严重违反伊朗根据《维也纳外交关系公约》所负的义务,由于没有对大不里士和设拉子的领事馆加以保护,对《维也纳外交关系公约》又有违反行为。国际法院得出结论,伊朗当局在 1979 年 11 月 4 日清楚自己所应当承担的义务,也清楚应当立刻采取行动,并得出结论认为伊朗当局掌握有履行其义务的手段,但根本没有这样做。

针对 1979 年 11 月 4 日以来的事件,国际法院认为,在美国大使馆馆舍被占领、使馆人员被扣押后,伊朗当局有义务采取一切适当的措施结束对馆舍和人员的侵犯,赔偿美国所遭受的损害,但是伊朗当局并没有这样做。与此相反,伊朗当局赞扬了好斗分子的行为。霍梅尼表示在美国将巴列维及其财产交还伊朗之前,将继续扣押人质,并拒绝就这一问题和美国进行一切谈判。伊朗当局对被指控的行为一旦这样加以认可,并决定把这种行为作为对美国施压的手段而继续扣押人质,那么这种行为就变成伊朗的国家行为;好斗分子就成了国家的公务人员,伊朗本身就要为这些人的行为负国际责任。[1]伊朗决定使大使馆的被占状态,以及大使馆人员作为人质被拘留的状态继续下去;伊朗对处在伊朗外交部内的使馆代办和另外两名成员不予保护,不提供任他们安全离开外交部的必要便利;伊朗当局已威胁要把人质中的某些人交付法庭审判,或强迫他们作证,这些行为都违反了国际法和伊朗所应负担的条约义务。

国际法院据此判决:(1)伊朗已违反并且仍在违反它对美国所负的义务;(2)伊朗的行为引起了伊朗的国际责任;(3)伊朗政府必须立即释放被扣作人质的美国国民并将使馆交还美国;(4)美国外交或领事人员中的任一成员不得被留在伊朗以使其接受任何形式的司法诉讼程序或者作为证人参加诉讼;(5)伊朗负有义务赔偿对美国造成的损害;(6)对美国赔偿的形式和数额由两国协议决定,如果两国达不成协议,应由国际法院解决。

---

[1] "1980 年 5 月 24 日国际法院德黑兰的美国外交和领事人员案判决书",载 http://www.icj – cij. org/files/case – related/64/064 – 19800524 – JUD – 01 – 00 – EN. pdf. 2017 – 10 – 05.

二、案件所涉国际法原理

（一）外交机关

国家与国家之间进行外交活动,建立和发展外交关系是通过具体的外交机关和外交代表来进行的。国家外交机关是一国负责和其他国家或者国际组织等国际法主体开展外交活动的机关,包括国内外交机关和外交代表机关。

1. 国内外交机关

(1) 国家元首。一个国家在处理对外关系上的最高机关和最高代表是国家元首。国家元首的情况在不同国家是不同的,个人或者集体都可以作为国家元首。在国际交往中国家元首享有全部外交特权和豁免。

(2) 政府。政府是国家的最高行政机关,同时也作为国家对外关系的领导机关。政府和政府首脑在一国对外关系的职权,由国内法加以规定。在国际交往中政府首脑和国家元首一样享有全部外交特权和豁免。

(3) 外交部门。政府中负责具体执行国家外交政策和处理日常事务的机关是外交部门。外交部门主管外交关系。

对于外交部门的首长,有的国家称为外交部长,有的国家称为国务卿。外交部长在外国时,享有全部的外交特权和豁免。

2. 外交代表机关——使馆

使馆是一个国家派驻外国的常设外交代表机关,现代的外交法中使馆还包括了国家向国际组织派驻的常驻使团。两国之间只有通过协议,才可以建立外交关系和互相设立使馆,是否与一国建立外交关系,派驻使馆,则是一国主权范围内的事务。

3. 外交代表机关——特别使团

特别使团是临时性的外交代表机关,现代国际法中,一国可以派出为了完成国际关系中某种特定任务的代表团。

1969 年的《特别使团公约》对特别使团的内涵作出了定义,特别使团谓一国经另一国同意派往该国交涉特定问题或执行特定任务而具有代表国家性质之临时使团。

对于特别使团的派遣和接受,《特别使团公约》规定,一国得事先经由外交途径或其他经议定或彼此能接受之途径,征得他国同意,派遣特别使团前往该国。派遣国应当将特别使团的规模,人员名单、职务等情况告知接受国,接受国可以拒绝该特别使团,也可以不说明理由而拒绝接受特别使团中的某一特别人员。

特别使团的职务须由派遣国与接受国协议订定之。《特别使团公约》未列举特别使团的职务,特别使团是国家之间因为特殊的需要而临时派遣的,所以其职务只能通过当事国协商确定。

特别使团的职务于该使团与接受国外交部或与另经商定之该国其他机关取得正式联络后立即开始。当发生以下情形时,特别使团的职务的终止:(a)经关系国家间之协议;(b)特别使团之任务完成;(c)特别使团之规定期限届满,但经特别展延者不在此限;(d)派遣国通知终止或召回特别使团;(e)经接受国通知该国认为特别使团之任务已告终止。需要特别注意的是,当派遣国与接受国断绝外交关系或领事关系,并不当然结束断绝关系时所有之特别使团。

本案中,在德黑兰的美国大使馆便是美国的在伊朗的外交代表机关,是美国和伊朗外交关系中的一个重要部分,也是两国开展外交活动的重要平台,美国大使馆在伊朗代表了美国政府,代表美国政府和伊朗当局进行交涉,负责保护在伊朗的美国公民的利益。

(二) 使馆人员

1. 使馆人员的类别

使馆人员由使馆馆长及使馆职员组成。使馆职员包括使馆外交职员、行政及技术职员,及事务职员。使馆馆长和使馆外交职员是外交代表。

使馆馆长是派遣国责成担任此项职位之人。

外交职员是具有外交官级位之使馆职员。

行政及技术职员是承办使馆行政及技术事务之使馆职员,如翻译员、会计等。

事务职员是为使馆仆役之使馆职员,如厨师、司机等。

2. 使馆馆长的等级

使馆馆长分为三级,一国向另一国国家元首派遣之大使或教廷大使,及其他同等级位之使馆馆长;向国家元首派遣之使节、公使及教廷公使;向外交部长派遣之代办。以大使、公使和代办为首长的外交代表机关相应地称为大使馆、公使馆和代办处。代办为两国关系存在某些问题时才会互派。

3. 使馆人员的派遣和接受

(1)使馆馆长的选派,派遣国对于拟派驻接受国之使馆馆长人选务须查明其确已获得接受国之同意。接受国无须向派遣国说明不予同意之理由。

(2)使馆职员的选派,原则上派遣国可以自由选派职员,选派的职员具有接受国国籍的,要事先征求接受国同意。对于武官的选派,接受国可以要求派遣国先提名,由接受国决定接受。

(3)不受欢迎或不能接受的人。接受国得随时不具解释通知派遣国宣告使馆馆长或使馆任何外交职员为不受欢迎人员或使馆任何其他职员为不能接受。遇此情形,派遣国应斟酌情况召回该员或终止其在使馆中之职务。任何人员得于其到达接受国国境前,被宣告为不受欢迎或不能接受。如派遣国拒绝或不在相当期间内履行上述义务,接受国得拒绝承认该员为使馆人员。

(4)派遣国与委任书,派遣国书或委任书是派遣国国家元首致接受国国家元首用以证明馆长身份的正式文件。派遣国书由派遣国国家元首签署、外交部长副署,由大使或公使向接受国国家元首递交;委任书由派遣国外交部长签署,由代办向接受国外交部长递交。

4. 使馆人员职务的终止

在发生下列情形时,使馆人员的职务终止:(1)任期届满;(2)派遣国召回;(3)接受国要求召回;(4)两国外交关系断绝;(5)派遣国或接受国发生革命产生新政府。另外,当使馆人员被接受国宣布为不受欢迎的人员时,派遣国就应当召回或终止其职务。

(三) 外交特权和豁免

出于保证外交代表、外交代表机关及外交人员进行正常外交活动的目的,各国根据相互尊重主权和平等互利的原则,按照国际惯例和有关协议相互给予驻在本国的外交代表、外交代表机关和外交人员一种特殊权利和优遇。这种特殊权利和优遇被统称为外交特权和豁免。

1. 使馆的特权和豁免

(1)使馆馆舍不得侵犯,接受国官吏非经使馆馆长许可,不得进入使馆馆舍。接受国负有特殊责任,采取一切适当步骤保护使馆馆舍免受侵入或损害,并防止一切扰乱使馆安宁或有损使馆尊严之情事。使馆馆舍及设备,以及馆舍内其他财产与使馆交通工具免受搜查、征用、扣押或强制执行。

(2)使馆档案及文件不得侵犯,《维也纳外交关系公约》第 24 条[1]规定了使馆档案及其文件不受侵犯的权利,并且这项权利不因时间和地点而丧失。

(3)通信自由。《维也纳外交关系公约》第 27 条[2]规定了使馆所享有的通

---

[1] 《维也纳外交关系公约》第24条规定,使馆档案及文件无论何时,亦不论位于何处,均属不得侵犯。

[2] 《维也纳外交关系公约》第27条规定:一、接受国应允许使馆为一切公务目的自由通信,并予保护。使馆与派遣国政府及无论何处之该国其他使馆及领事馆通信时,得采用一切适当方法,包括外交信差及明密码电信在内。但使馆非经接受国同意,不得装置并使用无线电发报机。

二、使馆之来往公文不得侵犯。来往公文指有关使馆及其职务之一切来往文件。

三、外交邮袋不得予以开拆或扣留。

四、构成外交邮袋之包裹须附有可资识别之外部标记,以装载外交文件或公务用品为限。

五、外交信差应有官方文件,载明其身份及构成邮袋之包裹件数;其于执行职务时,应受接受国保护。外交信差享有人身不得侵犯权,不受任何方式之逮捕或拘禁。

六、派遣国或使馆得派特别外交信差。遇此情形,本条第五项之规定亦应适用,但特别信差将其所负责携带之外交邮袋送交收件人后,即不复享有该项所称之豁免。

七、外交邮袋得托交预定在准许入境地点降落之商营飞机机长转递。机长应持有官方文件载明构成邮袋之邮包件数,但机长不得视为外交信差。使馆得派馆员一人径向飞机机长自由取得外交邮袋。

信自由。对于这项特权,《维也纳外交关系公约》规定得相当详尽。接受国要对通信自由的特权进行保护。使馆可以采用除了无线电发报机以外的一切方式进行通信。作为通信方式的外交邮袋不能被扣押和拆封,但是外交邮袋上必须有识别的标志,里面的内容只能是外交文件和公务用品。派送外交邮袋的外交信差也享有一定的特权,他在执行职务的时候的人身不受侵犯并且不能受到逮捕。飞机的机长可以转递外交邮袋,但是没有外交信差的身份。

(4)免纳捐税、关税。《维也纳外交关系公约》第23条[1]规定了馆舍所享有的免缴捐税的权利。第28条[2]规定了,使馆办理公务所收费用也免除捐税。

(5)使用国旗和国徽。《维也纳外交关系公约》第20条规定,使馆及其馆长有权在使馆馆舍,及在使馆馆长寓邸与交通工具上使用派遣国之国旗或国徽。

本案中,在德黑兰的美国大使馆是美国的外交机关,使馆的馆舍享有不受侵犯的特权,伊朗应当负有保证美国大使馆这一特权的国际义务。但是伊朗当局纵容好斗分子闯入大使馆,这是明显违反《维也纳外交关系公约》所确定的国际义务的行为。

2. 使馆人员的特权和豁免

(1)外交代表的特权和豁免。

①人身不可侵犯;

②寓所、文书、信件、财产不可侵犯;

③刑事管辖豁免;

④民事管辖豁免;

⑤作证义务的免除;

⑥免纳捐税;

⑦免除关税和行李免受查验。

⑧其他特权和豁免。例如,《维也纳外交关系公约》第35条规定,接受国对外交代表应免除一切个人劳务及所有各种公共服务,并应免除关于征用、军事募捐及屯宿等之军事义务。

(2)使馆其他人员的特权和豁免。

①外交代表的家属。和外交代表构成同一户口的家属如果不是接受国国

---

[1]《维也纳外交关系公约》第23条规定:
一、派遣国及使馆馆长对于使馆所有或租赁之馆舍,概免缴纳国家、区域或地方性捐税,但其为对供给特定服务应纳之费者不在此列。
二、本条所称之免税,对于与派遣国或使馆馆长订立承办契约者依接受国法律应纳之捐税不适用之。

[2]《维也纳外交关系公约》第28条规定:使馆办理公务所收之规费及手续费免征一切捐税。

民,就可以享有《维也纳外交关系公约》第 29~36 条所规定以外的特权和豁免。

②行政和技术职员及其家属,如果他们不是接受国国民且不在接受国永久居留者,那么他们可以享有《维也纳外交关系公约》第 29~35 条所规定的特权与豁免,但执行职务以外的行为不享有特权和豁免;免纳关税仅限于最初安家时进口的物品;行李不免除海关的查验。

③事务职员。如果事务职员不是接受国国民并且不在接受国永久居留,只能就执行公务之行为享有豁免,其受雇所得报酬免纳捐税,并享有《维也纳外交关系公约》第 33 条规定的豁免。

本案中,美国大使馆馆舍享有外交特权和豁免,不可侵犯。学生闯入馆舍并侵占馆舍区域,伊朗当局没有采取措施保护馆舍属于违反国际法的行为。另外美国大使馆中的外交代表,享有人身不可侵犯的特权,可以享受刑事管辖的豁免,并且免除作证义务。伊朗的穆斯林学生将美国大使馆的外交人员扣押为人质,伊朗当局没有采取措施保护美国外交代表,霍梅尼宣称要以间谍罪审判这些外交人员,这些也都是明显地违反国际法的行为。

(四) 领事关系法

1. 领事关系的建立与领馆的设立

1963 年《维也纳领事关系公约》第 2 条规定,国与国之间的领事关系的建立,以协议为之。除另有声明外,两国同意建立外交关系亦即所谓同意建立领事关系。断绝外交关系并不当然断绝领事关系。

《维也纳领事关系公约》中所称的领馆,是指任何总领事馆、领事馆、副领事馆或领事代理处。领馆须经接受国同意始得在该国境内设立。领馆的设立地点、类别及其辖区由派遣国确定,但须经接受国同意。派遣国领馆的设立地点、类别及其辖区经确定后,如需变更,须经接受国同意。总领事馆或领事馆如需在本馆所在地以外的地区设立副领事馆、代理处或开设办事处须经接受国同意。

2. 领馆人员

(1) 领馆人员的类别。根据《维也纳领事关系公约》第 1 条的规定,领馆人员可以分为:①领事官员,是指派任此职承办领事职务之任何人员,包括领馆馆长;②领馆雇员,是指受雇担任领馆行政或技术事务之任何人员;③服务人员,指受雇担任领馆杂务之任何人员。

馆长以外之领事官员、领馆雇员及服务人员都是领馆馆员。

(2) 领馆馆长的等级。根据《维也纳领事关系公约》第 9 条的规定,领馆馆长可以分为四级,即总领事、领事、副领事、领事代理人。

3. 领事的职务

《维也纳领事关系公约》第 5 条规定了领事的职务,包括:

(1)于国际法许可之限度内,在接受国内保护派遣国及其国民(包括个人与法人)的利益;

(2)依本公约之规定,增进派遣国与接受国间之商业、经济、文化及科学关系之发展,并在其他方面促进两国间之友好关系;

(3)以一切合法手段调查接受国内商业、经济、文化及科学活动之状况及发展情形,向派遣国政府具报,并向关心人士提供资料;

(4)向派遣国国民发给护照及旅行证件,并向拟赴派遣国旅行人士发给签证或其他适当文件;

(5)帮助及协助派遣国国民(包括个人与法人);

(6)担任公证人,民事登记员及类似之职司,并办理若干行政性质之事务,但以接受国法律规章无禁止之规定为限;

(7)依接受国法律规章在接受国境内之死亡继承事件中,保护派遣国国民(包括个人与法人)的利益;

(8)在接受国法律规章所规定之限度内,保护派遣国国民之未成年人及其他无完全行为能力人的利益;

(9)以不抵触接受国国内法及相关规定为限,为派遣国国民因不在当地或由于其他原因在接受国法院或者其他机关不能于适当期间自行辩护其权利与利益时提供帮助;

(10)依现行国际协定或接受国法律的规定,转送司法文书与司法以外文件或执行委托调查书,代派遣国法院转送调查证据的委托书;

(11)对具有派遣国国籍的船舶以及在该国登记的航空器及其航行人员,行使派遣国法律规章所规定的监督及检查权;

(12)对具有派遣国国籍的船舶以及在该国登记的航空器及其航行人员给予协助,听取关于船舶航程的陈述,查验船舶文书并加盖印章。并在不妨害接受国当局行使权力的情形下调查航行期间发生的任何事故及在派遣国法律规章许可范围内调解船长船员与水手间的任何争端。

(13)执行派遣国责成领馆办理的其他职务,且不违反国际法和接受国法律。

(五) 领事特权和豁免

1. 领馆的特权与豁免

领馆的特权与豁免集中规定在《维也纳领事关系公约》第二章第一节关于领馆之便利、特权与豁免。领馆的特权和豁免主要包括:(1)领馆馆舍不得侵犯;(2)领馆馆舍免税;(3)领馆档案及文件不得侵犯;(4)行动自由;(5)通信自由;(6)在接受国境内征收派遣国法律规章所规定的领馆办事规费与手续费,并概免缴纳接受国内之一切捐税。

领馆的特权和豁免与使馆的特权和豁免不尽相同。领馆和使馆的不可侵犯权相比,存在着两个方面的限制。第一,领馆馆舍不可侵犯的范围限制在专供领馆工作所使用的部分;第二,在遇到火灾或者其他自然灾害的时候,推定领馆馆长已表示同意接受国官员可以进入领馆中专供领馆工作所使用的部分。

2. 领馆人员的特权和豁免

领馆人员的特权与豁免集中规定在《维也纳领事关系公约》第二章第二节关于职业领事官员及其他领馆人员之便利、特权与豁免中。领馆人员的特权和豁免主要包括:(1)领事官员人身不得侵犯;(2)逮捕、羁押或诉究之通知;(3)管辖豁免;(4)作证之义务;(5)免除外侨登记及居留证;(6)免除工作证;(7)社会保险办法免于适用;(8)免税;(9)免纳关税及免受查验;(10)免除个人劳务及捐献。

领馆人员的特权和豁免与使馆人员的特权和豁免不尽相同。例如在因领事官员或领馆雇员并未明示或默示以派遣国代表身份订立合同而发生的诉讼中以及第三者因车辆船舶或航空器在接受国内所造成之意外事故而要求损害赔偿的民事诉讼中,领馆人员不能享有管辖豁免,但使馆人员在上述情况下仍可以享受管辖豁免。

第十三章
条约法

第一节 条约的保留

一、灭种公约保留案简介

(一) 案件背景

防止和惩治灭绝种族罪是国际法,特别是国际人道法和国际人权法的一个重要内容。第二次世界大战期间,成千上万的犹太人被德国纳粹杀害。在第二次世界大战结束后针对德国纳粹的纽伦堡审判中,在对德国战犯的起诉书中首次出现了"灭绝种族"这个词。

1945年10月24日,联合国正式成立,禁止和惩治灭绝种族罪行成为联合国最先处理的问题之一。1946年12月11日联合国大会召开第一次会议,会议通过了第96号决议,声明灭绝种族是一种国际法上的罪行,其违背了联合国的精神与宗旨,为文明世界所不容。

1948年12月9日,联合国大会通过《防止及惩治灭绝种族罪公约》(以下简称《灭种公约》),全文一共19个条文,其中并没有关于条约保留的条款。

截至1950年10月12日,联合国秘书长一共收到19份批准书和加入书。尽管公约全文并没有关于条约保留的条款,但一些国家仍对公约提出了保留,例如菲律宾和保加利亚的加入书中就提出了保留。另外有一些国家主张保留损害了公约的基础,从而反对对公约的保留。联合国秘书长遵循惯例通知了保留国,称提出保留的国家不能作为公约的当事国,同时秘书长也将对于《灭种公约》的保留问题提交到了联合国大会。联合国大会在 1950 年 11 月 16 日通过了决议,请求国际法院对以下三个问题发表咨询意见:

第一,对于一项公约,当一国提出保留,而一个或数个缔约国反对保留,但其他缔约国不反对保留,该提出保留的国家是否可以被认为是缔约国?

第二,若肯定提出保留的国家作为缔约国,在保留国与反对保留的国家和接受保留的国家之间保留的效力如何?

第三,未批准公约的签字国和有权但尚未签署或加入公约的国家,针对保留提出的反对意见的效果如何?

(二) 国际法院的咨询意见

1951 年 5 月 28 日,国际法院发表了咨询意见。

针对第一个问题,国际法院认为,在条约关系上,未经当事国同意,不能使一国负担义务。保留只有经过一国同意,一项保留才能对该国有效力。另外一方面,一项多边公约的通过,必须是当事国自由订立的结果,与之相联系的,就是除非经所有缔约国同意,任何保留均无效力。但是对于《灭种公约》来说,因为特殊的情况使得以上观念的适用变得灵活。《灭种公约》由联合国主持制定,联合国是一个世界性的国际组织,该公约本身设想的是各国普遍地参与。像这类各国普遍参与的公约,有关保留的国际实践应当有更大的灵活性。既然很多国家对公约提出保留,那么在很大程度上对公约的保留应当被允许,这是为了确保多边公约能够获得实施而采取更大的灵活性的表现。

尽管《灭种公约》获得了联合国大会的通过,但不是所有的国家都投了赞成票,这可能会使得一些国家必须作出一些保留。在公约没有规定保留是否获得禁止的情况下,不能推断保留是被禁止的。要考虑公约的性质、目的、公约的规定、公约的制定和通过方式来确定作出保留的可能性以及保留的效力。对于保留和反对保留二者的效力如何,应当根据《灭种公约》的特性来确定。在范围上该公约是世界性的,作为公约基础的一些法律原则为文明国家所赞同甚至对没有公约义务的国家也具有拘束力。制定此公约的目的纯粹是为了实行人道主义和文明。缔约国从该公约中没有得到任何个别的好处或受到个别的损害。因此可以得出以下结论:基于公约的宗旨和目的,让尽可能多的国家参加此公约符合联合国大会和缔约国的意图,如果对一项不重要的保留的反对将会导致作出此项保留的国家完全排除在公约之外,那么就会损害公约的意图。另一方面,缔约国不可能会希望牺牲公约的宗旨来实现公约获得更多国家的赞同。所以,作出一项保留是否与公约的宗旨和目的一致是确定保留效力的依据。由于这个问题的抽象性,不能作出一个绝对的答复。对每一项保留的评价和反对此项保留的效力要根据一个国家所作出的保留的具体情况来确定。[1]

针对第二个问题,国际法院认为,没有一个国家可因它没有同意的一项保留而受到约束。按照通常情况,一个当事国对保留的同意将只影响该国与保留国之间的关系,不过如果一个当事国同意了其他国家对公约中所规定的管辖权的保留,那么就不仅仅涉及作出同意的当事国与保留国之间的关系了,而是涉及了对公约立场的排除。一些当事国可能认为对保留的同意与该公约的目的不一致并且希望以特别协定或以公约本身规定的程序来解决争端。各国均对提出保留的国家是否为公约的缔约国作出自主决定,该决定仅对提出保留的国家和决定采取接受或反对的国家发生影响。

对于第三个问题,国际法院认为未加入公约的国家的反对意见是无效的。而未批准公约的签字国则有其特殊性,其反对意见是有效的,但不能立即产生法律效力,它仅仅表示和宣布一个签字国在成为缔约国以后将采取的态度。

基于以上几点,国际法院发表如下意见:

第一,如果该保留与公约的目的和宗旨相符合,作出该保留的国家可以被认为是缔约的一方;否则不能被认为是缔约的一方。

第二,反对保留的国家可以事实上认为提出保留的国家不是缔约的一方;另一方面,如果一个当事国接受这项保留,认为它符合该公约的目的和宗旨,该国可以事实上认为提出这项保留的国家是缔约的一方。

第三,只有在一国批准公约后才能产生在保留的法律效力的问题;在此之前,该项反对只作为对提出保留的国家关于该签字国的可能态度的通知。一个尚未签署或加入公约的国家提出的反对,没有法律效力。

二、案件所涉国际法原理

(一) 条约的含义

随着越来越多的国际条约被制定出来,条约在国际法的渊源中的比重不断增大,实际上已成为国际法的最主要渊源。相比于国际法的另一主要渊源国际

---

[1] 刘家琛主编:《国际法案例》,法律出版社1998年版,第356页。

习惯,国际条约更加明确。

条约是"国家间所缔结而以国际法为准之国际书面协定,不论其载于一项单独文书或两项以上相互有关之文书内,亦不论其特定名称如何"。[1]条约是两个或两个以上国际法主体根据国际法确定相互之间权利义务关系的一致的意思表示[2],条约采用书面形式。

条约的特征如下:

第一,国家或国际组织才是条约的主体。国家和国际组织才有缔约能力。在1952年的英伊石油案中,国际法院认为伊朗政府与一个英国公司之间签订的特许协议不是条约。[3]但是现代国际实践对此已经有所突破,1995年《马拉喀什建立世界贸易组织协定》中允许非国家实体在一定条件下作为条约的当事方而不影响条约的效力。[4]

第二,对条约的缔结、解释、适用要依据国际法。条约是两个以上国际法主体意思表示一致的结果,合同也是合同当事人意思表示一致的结果,但是条约不同于合同之处在于,合同是由一国国内法来调整的,而条约则是由国际法来调整的。

第三,条约为缔约方创建国际法上的权利和义务。如果一个国际条约没有为当事方创设权利义务,它就不是条约。

第四,缔约方必须有一致的意思表示。为缔结一项条约,缔约方必须就某个或某些问题达成一致,这一点条约跟合同是相同的。但不一样的是条约的缔约方是一个国家或者国际组织。

对于条约这个词可以从广义和狭义两个意义上来理解。广义的条约就是指国际法主体之间一致的意思表示,这个意义的条约在实践中并不一定名称为条约,比如两个国家间达成的双边投资保护协定,也是条约,但其名称中没有条约二字。狭义上的条约就是指国际法主体间达成的以"条约"作为名称的一类

---

[1] 《维也纳条约法公约》第2条第1款(甲)项规定:称"条约"者,谓国家间所缔结而以国际法为准之国际书面协定,不论其载于一项单独文书或两项以上相互有关之文书内,亦不论其特定名称如何。

[2] 王铁崖主编:《国际法》,法律出版社1995年版,第401页。

[3] "1952年6月22日国际法院英伊石油公司案判决书",载http://www.icj-cij.org/files/case-related/16/016-19520722-JUD-01-00-EN.pdf.2017-09-26.

[4] 《马拉喀什建立世界贸易组织协定》第12条规定:
任何国家或在对外贸易关系以及本协议和多边贸易协议所规定的事务方面享有充分自治的单独关税地区,可以在它和世贸组织议定的条件下,加入本协议。这种加入适用于本协议及所附的多边贸易协议。

协议。

(二) 条约的分类

国际法上对于条约的种类并没有一个明确的分类标准。根据国际法理论和实践,通常有以下几种分类标准:

(1)根据缔约方的数目,分为双边条约、有限制的多边条约、一般性的多边条约。双边条约是指两个国家之间缔结的条约。一般性多边条约,是指三个以上国家而缔结的条约,这种条约一般对所有的国家开放,例如1969年《维也纳外交关系公约》。有限制的多边条约,是指两个以上有限的缔约方之间缔结的条约,例如1951年《欧洲煤钢共同体条约》。

(2)根据条约的性质,可以把条约分为造法性条约、契约性条约。造法性条约是指缔约方创立以后相互间必须遵守的共同规则的行为,这一共同规则可能是新的,也可能是对旧有规则的改变。契约性条约是指缔约方在某一具体事项上规定一种权利义务关系而缔结的条约。严格地说,二者实际上非常难区分。

(3)根据条约的内容,可以分为政治、经济、文化、科技、法律、边界等类别。在本案中,《灭种公约》是由联合国组织缔结的,《灭种公约》是开放性质的多边条约。另外《灭种公约》创设了国际刑法之前没有的灭绝种族罪,对灭绝种族罪作出了新的规制,是造法性质的条约。

(三) 条约的缔结

缔结条约,首先应当明确缔约能力和缔约权的概念。缔约能力是国际法主体根据国际法所享有的合法缔约的能力,这是国际法主体所固有的一种属性,《维也纳条约法公约》规定了每一国家皆有缔结条约之能力。缔约权是指国际法主体内部某个机关或个人代表国家缔结条约的权限。前者属于国际法范围内的问题,后者是由一个国家或国际组织内部有关法律进行调整的。

缔结条约必须有一定程序,对于缔约程序国际法没有明确的硬性要求。不同种类的条约,缔结的程序也不同。但是一般应当包含以下程序:

1. 谈判和议定条约约文

缔结条约首先需要缔约国谈判和议定条约的约文,就缔约方就条约的内容达成一致。谈判是由缔约方自己委派代表参加的。

2. 签署

在条约法中,应该区别缔约国和当事国这两个用语。所谓缔约国是不论条约是否已经生效,都同意受条约约束的国家;而当事国是指同意受条约约束,并且条约对该国有效的国家。[1]

一个国家只有同意受条约约束,该条约才能约束该国。而签署是表示同意的相当普遍的方式。所谓签署是有权代表国家签署条约的人在条约文件上签字的行为。签署可以有三种不同的含义。第一,是仅仅表示认证条约约文;第二,表示签署的国家认证条约约文,同时表示初步同意缔结条约,但是条约要对缔约国产生拘束力还需要缔约国国内批准;第三,表示认证条约约文,同时表示同意条约的约束,即不需要国内批准。

3. 批准

条约的批准分为国内法意义上的和国际法意义上的批准。国内法意义上的批准是指缔约国内部有权机关根据国内法有关规定,对全权代表签署的条约予以确认。国际法意义上的批准是指缔约国表示同意缔结条约,并且将这种同意通知其他缔约国的行为,如果一个缔约国国内的有权机关根据国内法批准了条约,但是却没有将此同意通知其他缔约国,则这样的批准在国际法上没有批准的效力。

4. 交换或交存批准书

交换或交存批准书是指缔约国之间相互交换各自国家权力机关批准条约的证明文件。这一般适用于双边条约,多边条约往往将证明文件交给条约保管机关。交换批准条约的证明文件是为了在国际法上使条约约束各缔约方,自批准书交换之日起,条约开始对缔约方发生拘束力。

对于多边条约,"加入"这一国际法律行为,能够使一国成为一个条约的当事国,尤其是开放性的多边条约。加入是指条约在签署之后,没有在条约上签署的国家参加该条约表示同意接收条约约束的一种正式法律行为。以加入成为条约当事国有三种方式:第一,条约约文本身对加入作出了规定;第二,另外经过谈判方协议;第三,全体当事方嗣后协议。加入的效果和签署或批准的法律效果相当,经加入成为条约当事国的国家和原始的缔约国享有的权利义务相同。一国可以加入已经生效或者尚未生效的条约。

《灭种公约》是一个多边条约,有权参加此条约的都是国家这一享有缔约权的国际法主体。《灭种公约》的缔结过程符合国际法理论中的条约缔结的程序。《灭种公约》第11条规定缔约国先签署公约,之后批准公约。其缔结程序也是

---

[1] 《维也纳条约法公约》第2条第1款中(己)和(庚)项的规定:
(己)称"缔约国"者,谓不问条约是否生效,同意受条约拘束之国家;
(庚)称"当事国"者,谓同意承受条约拘束及条约对其有效之国家。

经过谈判和议定条约约文,签署、批准这些步骤,并且对加入问题也作出了规定,所有符合条文规定的国家,可提交加入书加入此公约。

(四) 条约的保留

保留是指一国于签署,批准、接受、赞同或加入条约时所做之片面声明,不论措辞或名称如何,其目的在于摒除或更改条约中若干规定对该国适用时之法律效果。[1]我们可以从三个方面来理解保留:第一,作出保留的时间应当在表示接受条约约束时作出;第二,保留可以采取任何措辞或者名称,其性质属于单方面的声明;第三,保留的效果是为了排除条约的某些规定对提出保留的国家产生拘束力。

双边条约一般没有保留问题,如果一方缔约国提出保留,则表明双方并没有就条约的内容达成完全一致。多边条约的缔约国数量较多,难以保证所有的缔约国都达成一致,为了保证尽可能多的国家参与条约,保证条约的普遍适用性,不至于因为个别分歧导致一些国家退出条约,就出现了保留制度。这是一种求大同,存小异的做法。

不是所有的条约都允许保留,传统国际法中的基本规则是在条约允许保留且条约得到其他当事国明示或默示同意时,保留才能成立。例如1982年的《联合国海洋法公约》第309条规定了"除非本公约其他条约明示许可,对本公约不得作出保留或例外。"但现在对这一规则已经作出突破,例如本案国际法院对《灭种公约》保留所发表的咨询意见即突破了这一传统规则。那什么的样的情况下不可以作出保留呢?目前有三种保留受到了限制:

(1)保留为条约本身所禁止。例如1998年的《国际刑事法院规约》,就明确排除了保留的适用[2]。

(2)条约对允许保留的条文作出了规定,除此之外不允许保留。在条约谈判过程中,可能缔约国对某一或某些事项难以达成一致,如果不允许保留可能导致无法达成条约,为此条约具体规定了允许保留的范围。

(3)保留和条约的目的和宗旨不符。随着国际条约当事国数量不断增多,要达成全体一致难以实现,在条约约文没有明确规定的情况下,并不排除一些国家作出保留,但是一国作出的保留必须和条约的目的和宗旨相符合,这便是相合性理论。

一个国家接受和反对保留在不同情况下会产生不同的效果,1969年《维也

---

[1] 《维也纳条约法公约》第2条。
[2] 《国际刑事法院规约》第120条规定:保留不得对本规约作出保留。

纳条约法公约》第20条、第21条对此作出了专门的规定[1]。

　　国际法院对《防止及惩治灭绝种族罪公约》提出的保留发表的咨询意见是《维也纳条约法公约》中条约的保留制度有关规定的基础。1951年《维也纳条约公约》并没有缔结,《灭种公约》中没有规定保留问题,一些国家提出了保留,保留遭到了一些国家的反对。在这样的背景下,国际法院被要求发表咨询意见,说明在此种情况下的保留是否成立的问题。国际法院审理这个案件时,首先明确地肯定了两个传统观点:第一,一个国家不能受未经其同意的保留的约束,第二,多边条约的全部条款是缔约国共同同意的结果。随后,国际法院考虑到了类似于《灭种公约》这类广泛参与的造法性公约的实际情况。因为这类公约希望能够让各国广泛参与,如果坚持传统的观点,将导致这一目的的落空。同时,如果完全放弃了传统的观点,一概接受保留,可能违背公约的宗旨。所以,国际法院主张应当采取灵活的态度,不能一概否定保留的有效性,也不能完全肯定所有的保留,而应当根据公约的宗旨具体考虑保留的效力。对于保留对反对国和接受国的效力,国际法院以一个国家不能受未经其同意的保留的约束为基础,主张根据不同国家对保留的态度决定其效力,保留在提出保留国和保留国之间不发生

---

[1] 《维也纳条约法公约》第20条规定:接受及反对保留

　　一、凡为条约明示准许之保留,无须其他缔约国事后予以接受,但条约规定须如此办理者,不在此限。

　　二、倘自谈判国之有限数目及条约之目的与宗旨,可见在全体当事国间适用全部条约为每一当事国同意承受条约拘束之必要条件时,保留须经全体当事国接受。

　　三、倘条约为国际组织之组织约章,除条约另有规定外,保留须经该组织主管机关接受。

　　四、凡不属以上各项所称之情形,除条约另有规定外:

　　(甲)保留经另一缔约国接受,就该另一缔约国而言,保留国即成为条约之当事国,但须条约对各该国均已生效;

　　(乙)保留经另一缔约国反对,则条约在反对国与保留国间并不因此而不生效力,但反对国确切表示相反之意思者不在此限;

　　(丙)表示一国同意承受条约拘束而附以保留之行为,一俟至少有另一缔约国接受保留,即发生效力。

　　五、就适用第二项与第四项而言,除条约另有规定外,倘一国在接获关于保留之通知后十二个月期间届满时或至其表示同意承受条约拘束之日为止,两者中以较后之日期为准,迄未对保留提出反对,此项保留即视为业经该国接受。

第21条规定: 保留及对保留提出之反对之法律效果

　　一、依照第十九条、第二十条及第二十三条对另一当事国成立之保留:

　　(甲)对保留国而言,其与该另一当事国之关系上照保留之范围修改保留所关涉之条约规定;及

　　(乙)对该另一当事国而言,其与保留国之关系上照同一范围修改此等规定。

　　二、此项保留在条约其他当事国相互间不修改条约之规定。

　　三、倘反对保留之国家未反对条约在其本国与保留国间生效,此项保留所关涉之规定在保留之范围内于该两国间不适用之。

效力,在提出保留国和接受国之间发生效力。这样的做法,没有过度偏离传统的观点,又照顾了现实。促进了各国对公约的广泛参与。后来的《维也纳条约法公约》也采纳了国际法院的意见。

第二节 条约的遵守适用和解释

一、国际法院对《联合国总部协定》第 21 节规定的仲裁义务的适用发表的咨询意见案

(一) 案件背景

根据联合国大会第 3237(XXIX)号决议,1974 年 11 月 22 日,巴勒斯坦解放组织(以下简称"巴解组织")被邀请"以观察员身份出席联合国大会并参加联合国大会的工作"。巴解组织因此在 1974 年建立了观察员代表团,并在联合国总部地区所在地纽约市设立了办事处。

1987 年 5 月,美国参议院提出了一项法案,其目的在于"使巴解组织办事机构在美国管辖范围内的设立与维持成为非法"。该法案第 3 节规定了,按照巴解组织的命令或者指示或利用其所提供的经费在美国管辖区域内设立或维持办事处、总部、房舍或其他设施或处所为违法行为。

1987 年秋,以上内容在《1988—1989 财政年对外关系授权法》中以修正案的形式呈送参议院,从该修正案的措辞来看,如果该法案成为法律,美国政府就得想办法关闭巴解组织观察员代表团的办事处。联合国秘书长因此于 1987 年 10 月 13 日给美国常驻联合国代表写了一封信,信中强调,该拟议中的法案违反了美国根据《联合国总部协定》(以下简称《协定》)所应承担的义务。第二天,巴解组织观察员要求联合国东道国关系委员会注意此事。10 月 22 日,秘书长发言人发表一项声明,大意是,《协定》第 11 节至第 13 节规定了美国负有允许巴解组织代表团人员进入并留在美国以履行其公务的条约义务。

1987 年 11 月 24 日,东道国关系委员会的报告提交到联合国大会第六委员会。在审议该报告期间美国代表提到"美国国务卿已经表明,关闭巴解组织代表团将构成违反美国依《协定》所负的法律义务的行为。美国政府强烈反对这样做,而且美国驻联合国代表也已经向秘书长做了同样保证"。

美国国务卿所采取的立场,即美国"有义务允许巴解组织观察员代表团人员进入并留在美国,以便在联合国履行其公务",也得到了美国常驻联合国代表的确认。

上述修正案的规定作为第十节《1987 年反恐怖主义法》合并到美国《1988—

1989 财政年度对外关系授权法》。1987 年 12 月初,该修正案还未被国会通过,12 月 7 日,由于预料国会将通过此法案,秘书长提醒美国常驻联合国代表,美国有义务为巴解组织观察员代表团作出长期安排,并且希望美方保证,在该项拟议的立法成为法律的情况下,这种安排不会受到影响。

1987 年 12 月 15 日至 16 日,美国参众两院通过《反恐怖主义法》。第二天,联合国大会通过第 42/210B 号决议,要求东道国遵守其条约义务,并保证不采取有损于巴解组织代表团执行公务的安排的任何行动。

12 月 22 日,《1988—1989 财政年度对外关系授权法》经美国总统签署成为法律。根据第十节《反恐怖主义法》自身条文的规定,《反恐怖主义法》将于 90 天后生效。1988 年 1 月 5 日,美国代理常驻联合国代表将这一情况告知了联合国秘书长,在报告中提出:"由于《反恐怖主义法》中有关巴解组织观察员代表团的条款可能侵犯宪法规定的总统的权力,如获实施,将违反我们根据《联合国总部协定》所承担的国际法义务,美国政府准备在该条款生效之前的九十天内,同国会进行磋商,致力于解决这一问题。"[1]

然后,秘书长向美国政府表示,他并未得到他所要求的保证;他认为,美国方面的陈述并不能使人设想《协定》会得到完全的尊重。他接着说道:"根据这种情况,联合国和美国之间存在着关于《协定》的解释和适用方面的争端。我特此援引该协定第 21 节[2]中规定的争端解决程序。"[3]

秘书长随后建议应开始与第 21 节规定的程序一致的谈判。

美国方面虽然同意开始非正式谈判,但其立场是,它目前仍在估计执行该项立法会造成的局势,现在还不能参加第 21 节规定的争端解决程序。然而,根据 1988 年 2 月 2 日秘书长写给美国常驻联合国代表的一封信:"第 21 节程序是联合国在此问题上唯一可用的法律补救办法……而时间已经很快就要到来,我别无选择,要么在《协定》第 21 节的范围内同美国一起进行谈判,要么就通知大会已陷入僵局的地步。"

---

[1] 国际法院网:"国际法院判决书、咨询意见和命令摘录 1948—1991",载 http://www.icj-cij.org/files/summaries/summaries-1948-1991-ch.pdf. 2017-10-05.

[2] 《联合国总部协定》第 21 节规定:(甲)联合国及美国关于解释及实施本协定或任何补充协定之争执,如未能由磋商或其他双方同意之办法解决者,应提交三仲裁人组成之法庭取决。仲裁人之一由秘书长提名,另一由美国国务卿提名,第三人由秘书长及国务卿一同抉择,如双方不能同意第三仲裁人时,则由国际法院院长指派之。(乙)秘书长或美国得救此程序引起之法律问题请大会征询国际法院之咨询意见。于接获法院之意见之前,双方应遵从仲裁法庭之临时裁定。其后,仲裁法庭得参照法院之意见做成最后裁定。

[3] 国际法院网:"国际法院判决书、咨询意见和命令摘录 1948—1991",载 http://www.icj-cij.org/files/summaries/summaries-1948-1991-ch.pdf. 2017-10-05.

1988年2月11日,根据《协定》第21节选定仲裁员的规定,联合国法律顾问将联合国选定的仲裁员的情况告知美国国务院法律顾问,并且考虑到时间紧迫,敦促他将美国的选择尽快告知联合国。然而,在此问题上联合国并未收到美国的任何消息。

1988年3月2日,联合国大会通过了关于此问题的两个决议。在第一个决议——第42/229A号中,大会重申,巴解组织应能为其观察员代表团在美国设立和维持房舍和足够的设施;大会表示,以与此重申不一致的方式实施《反恐怖主义法》将会违反美国依《协定》而承担的国际法律义务,第21节规定的争端解决程序即仲裁程序应付诸实施。第二个决议——第42/229B号决议则要求国际法院发表咨询意见。尽管美国并未参加任一项决议的投票,但其代表在后来的声明指出,美国政府对于涉及巴解组织代表团的《反恐怖主义法》的实施或执行没有最终决定权,它仍在寻求"根据《联合国宪章》《协定》和美国法律找到解决此问题的适当的办法"。[1]

1988年3月11日,美国代理常驻联合国代表通知秘书长,美国司法部长已决定,根据《反恐怖主义法》的规定,美国司法部长必须关闭巴解组织观察员代表团办事处,但如果需要提起法律诉讼来保证巴解组织遵守该项法令的话,那么,"在诉讼裁决之前"将不会采取进一步行动来关闭它。"在这种情况下,美国认为将该事项付诸仲裁于事无补。"在3月15日,秘书长对这种观点表示强烈的异议。与此同时,在3月11日,司法部长警告巴解组织常驻观察员,自3月21日起,巴解组织代表团的在纽约的维持将成为非法。由于巴解组织未采取任何步骤遵守《反恐怖主义法》的要求,司法部长在纽约南区地方法院提起诉讼要求巴解组织遵守该法。不过,美国书面陈述告知国际法院,不会采取任何措施"在诉讼审理期间关闭巴解组织代表团。由于该案件仍在我们的法院中悬而未决,因而,我们认为仲裁未必适宜或适时。"

(二) 国际法院的咨询意见

1988年4月26日,国际法院发表咨询意见。国际法院指出,正如向法院提出的问题所表明的一样,国际法院的唯一任务就是确定美国是否有义务按照《协定》第21节的规定参加仲裁。它不必特别地决定美国针对巴解组织观察员代表团所采取的行动是否与该协定相违背。

1. 争端的存在

根据《协定》第21节第(a)款的规定条件,国际法院有义务确定在美国和联

---

[1] 国际法院网:"国际法院判决书、咨询意见和命令摘录1948—1991",载http://www.icj-cij.org/files/summaries/summaries-1948-1991-ch.pdf.2017-10-05。

合国之间是否存在争端；如果有，该争端是否涉及《协定》的解释或适用问题，是否属于尚未能通过谈判或其他双方同意的办法解决的争端。

为此目的，国际法院回顾到，争端的存在，即在法律问题上的不一致或法律观点或利益的冲突，是一项客观裁定的事项，而不能仅仅依赖于当事方的肯定或否定的主张。在本案中，秘书长的观点是，第 21 节意义上的争端在《反恐怖主义法》签署成为法律的时候以及在缺乏充分保证该法不会适用于巴解组织观察员代表团的情况下就已存在。大会赞同此一观点，而且秘书长还就该法与《协定》的一致性提出了异议。美国方面虽从未明确地反驳这一观点，但是，它已采取针对巴解组织代表团的措施，并且表示，不论根据《协定》可能负有的义务如何，美国正在采取这些措施。

然而，按照国际法院的观点，不能因为被指控违反条约的一方没有提出能够证明其国际法上行为为正当的理由，而认为已经引起关于条约解释和适用的争端。美国在 1988 年 1 月磋商期间已经表示，它"尚未得出结论说"它与联合国之间"存在着争端"，"因为该项法规尚未执行"，并且后来在提及"关于巴解组织观察员代表团地位和目前的争端"时，表达了这样的观点，即提交仲裁为时尚早。当诉讼在国内法院提出之后，美国的书面陈述告知国际法院，它相信提起仲裁"未必适当或适时"。

国际法院不能允许关于什么是"适当"的考虑优先于第 21 节产生的义务，而且，第 12 节规定的仲裁程序的目的恰恰是为了不用事先诉诸国内法院而解决东道国与联合国之间的争端；国际法院也不能接受这样的观点，即保证在国内法院判决之前，不采取任何其他行为关闭巴解组织代表团，就可阻止争端的产生。

国际法院认为，《反恐怖主义法》主要的（如果不是唯一的）目的在于关闭巴解组织观察员代表团办事处；并且注意到，美国司法部长认为他有义务采取行动关闭巴解组织观察员代表团办事处。秘书长一直对由美国国会和政府起先考虑而后作出的决定表示反对。既然如此，国际法院不得不认定，美国与联合国之间对立的观点表明存在着争端，而不管何时可能被认为产生争端的日期。

2. 争端的认定

关于涉及《协定》的解释或适用的争端，联合国已注意到巴解组织已作为观察员被邀请参加大会的会议和工作这一事实，因此，巴解组织已处于第 11～13 节规定的范围之内，它应能够设立和维持房产和足够的业务设施。依照联合国的观点，国会设想而后由行政当局采取的措施，如果适用于巴解组织代表团的话，即与《协定》不相容，因此，采取这些措施已引起有关《协定》的解释和适用的争端。

在《反恐怖主义法》通过后，美国起初试图以与协定义务一致的方式来解释它,但 3 月 11 日,美国代理常驻联合国代表通知秘书长,司法部长已经决定,根据该法的规定,他必须关闭巴解组织代表团办事处,而不顾美国承担的义务。秘书长根据国际法优于国内法的原则对此观点表示怀疑。因此,尽管在第一阶段讨论与《协定》的解释有关,并且在这种情况下,美国并未阻止将它的某些条文适用于巴解组织观察员代表团,但在第二阶段,美国已给予该法优先于协定的地位。这当然为秘书长所反对。

此外,美国已采取一系列针对巴解组织观察员代表团的行动,秘书长认为这些行动都是违反协定的。美国方面并不否认这一点,但它声明,这些是在"无关美国根据《协定》可能承担的义务"的情况下采取的,这两种立场立法无法调和,因此,在美国与联合国之间存在着与《协定》的适用有关的争端。

也许有人会问:在美国国内法中,是否只是在国内法院诉讼程序一完成代表团就在事实上被关闭的情况下,《反恐怖主义法》才能被认为已得到有效的实施? 然而,就第 21 节来说,这并不是决定性的。第 21 节涉及协定本身的适用,而不是在美国国内法范围内所采取措施的适用。

3. 关于未能由双方同意的其他办法解决的争端

国际法院随后考虑到该争端是否是一种第 21 节意义上的"未能由谈判或其他双方同意之办法解决"的争端。秘书长不仅援引了争端解决程序,而且注意到必须首先通过谈判,并且建议谈判于 1988 年 1 月 20 日开始。协商也确已于 1 月 7 日开始,并将持续到 2 月 10 日。而且 3 月 2 日,美国代理常驻联合国代表在大会上表示他的政府已"就该事项的适当解决"与联合国秘书长进行定期和不定期的接触。秘书长清楚地认识到,美国并不认为这些接触和协商正式属于第 21 节的框架之内;并且注意到,美国方面采取的立场是,在其对实施《反恐怖主义法》可能产生的局势的估计期间,它不能进入第 21 节规定的争端解决程序。

国际法院认为,考虑到美国的态度,秘书长在当时情况下已经用尽可供他利用的谈判的可能性,联合国和美国也从未设想过其他双方同意的解决办法。特别是,美国法院目前的诉讼程序也不能构成第 21 节意义上的"双方同意的解决办法",因为这些程序的目的是实施《反恐怖主义法》而非解决有关协定的适用的争端,而且联合国也从未同意国内法院的解决方式。

4. 结论

国际法院由此得出如下结论:美国必须尊重其义务参加仲裁程序。美国虽然声明其对巴解组织代表团所采取的措施"无关美国根据《协定》所承担的义务。"但是所谓根据《协定》所承担的义务是指《协定》第 11~13 节规定的任何实质性义务和第 21 节规定的仲裁义务。因此美国仍然有义务参加仲裁程序。只要回顾一下国际法的一项基本原则——国际法优于国内法——就够了,这是一项长期以来由司法判决所赞同的原则。

由于以上种种原因,国际法院一致通过的意见如下:美利坚合众国,作为《美利坚合众国与联合国关于 1947 年 6 月 26 日联合国总部协定》的当事方,有义务按照该协定第 21 节的规定参加仲裁程序以解决它与联合国之间的争端。

二、案件所涉国际法原理

(一)条约的遵守

依法缔结生效的条约,对缔约当事国有拘束力,当事方应当遵守条约、行使当事方根据条约享有的权利、履行条约规定的义务。《维也纳条约法公约》第 26 条规定:"凡有效之条约对当事国有拘束力,必须由各该国善意履行。"《联合国宪章》第 2 条第 2 项规定:"各会员国应一秉善意,履行其依本宪章所担负之义务,以保证全体会员国由加入本组织而发生之权益。"条约必须遵守是国际法的一项基本原则。

因为条约是建立在各国自愿同意的基础上,国际社会不存在像国内法一样的机制来保证条约的遵守。条约的遵守很大程度上取决于当事方的自愿履行。条约必须遵守原则有利于保证国际社会的秩序,维护稳定。

对于当事方而言,条约必须被遵守,在这种情况下,当依法有效的条约和一方国内法产生冲突时,当事国就不能因为国内法上的原因而违反条约的规定,不履行条约义务,否则国际法将失去稳定性,任何国家都可以在国内制定立法,从而违反条约。《维也纳条约法公约》第 27 条便规定了,一当事国不得援引其国内法规定为理由而不履行条约。

具体到本案,条约必须遵守是国际法的基本原则之一,美国和联合国签订了《协定》,美国就应当承担此协定中为美国设定的义务。根据该协定,美国负有允许巴解组织代表团人员进入并留在美国以履行其公务的条约义务,美国应当承担。虽然美国通过了国内立法,但是条约必须遵守的一个必然结果就是当事国不得以国内立法上的原因来拒绝承担条约。美国不应当以国内立法上的原因不承担条约中规定的保证巴解组织进入并留在美国履行公务的义务。

(二)条约的适用

1. 条约适用的时间范围

一般条约自生效之日开始适用。原则上,条约是没有溯及力的,对当事国在条约生效以前的发生的任何行为或事实均不发生效力。但是并不是绝对的,如果缔约国觉得有必要,可以作出特殊约定。

2. 条约适用的空间范围

条约适用的空间范围通常是条约当事方的全部领土,但条约当事国可以依据各缔约国的协议以及有关当事国的意思决定条约适用的空间范围。例如,根据《中华人民共和国宪法》《中华人民共和国香港特别行政区基本法》和《中华人民共和国澳门特别行政区基本法》的规定,香港和澳门可以和世界各国缔结有关经济、贸易、金融、航运、通信等方面的协定,协定也仅仅适用这两个特别行政区。

本案中,联合国和美国之间签订《协定》生效后,即对美国和联合国产生拘束力,适用范围条约中并没有特殊约定,那么该协定对美国全部领土是有效的。

(三) 条约的解释

社会具有复杂性,语言具有多义性,条约不可能将所有的情况都作出规定,不同当事方对条约的理解也可能不同。在具体适用条约时,就会出现条约未做明确规定,或者对条约的理解产生分歧的情形。所以,我们需要对条约进行解释。根据一定的原则和方法,解释条约的含义,使得条约可以具体适用。

条约的解释可以分为不同的种类,根据解释的主体可以分为学理解释和官方解释。学理解释是指国际法的学者对国际条约所做的解释,官方解释是指条约的当事国或者其授权的国际组织对条约所做的解释。根据解释的效力,可以分为有权解释和非有权有解释。有权解释是指全体条约当事方同意的解释,官方解释有可能是有权解释,但是必须得到全体当事方的同意。非有权解释是指就是未经全体当事方同意的解释。[1]

1. 条约解释的主体

(1) 缔约方。作为条约的缔约方有权根据自己的理解对条约进行解释,但是这样的解释并不一定能够约束其他缔约方,除非其他缔约方同意其解释。

(2) 国际组织。国际组织是根据某一国际条约建立的,国际组织有权解释建立该组织的条约。但是这样的解释适用范围比较狭窄,仅限于该组织的范围内。

(3) 国际仲裁或司法机关。在条约的缔约方无法对条约的解释达成一致时,可以由国际仲裁或司法机关进行解释。例如1971年《关于制止危害民用航空安全的非法行为的公约》第14条[2]就规定了当缔约国对条约的解释不同并

---

[1] 王铁崖主编:《国际法》,法律出版社1995年版,第429页。
[2] 《关于制止危害民用航空安全的非法行为的公约》第14条第1款规定:
一、如两个或几个缔约国之间对本公约的解释或应用发生争端而不能以谈判解决时,经其中一方的要求,应交付仲裁。如果在要求仲裁之日起六个月内,当事国对仲裁的组成不能达成协议,任何一方可按照国际法院规约,要求将争端提交国际法院。

且无法通过谈判解决时,在任何一方的请求下,可以将条约的解释提交仲裁。同时,如果6个月内无法组成仲裁庭,可以将条约的解释问题提交国际法院进行解决。

2. 条约解释的规则

在《维也纳条约法公约》制定之前,对条约的解释规则很多,争议比较大,存在着不同的学说,并且都是习惯法规则。1969年《维也纳条约法公约》制定,其中的第31条到第33条对条约的解释问题进行了较为细致的规定。

(1) 条约解释的原则。《维也纳条约法公约》第31条[1]规定了条约解释的原则,概括而言包含三个原则:第一,按照善意的原则进行解释;第二,应推定条约用语具有通常含义;第三,条约用于的通常含义应当参考条约的上下文并参考条约的目的和宗旨来确定。[2]

善意的原则并不是一个非常明晰的概念。所谓的善意是指站在诚实信用的立场上对条约进行解释。根据通常含义对条约进行解释,能够保证条约最大限度反映当事国意图。如果一方提出条约约文具有特殊含义,应当举证进行证明。要准确地了解条约约文的通常含义,要全面考察条约的上下文和条约的目的和宗旨。

(2) 补充资料的使用和作用。《维也纳条约法公约》第32条[3]规定了在适用第31条解释条约仍然无法明确条约的含义时,可以使用条约的准备工作作为条约解释的补充资料。这些条约的准备工作包括:条约的草案、会议记录、起草委员会的解释性说明等。在适用这一条时要注意以下两点:第一,补充资料只能

---

[1]《维也纳条约法公约》第31条规定:
一、条约应依其用语按其上下文并参照条约之目的及宗旨所具有之通常意义,善意解释之。
二、就解释条约而言,上下文除指连同弁言及附件在内之约文外,并应包括:
(甲) 全体当事国间因缔结条约所订与条约有关之任何协定;
(乙) 一个以上当事国因缔结条约所订并经其他当事国接受为条约有关文书之任何文书。
三、应与上下文一并考虑者尚有:
(甲) 当事国嗣后所订关于条约之解释或其规定之适用之任何协定;
(乙) 嗣后在条约适用方面确定各当事国对条约解释之协定之任何惯例;
(丙) 适用于当事国间关系之任何有关国际法规则。
四、倘经确定当事国有此原意,条约用语应使其有特殊意义。
[2] 王铁崖主编:《国际法》,法律出版社1995年版,第431页。
[3]《维也纳条约法公约》第32条规定:
为证实由适用第三十一条所得之意义起见,或遇依第三十一条作解释而:
(甲) 意义仍属不明或难解;或
(乙) 所获结果显属荒谬或不合理时,为确定其意义起见,得使用解释之补充资料,包括条约之准备工作及缔约之情况在内。

是在适用第 31 条还是对条约解释不明时方能使用;第二,补充资料的使用不具有权威性。

(3)多种文字认证之条约的解释问题。《维也纳条约法公约》第 33 条[1]规定了由两种及以上文字作为文本缔结的条约的解释问题。除非另有说明,否则每种文字的文本的效力是相同的。条约的规定只有一套,但表达出来的文本却有多种文字,《维也纳条约法公约》规定了条约的用语在各种文本内意义相同。如果比较不同文本后发现,对文本的解释存在较大的差距,应当首先根据第 31 条、第 32 条的规定进行解释,如果仍无法消除分歧,应当根据条约的目的的和宗旨,采用最能调和各约文的解释。

本案中,联合国秘书长认为,其已经根据《协定》所规定的争端解决程序,和美国进行谈判协商。但是美国并不认为它和联合国秘书长的接触是在《协定》第 21 节所规定的框架内进行的争端解决程序,并且认为在它对《反恐怖主义法》可能产生的局势估计期间不能进入第 21 节所规定的争端解决程序。二者对条约的适用和解释发生了争议。在这种情况下,联合国秘书长根据《协定》第 21 节第 2 款的规定,请求国际法院发表咨询意见,国际法院在这种情况即作为了条约的解释机关,应当按照国际法院的意见对《协定》进行解释。

---

[1] 《维也纳条约法公约》第 33 条规定:
一、条约约文经以两种以上文字认证作准者,除依条约之规定或当事国之协议遇意义分歧时以某种约文为根据外,每种文字之约文应同一作准。
二、以认证作准文字以外之他种文字做成之条约译本,仅于条约有此规定或当事国有此协议时,始得视为作准约文。
三、条约用语推定在各作准约文内意义相同。
四、除依第一项应以某种约文为根据之情形外,倘比较作准约文后发现意义有差别而非适用第 31 条及第 32 条所能消除时,应采用顾及条约目的及宗旨之最能调和各约文之意义。

第十四章
国际组织法

一、国际劳工组织行政法庭就针对国际农业发展基金案的指控作出的第2867号判决

（一）案件背景

Saez García 是委内瑞拉国民。2000年3月1日国际农业发展基金（本章简称农发基金）给她一份两年期合同。合同中指出聘请她在农发基金为东道机构[1]机制中担任方案干事。2000年3月15日她接受了这份合同。后来农发基金又与她两次延长这份合同，两次分别将合同延长至2004年3月17日和2006年3月15日。

2005年12月5日机制执行主任在备忘录中通知 Saez García，缔约方会议决定将2006—2007年机制预算裁减15%。由于核心预算支付薪金的工作人员数目将减少，她将被裁，她的合同在2006年3月15日到期后将不会被延长。该主任表示可以给她一个从2006年3月26日至9月15日的6个月的咨询员合同，以"试图将她迁往他处，并为她寻找另一份适当工作"。但她并没有接受这份合同。

---

〔1〕 该机制由《联合国关于在发生严重干旱和/或荒漠化的国家特别是在非洲防治荒漠化的公约》设立，目的是为发展中国家调动和传送财政资源。

2006年5月10日,Saez García要求启动协调程序。2007年5月22日,程序结束后,争议并没有解决。她又根据基金人力资源程序手册规定,就执行主任的决定向基金联合申诉委员会(本章简称联申会)提出上诉。2007年12月13日,联申会一致建议恢复她的原职,并补偿她损失的薪金、津贴和应享权利。2008年4月4日,基金总裁拒绝联申会的建议。

2008年7月8日Saez García向国际劳工组织行政法庭(本章简称行政法庭)提诉,要求行政法庭撤销"农发基金总裁拒绝接受控诉人上诉结果的决定"、命令恢复她的职位和裁定各项金钱补偿。行政法庭在其2010年2月4日的判决中裁定"撤销总裁2008年4月4日的决定",并命令赔偿损失和支付其他费用。

(二) 案件进程

鉴于国际劳工组织行政法庭规约附件第12条规定:"曾作出法庭规约第2条第5款所述声明的国际组织的执行局质疑法庭确定其管辖权的裁决,或者认为法庭的裁决因遵循的程序中有根本性错误时,该执行局应提请国际法院就法庭裁决是否有效的问题提供咨询意见。国际法院提供的意见有拘束力。"基金执行局经讨论,决定按照该条规定请求国际法院对下列问题作出咨询意见:

(1)行政法庭是否有权根据其规约第2条审理《联合国关于在发生严重干旱和/或荒漠化的国家特别是在非洲防治荒漠化的公约》(本章简称《荒漠化公约》)机制前工作人员Saez García于2008年7月8日对基金提出的指控?

(2)行政法庭为支持确认其管辖权的裁决作出这样的陈述,"机制的全部行政功能都将并入基金各行政单位"且"其效果是,执行主任就机制工作人员所做的行政决定在法律上是基金的决定"。鉴于记录显示,行政法庭第2867号判决所涉争议的当事方都同意基金与机制是两个独立法律实体,且控诉人曾是机制的工作人员,并考虑到所有相关文件、规则和原则,行政法庭作出此种陈述是否超出其管辖范围,并且/或者是否构成法庭遵循的程序中的重大错误?

(3)行政法庭为支持确认其管辖权的裁决作出这样的一般陈述,"机制的人员是基金工作人员",此种陈述是否超出其管辖范围,并且/或者是否构成法庭遵循的程序中的重大错误?

(4)行政法庭作出裁决,确认其有权受理控诉人对机制执行主任滥用职权的指控。此种裁决是否超出其管辖范围,并且/或者是否构成法庭遵循的程序中的重大错误?

(5)行政法庭作出裁决,确认其有权受理控诉人关于执行主任决定不延续控诉人的合同,此种裁决是否构成超出其管辖范围的法律错误,并且/或者是否构成法庭遵循的程序中的重大错误?

（6）行政法庭作出裁决，确认其有权解释《荒漠化公约》缔约方会议与农发基金之间的谅解备忘录、《荒漠化公约》以及设立农发基金的协定，此种裁决是否超出其管辖范围，并且/或者是否构成法庭遵循的程序中的重大错误？

（7）行政法庭作出裁决，确认其有权确定，农发基金总裁履行备忘录所规定的中间人和支助作用，是在代表农发基金行事，此种裁决是否超出其管辖范围，并且/或者是否构成法庭遵循的程序中的重大错误？

（8）行政法庭作出裁决，确认其有权用其自酌决定代替机制执行主任的自酌决定，此种裁决是否超出其管辖范围，并且/或者是否构成法庭遵循的程序中的重大错误？

（9）行政法庭在其第2867号判决中所做裁决是否有效？

（三）案件结果

国际法院首先从管辖权、管辖权范围以及法院酌处权三个角度出发，确认国际法院对此案负有管辖权，且没有理由不对此案发表咨询意见。但国际法院指出，其管辖权的来源是《联合国宪章》《国际法院规约》的规定，而非行政法庭规约附件第12条。

随后国际法院又对咨询案件的基本情况进行了解，即Saez García女士与基金的争端问题的发展全过程。在此基础上国际法院对基金提出的问题进行逐一解答。国际法院首先驳回基金执行局所提支持Saez García女士不是基金工作人员的说法，认定行政法庭具有属人管辖权。并且指出机制有独立的法律人格并有签订合同的能力，鉴于Saez García女士是基金工作人员，她的任用受基金工作人员条例和细则规定管辖，因此行政法庭根据其规约第2条规定，有受理Saez García女士就农发基金不与她续约向法庭提出的控诉的属事管辖权。

2012年2月1日，国际法院对国际劳工组织行政法庭就针对国际农业发展基金的指控作出的第2867号判决提供了咨询意见。国际法院一致裁定国际法院有权根据请求提供咨询意见并决定接受提供咨询意见的请求。

针对基金会的第一个问题"行政法庭是否有权根据其规约第2条审理《公约》机制前工作人员Saez García女士于2008年7月8日对基金会提出的指控？"一致认为，国际劳工组织行政法庭，根据其规约第2条规定，有权审理2008年7月8日Saez García女士对国际农业发展基金提出的指控；对于第二个至第八个问题，一致认为，这些问题无需国际法院进一步答复；对于第九个问题，法官一致认为，国际劳工组织行政法庭在其第2867号判决中所做的裁决是有效的。"[1]

---

[1] 国际法院网："国际法院判决书、咨询意见和命令摘录2008—2012"，载http://www.icj-cij.org/files/summaries/summaries-2008-2012-ch.pdf.2017-08-14.

二、案件所涉国际法原理

(一) 国际组织概述

1.国际组织的概念与特征

广义上说,国际组织是指两个及两个以上的国家、政府、民间团体、个人为基于特定的目的,以协议的形式建立常设机构,进行国际合作。因此国际组织既包括政府间国际组织,如联合国、欧盟,由包括非政府间组织,如国际奥利匹克委员会、国际红十字会。狭义上的国际组织,是指国际法范围内的仅包括政府间组织的国际组织。这一国际组织即是指,两个以上国家政府为达成某一目标,实现合作,而通过签署国际条约、国际协议的形式创建的常设性机构。

作为国际法的重要组成部分,国际组织有如下特征:国际组织是国家之间的组织;国际组织是为实现国际合作而建立;国际组织依据国家间的协议建立;国际组织设有常设性机构;国际组织具有独立的法律人格。

国际组织法即是调整国际组织内部及其对外关系的各种法律规范的总称。

2.国际组织的类型

国际组织根据不同的标准,可以分为不同的种类:

(1)按照国际组织成员的性质来分,可以将国际组织分为政府间组织与非政府间组织。其中政府间国际组织是指若干国家(政府)为特定国的以条的建立的各种常设机构。非政府组织是基于一定社会宗旨而以非官方协议成立的跨越国界的民间组织。

(2)按照国际组织成员的地域分布,可以将国际组织分为全球性的国际组织和区域性的国际组织。全球性国际组织成员可以来自世界各地,一国是否能成为该组织的和成员国,与该国所属区域无关。相比之下区域性国际组织成员国往往仅限于某一特定地区,如欧盟的成员国仅限于欧洲。

(3)按照国际组织的职能,国际组织可以分为综合性的国际组织和专门性的国际组织。一般性国际组织的职能范围较广,涉及各个领域。以联合国为例,作为世界上最大的国际组织,联合国在社会安全,经济发展,文化保护等各个方面的事务中发挥着不可替代的作用。专门性国际组织的职能范围相对单一,往往局限于某一领域。如联合国的专门机构,即为专门性组织,它是根据特别协定,而同联合国建立关系的或根据联合国决定而创设的,对某一特定业务领域富有国际责任的政府间专门性国际组织。

此外,按照国际组织是否向他国开放,可以将国际组织分为开放性的国际组织和封闭性的国际组织;根据国际组织的持续性来区分,可以分为常设性组织和临时性组织。

本案中 Saez García 所属的国际农业发展基金是联合国系统中专门向发展中成员国提供粮食和农业发展贷款的金融机构，是联合国下属的专门机构，为政府间的专门性国际组织。其提起诉讼的国际劳工组织是也是联合国下属的专门机构，其职能是以国际劳工标准处理有关劳工问题，因而为政府间的专门性国际组织。提出咨询意见的国际法院所属的联合国是全球性综合性政府间组织。

3. 国际组织的法律地位

作为国际法主体，国际组织具有一定的法律地位。国际组织的独立法律人格源于国际法院 1949 年关于为联合国服务而受损害的赔偿问题咨询意见案中对国际组织法律地位的论述。作为国际法的主体，国际组织具有独立的法律人格，能够独立参与国际关系，并享有国际权利，承担国际义务。但是国际组织的法律人格不是其本身所固有的，而是来自主权国家在创立该组织的基本文件中的授予。并且不是所有国际组织都具有法律人格。国际组织必须具有合法的目的，建立各种机构的常设组织，拥有不同于成员国的法定权利和宗旨，可在国际层面上行使法律权利。因而不同于国家的法律人格，国际组织的法律人格是派生的、有限的，其权力与活动都不能超越组织的基本文件所规定的职权范围。

本案中，国际农业发展基金旨在向发展中成员国提供粮食和农业发展贷款，是设有管理大会、执行局和秘书处的专门组织，拥有不同于成员国的法定权利和宗旨，可在国际层面上行使法律权利。因此符合国际法律人格的基本要素。参与诉讼的行为也是国际组织权利能力和行为能力的体现。反映出国际组织的独立人格。国际劳工组织旨在处理国际劳工问题，是设有国际劳工大会、理事会、国际劳工局的常设组织。通过了《关于国际劳工组织的目标和宗旨的宣言》，拥有不同于成员国的法定权利和宗旨，可在国际层面上行使法律权利。因此也符合国际法律人格的基本要素。

国际组织在行使其职能时享有必要的特权与豁免。其权利主要来自国际组织的基本组织文件、多边条约和双边条约。因而不同的国际组织享有不同范围和程度的管辖豁免权。此外国际组织在承担国际责任与义务的同时还享有缔约权、对外交往权、承认与被承认的权利、国际索赔、接收和派遣外交使节权等。

（二）国际组织的具体内容

1. 基本文件

国际组织的基本文件是指国际组织赖以建立和进行运作的、由各成员国政府缔结的条约或特别协议的统称，又被称为国际组织的"宪法"。通常是一个独立的法律文书，也可以是一项公约或条约的一部分，甚至可以是普遍性国际组织的一项特别决议。规范了成员国的权利与义务，创立了新的国际法主体，且必要时可以对其职能作出相应的调整、变动,但限制甚至禁止成员国对文件作出保留。并且为维护组织稳定,很多文件都不对成员国退出作出明确说明。

2. 成员资格

国际组织的参与者是指参与国际组织活动,并在其中享有权利、承担义务的国际法主体及某些非主权实体的地区实体。根据国际组织参与者本身的地位及承受的权利义务的不同,在会员资格上可分为五种类型,即完全会员、准会员、部分会员、联系会员和观察员。在成员的资格方面,国际组织的成员原则上只能为国家,且该国家愿意并能够履行国际组织的成员义务,承担对国际组织和成员国的法律后果。

3. 组织机构与职能范围

为践行国际组织的宗旨和原则,实现国际组织目标,国际组织需要在内部设立相应的机关。国际组织也因机关的存在而得以有效运转。通常国际组织的内部机关包括审议机关、执行机关、秘书机关和司法机关。其中审议机关的主要职能是制定方针政策、审查预算、接纳新成员、选举行政首长、选举执行机关成员、审议报告、制定修订条约、并对有关事项提出建议作出决定、实行内部监督。执行机关主要职能是执行决策机关的决定处理本组织管辖内的事项,提出并实施建议、计划和工作方案。秘书机关负责处理组织的各项工作,协调组织常设机关活动并提供服务,并对外代表本组织。相比于其他组织机关,设立司法机关的国际组织相对较少。其职权在于解决组织内争端和组织外的国际争端。

本案中,请求国际法院提出咨询意见的国际农业发展基金设立管理大会、执行局和秘书处三个机关,其中执行局作为国际农业基金会的执行机关经管理大会授权,主持农发基金的日常业务活动。国际劳工组织设立国际劳工大会、理事会(执行委员会)、国际劳工局(常设秘书处)以及行政庭。联合国设有联合国大会、联合国安全理事会、联合国经济及社会理事会、联合国托管理事会、国际法院和联合国秘书处六个主要机构。其中国际劳工组织行政庭和国际法庭均为国际组织的司法机关。

4. 活动程序

国际组织的具体活动主要包括会议制度和表决程序两部分。会议制度是指通过召开会议、审议、讨论和安排工作、作出决定,以开展活动表达成员国意愿。经常会议、定期会议和特别会议是国际组织通常采用的会议类型。表决程序是国际组织决议过程中的重要制度,通常包括一致同意表决制、平等表决制、加权表决制以及协商一致。其中一致同意表决制是由1920年国际联盟采用的表决制度。这一表决制度要求国际联盟所做决议需由全体成员一致同意方可生效,若有任何成员否决则决议无效。加权表决制根据一定标准给予国际组织成员国以不同票数或不等值的投票权的一种表决制度,加权的标准主要有人口、出资额、贡献与责任等。协商一致表决制是由《世界贸易组织争端解决程序与规则谅解》规定的,针对其他情势所涉及的非违法之诉,WTO 争端解决机构以协商一致的方式作出决定。本案中国际法院作为联合国的司法机关,其表决方式采用平等表决制。

5. 争端解决

国际组织争端解决是指国际组织用以解决组织内各种争端和组织外各种国际争端的机制和制度。

本案中 Saez García 申诉的国际农业发展基金的基金联合申诉委员会,提起诉讼的国际劳工组织的行政庭即为国际组织的争端解决机制。根据 2004 年联合国联合调查组撰写的《司法制度:〈联合国行政法庭规约〉和〈国际劳工组织行政法庭规约〉的协调》内容提要所述,国际劳工组织行政法庭的前身是国联法庭。国际劳工大会在 1946 年通过了《劳工组织行政法庭规约》,并于 1949 年、1986 年、1992 年和 1998 年作了修正。该法庭主要审理国际劳工组织或承认其管辖权的其他国际组织之一的现任和前任官员的申诉。

受理咨询意见请求的国际法院是联合国的主要司法机关,也同样是国际组织的争端解决机制。作为专门解决国际争端的国际组织,国际法院有权审理针对 40 多个国际组织,包括多数联合国专门机构的申诉。

本案中国际法院援引的《国际法院规约》和国际劳工组织的《国际劳工组织行政法庭规约》,都是国际组织用以解决国际争端的规章制度。

(三) 联合国

1. 联合国的建立

在联合国之前,存在着"国际联盟"。国际联盟是在第一次世界大战结束以后,根据《凡尔赛合约》建立的。其宗旨是"促进国际合作和实现世界和平和安全",但是国际联盟并没有阻止第二次世界大战爆发。

第二次世界大战期间,1941 年美英签署了《大西洋宪章》,1942 年中、苏、美、英等 26 国签署了《联合国家宣言》,"联合国"这个词第一次正式出现。1943 年 10 月 30 日,中、苏、美、英签署《莫斯科宣言》。1944 年,敦巴顿橡树园会议举行。这一系列的国际文件的签署和会议的召开,使得建立联合国的构想更加具体化。

1945 年 4 月 25 日,各国代表在旧金山集会,这一会议正式定名为联合国国际组织会议。6 月 25 日,50 个国家的代表举行全体会议,一致通过了《联合国宪章》。26 日,50 个国家的代表在宪章上签字。《联合国宪章》于 1945 年 10 月 24

日开始生效,联合国正式成立。[1]当前联合国的成员国已由最初的 51 个增长至 193 个,成为当今世界最有影响力的一个综合性国际组织。

2. 联合国的宗旨和原则

联合国根据《联合国宪章》建立。除序言和结语外,《联合国宪章》共计 19 章 111 条,它既确立了联合国的宗旨、原则和组织机构设置,又规定了成员国的责任、权利和义务,以及处理国际关系、维护世界和平与安全的基本原则和方法。根据《联合国宪章》制定了一套维护和平、防止战争的机制,联合国在发挥这一机制中发挥了相当大的作用。遵守《联合国宪章》,维护联合国威信是每个成员国不可推脱的责任。

联合国的宗旨在《联合国宪章》第 1 条[2]就明确作出了规定。在《联合国宪章》第 2 条[3]规定了联合国和会员国应当遵守的原则。包括主权平等原则、善意履行国际义务原则、和平解决国际争端原则、禁止使用武力或武力威胁原则、不干涉内政原则。

联合国成立 70 多年来的实践表明了,联合国宪章的宗旨和原则已经超越了一个国际组织的指南和行为规范,已经成为国际关系和现代国际法的基石。

---

[1] "历史创立联合国",载 http://www.sohu.com/a/125490387_501407.2017-09-14。

[2] 《联合国宪章》第 1 条规定:联合国之宗旨为:

一、维持国际和平及安全;并为此目的:采取有效集体办法、以防止且消除对于和平之威胁,制止侵略行为或其他和平之破坏;并以和平方法且依正义及国际法之原则,调整或解决足以破坏和平之国际争端或情势。

二、发展国际以尊重人民平等权利及自决原则为根据之友好关系,并采取其他适当办法,以增强普遍和平。

三、促成国际合作,以解决国际属于经济、社会、文化、及人类福利性质之国际问题,且不分种族、性别、语言,或宗教;增进并激励对于全体人类之人权及基本自由之尊重。

四、构成一协调各国行动之中心,以达成上述共同目的。

[3] 《联合国宪章》第 2 条规定: 为求实现第一条所述各宗旨起见,本组织及其会员国应遵行下列原则:

一、本组织系基于各会员国主权平等之原则。

二、各会员国应一秉善意,履行其依本宪章所担负之义务,以保证全体会员国由加入本组织而发生之权益。

三、各会员国应以和平方法解决其国际争端,避免危及国际和平、安全及正义。

四、各会员国在其国际关系上不得使用威胁或武力,或以与联合国宗旨不符之任何其他方法,侵害任何会员国或国家之领土完整或政治独立。

五、各会员国对于联合国依本宪章规定而采取之行动,应尽力予以协助,联合国对于任何国家正在采取防止或执行行动时,各会员国对该国不得给予协助。

六、本组织在维持国际和平及安全之必要范围内,应保证非联合国会员国遵行上述原则。

七、本宪章不得认为授权联合国干涉在本质上属于任何国家国内管辖之事件,且并不要求会员国将该项事件依本宪章提请解决;但此项原则不妨碍第七章内执行办法之适用。

3. 联合国的组织机构与职能范围

根据《联合国宪章》第三章第 7 条的规定,联合国设有六个主要机构,包括联合国大会、联合国安全理事会、联合国经济及社会理事会、联合国托管理事会、国际法院和联合国秘书处。

(1)联合国大会。联合国大会,作为联合国具有代表性的主要议事和决策机构,是联合国最具代表性且职能权限最广泛的机关,具有举足轻重的作用。大会依照《联合国宪章》于 1945 年设立,由联合国全体会员国组成,是一个讨论《联合国宪章》涵盖的各种国际问题的独特多边论坛。大会在制订标准和编纂国际法方面也发挥着重要作用。

联合国大会具有广泛的职权,根据《联合国宪章》,大会具有以下职权:审议和核准联合国预算,并确定各会员国的财政摊款;选举安全理事会非常任理事国和联合国其他理事会和机关成员,并根据安全理事会的建议,任命秘书长;审议为维护国际和平与安全而进行合作的一般原则、包括进行裁军的一般原则,并就此提出建议;讨论与国际和平与安全相关的任何问题,并就其提出建议,但涉及安全理事会正在商讨的争端或局势的情况除外;讨论《联合国宪章》范围内的问题或影响到联合国任何机关的权力和职责的问题,并就其提出建议,但存在与上文相同的例外情形;开展研究,提出建议,以促进国际政治合作、国际法的发展和编纂、人权和基本自由的实现,以及经济、社会、人道主义、文化、教育和健康领域的国际合作;就可能损害国家间友好关系的任何局势提出和平解决的建议;审议安全理事会和联合国其他机关的报告。

联合国大会每年定期举行一次会议,由秘书处负责筹备,并从成员国中推选一位主席主持大会。常会在每年 9 月的第三个星期二开幕,通常持续到 12 月中下旬。大会分为两个阶段,第一项由各成员国的元首或高阶代表发表演说。随后多数议程即交付各主要委员会分别讨论,然后于 12 月前陆续审议由各委员会提交的决议案。联大本身也会讨论及审议一些议案。大会审议的事项非常广泛,凡维持国际和平与安全以及《联合国宪章》范围内的任何问题均可讨论。每一个会员国在联合国大会享有一票投票权。大会表决原则是对于重要问题的决议需经出席并参加投票的会员国以 2/3 的多数通过;其他问题只需以简单多数通过。大会表决的方式主要有举手表决、唱票表决、不记名投票等。近年来联合国大会还会以协商一致的方式通过决议,且这类决议的占比不断提高。

(2)安全理事会。联合国安全理事会,简称安理会,是联合国的主要机构之一。根据《联合国宪章》第24条第1款[1]、第37条第1款[2]的规定,安全理事会的主要责任是维护国际和平与安全。

安理会由5个常任理事国和10个非常任理事国组成。5个常任理事国分别为中国、法国、俄罗斯、英国、美国。每个理事国都有1个投票权,投票形式一般分为赞成、反对、弃权三种。程序问题要至少9票才能通过。五个常任理事国对实质问题都拥有一票否决权,非常任理事国无否决权。但当理事国就问题的性质,即"程序问题"还是"实质问题",产生分歧的时候,要对案件性质进行投票。常任理事国享有一票否决权。常任理事国也因此具有"双重否决权"。

(3)经济及社会理事会。经济及社会理事会(经社理事会)协调联合国有关专门机构和委员会的经济和社会工作;研究有关国际经济、社会、发展、文化、教育、卫生及有关问题;就其职权范围内的事务,召开国际会议,并起草公约草案提交联合国大会审议;其他联合国大会建议执行的职能。同时还负责联合国各次主要会议和首脑会议的后续活动。

经济及社会理事会一共有54个理事国,其席位按地区分配,其中每年的三分之一即18个由联合国大会选举而出,任期3年。安理会常任理事国通常能当选为经社理事会理事国。每一理事国有一个投票权。理事会决议,应以到会及投票之理事国过半数表决之。理事会实质性会议每年7月举行一次。自1971年,中国一直是经济社会理事会理事国。

(4)托管理事会。托管理事会于1945年根据《联合国宪章》而设立,是联合国执行其国际托管制度的专门机关。根据《联合国宪章》的规定,托管理事会由以下成员组成:①管理托管领土的会员国;②非管理托管领土的安理会常任理事国;③大会选举任期三年的其他会员国,使理事国总数和与托管领土相平衡。由于托管理事会原有管理监督的11个国际托管领土,都已经实现了自治或独立/托管理事会的使命宣告终结,但撤销这一机构意味着修改《联合国宪章》,托管理事会暂时被保留下来。因此目前,托管理事会由安全理事会的五个常任理事国组成——中国、法国、俄罗斯、英国和美国。

(5)国际法院。国际法院是司法机关,依照国际法解决各国向其提交的法律争端,并就正式认可的联合国机关和专门机构提交的法律问题提供咨询意见。本案中联合国大会于2008年10月8日通过了第63/3号决议,要求国际法院对

---

[1] 《联合国宪章》第24条第1款规定:为保证联合国行动迅速有效起见,各会员国将维持国际和平及安全之主要责任,授予安全理事会,并同意安全理事会于履行此项责任下之职务时,即系代表各会员国。

[2] 《联合国宪章》第37条第1款规定:属于第23条所指之性质之争端,当事国如未能依该条所示方法解决时,应将该项争端提交安全理事会。

"科索沃临时自治机构单方面宣布独立是否符合国际法"提供咨询意见。依据《国际法院规约》第65条第1款[1]和《联合国宪章》第96条[2]的规定联合国大会可以请求国际法院对其法律问题发表咨询意见。国际法院进一步确认根据《联合国宪章》第12条第1款规定[3]的安理会在处理争端情势期间,大会不得提出建议。

(6)秘书处。秘书处服务于联合国的其他主要机关,从事联合国各种日常工作,由秘书长及办事人员组成。秘书处的职责同联合国所处理的问题一样多种多样,范围从管理维持和平行动到调停国际争端、从调查经济及社会趋势和问题到编写关于人权和可持续发展问题的研究报告等。秘书长是联合国的行政首长,他履行行政长官的职务,以及安理会、联合国大会、经济社会理事会和其他联合国组织"所托付之其他职务"。

(7)联合国专门机构。除联合国六大机构外,根据《联合国宪章》的规定,联合国专门机构是根据特别协定而同联合国建立关系的,或根据联合国决定而创设的,对某一特定业务领域富有国际责任的政府间专门性国际组织。比如国际复兴开发银行、联合国教科文组织、国际民用航空组织等。但这些专门机构有自己的组织结构,并不隶属于联合国系统。由联合国经济与社会理事会协调联合国与专门机构之间的关系。

---

[1]《国际法院规约》第65条第1款规定:法院对于任何法律问题如经任何团体由《联合国宪章》授权而请求或依照《联合国宪章》而请求时,得发表咨询意见。

[2]《联合国宪章》第96条规定:大会或安全理事会对于任何法律问题得请国际法院发表咨询意见。

[3]《联合国宪章》第12条第1款规定:当安全理事会对于任何争端或情势,正在执行本宪章所授予该会之职务时,大会非经安全理事会请求,对于该项争端或情势,不得提出任何建议。

# 第十五章
武装冲突法与国际人道法

第一节 武装冲突法

一、石油平台案(伊朗诉美国)

(一) 案件背景

两伊战争源于两国对其边境交界处的阿拉伯河的主权之争。1980年9月伊拉克以抵御"伊斯兰革命"为借口挑起战争,1982年伊朗反攻进入伊拉克领土,1984年开始双方进行地面的拉锯战,并在空中和海上互相袭击对方,战争开始向波斯湾地区蔓延,伊朗和伊拉克开始互相袭击对方的船舶,甚至来往于科威特和沙特阿拉伯港口间海湾地区的悬挂中立国国旗的船舶也遭到了攻击。其中就包括伊朗在国际水域布设水雷炸沉或损害美国旗船,射击美国飞机,以及在波斯湾国际水域对一艘美国军舰的攻击。

对此美国发起了"螳螂行动",进行报复,并声称是回击伊朗部队打击美国的一系列非法武力攻击,行使国际法规定的固有自卫权。1987年10月19日,美国对Reshadat油田和Resalat的油田地区进行攻击。这两个油田已经因为伊拉克的攻击而遭受了破坏,在10月19日修复工作已经接近完成。在美国的这次的攻击中,一个平台几乎彻底毁坏,另一个严重损坏,Reshadat和Resalat油田的生产中断了数年。1988年4月18日伊朗的另外两座石油设备,纳赛尔和萨勒曼油田也遭到美国攻击。这次攻击对纳赛尔和萨勒曼油田造成了严重损坏。纳赛尔油田生产活动全部中断,将近4年才得以恢复。萨勒曼油田的生产活动也彻底中断4年,1992年9月恢复正常生产,1993年达到了正常水平。

（二）案件进程

1992年11月2日,伊朗向国际法院提起诉讼,要求解决美国海军战舰1987年10月19日和1988年4月18日以攻击和破坏伊朗国家石油公司的石油平台所引起的争端。伊朗在请求书中指出,美国的行为根本违反了1955年8月15日签署,1957年6月16日生效的《美国和伊朗友好、经济关系和领事权利条约》（以下简称《1955年条约》）的多项条款和国际法。在确定提交辩诉状的时限内,美国对法院管辖权提出了初步反对意见。国际法院为确定双方签订的条约的适用性,对美国两次攻击伊朗油田行动这一事实背景进行了解,对美国所称的针对伊朗"非法行为"的"自卫行为"的必要性和作为伊朗"武装攻击"行为的"回击行为"的行为进行界定,认为没有足够证据证明"回击行为"是保护美国基本安全利益的必要措施,算不得是自卫行为。因此1996年12月12日国际法院作出判决,驳回了美国的初步反对意见。法院裁定,根据《1955年条约》第21条第2款,国际法院拥有管辖权,可以受理伊朗根据《1955年条约》第10条第1款提出的权利主张。[1]

美国就"1987—1988年伊朗在海湾的行动,特别是布雷和以其他方式攻击悬挂美国国旗船只或美国船只",提出反诉。国际法院于1998年3月10日发布命令,认定这项反诉本身是可以受理的,构成诉讼的一部分。2003年2月17日至3月7日国际法院公开开庭。伊朗请求国际法院驳回一切相反权利主张和意见,裁定并宣布"美国在1987年10月19日和1988年4月18日攻击并毁坏石油平台,违背了根据《1955年条约》第10条第1款应对伊朗承担的义务,美国应对这些攻击负责;美国有义务就违背其国际法律义务的行为及因此造成的损害给予伊朗充分赔偿,赔偿形式和金额将由国际法院在以后的诉讼阶段予以确定。伊朗保留在适当时向国际法院提出美国应付赔偿的确切价值的权利;国际法院认为适当的任何其他补救办法;驳回一切相反权利主张和意见,裁定并宣布美国的反诉不予受理。"美国则请求国际法院裁定并宣布"美国没有违背美国与伊朗间《1955年条约》第10条第1款规定的对伊朗的义务;伊朗的权利主张因此不予受理。"并对于伊朗的反诉,请求国际法院裁定并宣布"驳回与此相反的所有

---

[1] 国际法院网:"国际法院判决书、咨询意见和命令摘录2003—2007",载http://www.icj-cij.org/files/summaries/summaries-2003-2007-ch.pdf.2017-08-14.

意见,伊朗在海湾用水雷和导弹攻击船只和以其他方式采取军事行动,危害和损及美国和伊朗领土之间的海商活动,因此违反了该国根据《1955年条约》第10条第1款对美国承担的义务,违反《1955年条约》的行为向美国作出充分赔偿,其方式和金额将由法院在以后的诉讼阶段予以确定。"

(三) 案件结果

2003年11月6日,国际法院就石油平台案(伊朗诉美国)作出判决:

(1)国际法院裁定美国1987年10月19日和1988年4月18日美国对伊朗石油平台的行动不能够构成旨在保护《1955年条约》第20条第1款第(d)项所称的美国根本安全利益的必要措施。同时国际法院也不认可伊朗的主张,即美国的行动应构成美国违背了该条约第10条第1款所规定的关于双方当事国领土之间通商自由的义务的主张。因此,不认可伊朗关于赔偿的权利主张。

(2)国际法院裁定拒绝美国关于赔偿的反诉,不认同美国的主张,即美国提出的伊朗已违背关于上述《1955年条约》中有关双方当事国领域之间通商和航行自由的第10条第1款所规定的义务的反诉。

二、案件所涉国际法原理

(一) 武装冲突法的概念与内容

1. 武装冲突法的概念

传统的国际法由和平法与战争法两部分组成,战争发生在国家之间,是敌对国家之间相互使用武力的冲突。现代国际法倾向于采取武装冲突法的提法。因为"一战",特别是"二战"以后,战争的提法变少了,很多国际的武装冲突并没有采用战争的提法。实际发生的武装冲突很多都是不宣而战,并且武装冲突法将非国际性的武装冲突例如民族解放战争也纳入了进来,现代国际中武装冲突法有取代战争法的趋势[1]。作为国际法的重要部分,武装冲突法是在战争与武装冲突中,通过条约和惯例的形式,调整武装冲突各方或各交战国之间、交战国与中立国之间的关系以及交战行为的原则、规则和规章制度的总称。[2]

2. 武装冲突法的内容

武装冲突法分为两部分组成:

第一部分主要是指"战争与武装冲突的开始和结束,以及战争和武装冲突期间内交战国或冲突各方之间、交战国与中立国之间的法律关系的原则、规则和

---

[1] 王铁崖主编:《国际法》,法律出版社1995年版,第614~616页。
[2] 邵津主编:《国际法》,北京大学出版社、高等教育出版社2014年版,第519页。

规章制度"。这一部分是传统战争法的重要内容，但由于第二次世界大战后，极少发生传统意义上宣战、缔结合约的战争，这一部分的法律发展缓慢。

第二部分是武装冲突期间交战各方的作战原则、作战手段、作战方法、作战武器以及海战、空战特殊规定的原则、规则和规章制度的总称。这部分内容适用的范围更广，不仅适用于传统战争领域，也适用于非战争性质的国际国内武装冲突之中，因而在"二战"后发展迅速。其中作战手段和作战方法的原则、规则和制度被称为"海牙法系"，包括 1899 年和 1907 年两次海牙和平会议通过的一系列公约、宣言：

《和平解决国际争端公约》(1907 年海牙第 1 公约)、《限制使用武力索偿契约债务公约》(1907 年海牙第 2 公约)、《关于战争开始的公约》(1907 年海牙第 3 公约)、《陆战法规和惯例公约》(1907 年海牙第 4 公约)及其附件《陆战法规和惯例章程》、《中立国和人民在陆战中的权利和义务公约》(1907 年海牙第 5 公约)、《关于战争开始时敌国商船地位公约》(1907 年海牙第 6 公约)、《关于商船改装为军舰公约》(1907 年海牙第 7 公约)、《关于敷设自动触发水雷公约》(1907 年海牙第 8 公约)、《关于战时海军轰击公约》(1907 年海牙第 9 公约)、《关于 1906 年 7 月 6 日日内瓦公约原则适用于海战的公约》(1907 年海牙第 10 公约)、《关于海战中限制行使捕获权公约》(1907 年海牙第 11 公约)、《关于建立国际捕获法院公约》(1907 年海牙第 12 公约，未生效)、《关于中立国在海战中的权利和义务公约》(1907 年海牙第 13 公约)、《禁止从气球上投掷投射物和爆炸物宣言》(1907 年海牙第 14 公约)。

此后武装冲突进一步发展，海牙法系逐渐丰富，如 1971 年《禁止在海床洋底及其底土安置核武器和其他大规模杀伤性武器公约》、1972 年《禁止细菌(生物)及毒素武器的发展、生产和储存以及销毁这类武器的公约》(本章简称《禁止细菌武器公约》)、1981 年《禁止或限制使用某些可被视为具有过分伤害力或滥杀滥伤作用的常规武器公约》、1992 年《禁止研制、生产、储存和使用化学武器以及销毁此种武器公约》(本章简称《禁止化学武器公约》)。

本章伊朗与美国的石油平台案即属于武装冲突法规范的武装冲突期间交战国与中立国之间的法律关系问题。伊朗作为交战国，其应当遵守武装冲突法所确定的国际义务。但伊朗违背了交战国的义务，运用武力损害了非交战国的国家利益，并最终引发了伊朗和美国之间的争端。

(二) 战时中立

中立是传统国际法上的一个概念。一国不参与其他国家之间的武装冲突，即取得中立地位，并依照中立法享有一定权利并承担一定义务。其中中立法是指战争法中调整中立国与交战国之间关系的规则和制度的总称。战争发生后,未参与武装冲突活动的第三国自动取得中立国地位。发生参战行为后,中立地位自动结束,但使用武力对抗违反其中立行为的除外。本案发生在两伊战争期间,美国原本并未参与双方的武装冲突,因而战争伊始便自动取得中立国地位。

1. 战时中立的主要特点

作为传统战争法中的概念,中立具有如下特点:

(1)中立法是规定了战争中交战国与中立国之间权利和义务关系的原则、规则和制度;

(2)在战争中一个国家是否宣布中立是政治问题而不是法律问题,但一旦宣布中立,宣布中立的国家必须承受中立法的支配,享有中立的权利,承担中立的义务;

(3)一个国家可以通过发表中立宣言或声明,也可以采取事实上遵守中立义务的方式来表明自己的中立地位;

(4)战时中立不同于永久中立国。战时中立是在战争开始后选择的,是国家自由决定的,不是国际法义务,因而可以随时宣布结束中立加入战争;

(5)战时中立不同于政治意义上的中立、中立主义和不结盟。国家奉行的中立主义政策是政治上的概念,不产生法律的效果;

(6)战争法上的中立是对于国家而言的,是国家选择在战争中的地位。与个人、团体无关。

2. 战时中立国的权利和义务

一旦国家宣布中立状态,就要承受中立法上的权利和义务。中立国的义务往往对应着交战国的权利,而交战国的义务也往往对应着中立国的权利,中立国和交战国之间的权利和义务关系基本是相对的。

战时中立国的具体义务如下:

(1)国家的自我约束:中立国要约束自己不给予交战国以援助;

(2)防止的义务:为了防止交战国利用中立国的领土或其管辖范围内的区域进行战争,中立国要采取适当的措施;

(3)容忍的义务:中立国要在一定范围内忍受交战国依据武装冲突法所采取的行动而导致本国国民所遭受的不利。

战时交战国对中立国的具体义务包括:

(1)自我约束:交战国不得将中立国领土或其管辖区域作为作战区域而在中立国领土或其管辖区域内从事战争行为。这样的行为包括在中立国领土或其管辖区域内改装商船为军舰或武装商船,建立通信设施或捕获船只等;

(2)防止的义务:为防止交战国的军队和人民从事任何侵犯中立国及其人

们的合法权益的行为,交战国有义务采取一切措施防止上述行为的发生;

(3)容忍的义务:交战国有义务应容忍中立国与敌国保持正常的外交和商务关系,以及不违背中立法的一般规则的行为。

作为交战国的伊朗与伊拉克应当负有容忍义务和防止义务,一方面容忍中立国与敌国保持外交商务关系,另一方面防止对中立国的合法权益进行侵犯。但在本案中美军及其他中立国的大量船只财产在波斯湾遭受袭击,伊朗的行为严重侵犯了中立国的合法权利。当事双方对此也并无争议。

(三) 武装冲突法的一般原则与规则

1.武装冲突法的基本原则

(1)人道主义。战争中除了对非战斗员、战争受难者和平民的保护外,还应当对战斗员提供人道待遇。

(2)限制原则:这主要是指对作战手段与方法的限制。在战争或武装冲突中使用的武器和作战方法是有限制的,禁止使用具有过分伤害力和滥杀滥伤作用的武器、不分皂白的作战手段和方法、改变环境的作战手段和方法、背信弃义的战争手段和作战方法。

(3)比例原则:战争的伤害与痛苦与预期军事利益成比例。在战争中使用暴力攻击军事人员和目标是合法的,但军事需要不是绝对的,应尽可能地限制所造成的伤害和损害。

(4)区分原则:无论什么时候,发生对抗的各方都区分平民和作战人员,以便保护平民及其财产。不能攻击平民、跳伞人员、和谈人员、食物和农作物、含有危险力量的装置、医院、医院船、医疗单位以及文化财产,只能以军事目标作为攻击对象。此外在战争和武装冲突中,也不能对不参加战斗或已退出战斗的人员施加攻击。

(5)中立原则:既一国不参与其他国家之间的武装冲突,即取得中立地位,并依照中立法享有一定权利并承担一定义务。

(6)"军事必要"原则:不能借口军事必要而解除各交战国或武装冲突各方尊重和适用武装冲突法的原则、规则和制度的义务。

(7)尊重国际法义务的原则:任何交战国都必须遵守战争法条约上规定的国际法义务。作战行为必须恪守战争法规,"军事必要"和"条约无规定"均不能作为免除其义务之理由。

美国作为中立国,在合法权益遭到侵犯的情况下,对伊朗进行了武力袭击。依照美国的反诉,美国认为其行为仅是针对伊朗"非法行为"的"自卫行为"。但实际上根据国际法院对美国武装行为的必要性和作为"回击行为"的行为界定,美国的举措并非是保护美国基本安全利益的必要措施。因而这些诉诸武装力量的行为是违反国际法的。与比例原则武装冲突中的尊重国际法义务原则相违背,其必要性也不能作为其免除义务的理由。

2.海战的特殊规则

(1)有关战斗员、军舰和商船的问题。交战国的海军部队,不论战斗员或非战斗员,不论编入各类舰艇部队还是编入海岸要塞部队都受战争法规和惯例的保护,并承担相应义务。在海战中,军舰被作为作战的主要工具,同时也是被攻击的目标。海军部队只能使用属于自己编制的船舰攻击敌舰。一旦商船改装成军舰,具有与军舰相同的地位,但改装须符合《关于商船改装为军舰公约》确定的条件[1]。国际法上允许出于防御目的使用武装商船,但武装商船如果主动攻击的交战国军舰和商船则失去国际法上的保护。

(2)海军攻击目标。1907年《关于战时海军轰击公约》对海军的攻击目标做了特殊限制。[2]

---

[1] 《关于商船改装为军舰公约》:

第一条 任何改装为军舰的商船,除非被置于船旗国的直接管辖、控制和负责之下,不能取得军舰的权利和义务。

第二条 改装为军舰的商船必须具备本国军舰特有的外部标志。

第三条 舰长应为国家服役并由主管机关正式任命。他的姓名必须列入战斗舰队军官名册。

第四条 船员应受军队纪律的约束。

第五条 任何改装为军舰的商船必须在作战中遵守战争法规和惯例。

第六条 把商船改装为军舰的交战国应尽速宣布此项改装,载入军舰名单中。

[2] 《关于战时海军轰击公约》:

第一条 禁止海军轰击不设防的港口、城镇、村庄、居民区和建筑物。

一个地方不能仅仅由于其港口外敷设了自动触发水雷而遭到轰击。

第二条 军事工程、陆军或海军设施、武器或战争物资仓库、可用于满足敌国舰队或军队需要的车间和设施以及停泊在港口内的军舰不包括在禁止轰击之列。如果任何其他手段均已无能为力,而地方当局也未在规定期限内毁坏上述目标时,海军指挥官得在发出警告的合理期限后,用炮轰摧毁之。在此种情况下,该指挥官对轰击可能造成的无法避免的损失不负任何责任。

如因军事理由需要立即行动而不容敌军缓息,在第一款所指的情况下,禁止轰击不设防城市的规定仍然有效,指挥官应采取一切必要措施,尽可能减少对该城市的损害。

第三条 如地方当局经正式警告后,拒绝为停泊在该地的海军征集所急需的粮食和供应,则经正式通知后,海军可对该不设防的港口、城镇、村庄、居住区或建筑物进行炮轰。

此项征收须与当地的资源成比例,并且只有以有关海军指挥官名义才能提出,并应尽可能用现金偿付;否则须给收据以资证明。

第四条 禁止由于未支付现金捐献而对不设防的港口、城镇、村庄、居住区或建筑物进行轰击。

第五条 在海军进行轰击时,指挥官必须采取一切必要的措施,尽可能保全宗教建筑、文艺、科学和慈善事业的建筑物、历史纪念碑、医院和伤病员集合场所,但经谅解,上述建筑物不得同时充作军事用途。

居民应将这些纪念碑、建筑物或集合场所,用明显的记号标出,即在大的长方形木板上按对角线划分为两个三角形,上面部分为黑色,下面部分为白色。

(3)潜艇的攻击限制。1922年《关于在战争中使用潜水艇和有毒气体的条约》首次对潜艇攻击进行规定,潜艇不得攻击商船。1930年又签订关于海军作战的《伦敦条约》。再重申了关于潜艇攻击的规定。

(4)水雷和鱼雷的攻击。水雷和鱼雷的发明和使用,严重威胁着国际航运和中立国的合法权利。1907年《海牙第八公约》对水雷和鱼雷的使用作出了规定。[1]

本案中美国提出1987—1988年伊朗在海湾的行动,特别是布雷和以其他方式攻击悬挂美国国旗船只或美国船只的反诉,它的意图是指责伊朗的水雷鱼雷影响其正常的通商。但国际法院根据1987年10月29日里根总统签署的命令,禁止源于伊朗的多数货物(包括石油)和服务进口到美国,指出当事双方领土之间不可能通商,而非伊朗对双方贸易的蓄意破坏。同样在美军攻击石油平台期间,双方的贸易也已经停止,因而最终拒绝双方的赔偿请求。

3. 空战的特殊规则

空战规则的主要目的是尽量减少和限制空中轰炸的伤害,同时尽量避免对非军事目标的轰炸。但是当前还没有专门的国际条约对在空战中的作战手段和方法进行限制,但一些其他的国际公约有零星的规定。例如1949年8月12日的《日内瓦四公约关于保护国际性武装冲突受难者的附加议定书(第一议定书)》第52条第2款要求将武装冲突中的攻击目标限定在军事目标,该限定对空战也是适用的。

(四) 作战武器的限制

1. 极度残忍的武器

根据1868年《圣彼得堡宣言》、1899年和1907年《海牙公约》以及1981年《禁止或限制使用某些可被视为具有过分伤害力或滥杀滥伤作用的常规武器公约》的规定,在武装冲突中禁止使用增加不必要痛苦的极度残忍的兵器、子弹等武器,如禁止使用主要作用在于碎片伤人而其碎片在人体内无法用X射线检测的武器;禁止在一切情况下使用地雷(水雷)、饵雷和其他装置;禁止在一切情况下使用燃烧武器。

---

[1] 禁止使用没有系揽得自动触发水雷,但失去控制一小时后失效者除外;
A. 禁止使用虽有系揽,但离开系揽后仍能为害的水雷;
B. 禁止使用射击不中以后仍有危险性的水雷;
C. 禁止以断绝贸易通航为目的的在敌国沿岸和口岸敷设自动触发水雷;
D. 使用系揽自动水雷时,应尽力避免威胁海上和平航行的安全;
E. 中立国在其海岸使用自动触发水雷时也应遵守上述规定。

2. 生物和化学武器

根据 1972 年《禁止细菌武器公约》的规定，缔约国在任何情况下不发展、不生产、不储存、不取得除和平用途外的微生物制剂、毒素及其武器；也不协助、鼓励或引导他国取得这类制剂、毒素及其武器；缔约国在公约生效后 9 个月内销毁一切这类制剂、毒素及其武器；缔约国可向联合国安理会控诉其他国家违反该公约的行为。

1992 年的《禁止化学武器公约》又对化学武器的使用进行了规定。公约将化学武器分为：超级有害、致命和有害，并对缔约国的义务进行了规定，即各缔约国禁止发展、生产、获取、保有、储存、转让和使用化学武器。销毁其管辖和控制下的化学武器和化学武器生产设施，以及可能遗留在另一缔约国领土上的所有化学武器。缔约国不得为使用化学武器进行任何军事准备；不得协助或鼓励他人从事《公约》禁止的任何活动；并且不得使用控爆剂作为战争手段。且各缔约国的化学武器和化学武器生产设施应当在 10 年内销毁。

3. 大规模毁灭性武器与核武器

根据 1977 年联合国大会《禁止发展和制造新型大规模毁灭性和此种武器新系统》决议的规定，大规模毁灭性武器包括原子爆炸武器、辐射性物质武器、某种致命化学和生物武器，以及未来发展中的具有类似毁灭性效果的任何武器。其非法性主要在于它毁灭的是一个地区的大多数甚至所有人口，甚至是整个国家。其中核武器是典型的大规模杀伤性武器。

第二节　国际人道法

一、刚果境内的武装活动案

（一）案件背景

刚果民主共和国[以下简称刚果（金）]由于其丰富的自然资源和优越的战略位置，曾被誉为"非洲心脏"。然而，1996 年至 2003 年短短八年的时间，在这样一个极具发展潜力的国家中，却上演了极为残酷的战争。刚果（金）的内战造成数百万人死亡，乌干达共和国（以下简称乌干达）、卢旺达、布隆迪、津巴布韦等众多非洲国家都被卷入其中，堪称非洲历史上规模空前的区域性战争。[1] 战

---

[1] 汪峰："刚果（金）内战研究（1996—2003）"，上海师范大学，2011 年。

争期间,乌干达与刚果(金)发生武装冲突,乌干达在刚果(金)伊图里地区实施杀戮、拷打等行为,摧毁村庄和民事建筑,训练儿童兵,并在金沙萨市周边造成巨大人员伤亡。

1999年6月23日,刚果(金)向国际法院提交请求,控诉乌干达公然违背《联合国宪章》和《非洲统一组织宪章》,在刚果(金)领土上实施武装侵略。指控其强行占领因加水坝,蓄意定期造成大规模断电,要求其对伏金沙萨市及周边地区居民的重大人员伤亡负责。同时指控乌干达于1998年在金杜击落刚果航空公司的客机,造成40名平民死亡。[1]

(二) 案件进程

根据1999年10月21日令,国际法院确定了刚果(金)提交诉状和乌干达提出辩诉状的时限。刚果(金)在规定的时限内提交了诉状。2000年6月19日,刚果(金)根据《国际法院规约》第41条提交了一份请求,要求指示临时措施。国际法院听取双方意见后,于2000年7月1日发布命令,采取了临时措施。随后乌干达在规定的时限内提交了辩诉状,同时反诉刚果(金)。

2001年6月11日与双方代理人举行的会晤上,刚果(金)援引了《国际法院规则》,对乌干达反诉的可受理性提出了若干反对意见。双方代理人议定,他们各自的政府将就此问题提交书面意见、还议定了提交时限。

在2003年4月24日国际法院院长与双方代理人举行会议,双方代理人就口头诉讼的时间问题表达了意见。乌干达在2004年9月9日正式要求法院规定新的口头诉讼开庭日期。国际法院在2004年10月20日通知双方,将2005年4月11日作为本案口头诉讼开庭的日期。

2005年4月11日至29日举行公开听讯,当事双方提出了各自的意见。刚果(金)请求国际法院裁定并宣布:

(1)乌干达进行针对刚果(金)的军事和准军事活动,占领刚果领土,向在刚果(金)作战的非正规军积极提供军事、后勤、经济和金融支持,违反了:①不使用武力原则,包括禁止侵略行为;②以和平手段解决国际争端,以确保国际和平与安全以及正义不遭到损害的义务;③尊重各国主权和各国人民自决的权利,从而不受外界干涉地自由选择他们自己的政治和经济制度;④不干涉各国国内管辖范围的事务的原则,包括避免向在他国领土上交战的内战方提供任何援助。

---

[1] 国际法院网:"国际法院判决书、咨询意见和命令摘录2008—2012",载 http://www.icj-cij.org/files/summaries/summaries-1997-2002-ch.pdf.2017-08-14。

(2)乌干达对刚果(金)国民实施暴力行为,杀害、伤害刚果民主共和国国民,或掠取其财产,未能采取充分措施防止在其管辖或控制下的人员在刚果侵犯人权,和(或)未能对在其管辖或控制下实施上述行径的人员进行惩治,违反了:①要求按照国际人道主义法尊重、并确保尊重基本人权;②要求在武装冲突中始终区分平民和军事目标的协定法或习惯法原则;③刚果国民享受最基本的公民、政治、经济、社会和文化的权利。

(3)乌干达共和国因非法开采刚果的自然资源,掠夺其资产和财富,未能采取充分的措施防止在其管辖或控制下的人员非法开采刚果资源的,和(或)未能对在其管辖或控制下实施上述行径的人员进行惩治,违反了:①国际人道主义法的适用规则;②尊重各国的主权,包括对其自然资源的主权;③促进实现各国人民平等的原则、实现各国人民自决的权利,并避免致使各国人民遭受外国征服、统治和剥削的责任;④不干涉各国在国内管辖权内的事务。

(4)作为国际法上的国家,应当负有国际责任,因此本案中乌干达的行为构成了国际上的不法行为;乌干达立即停止所有持续进行的不法国际行为,特别是停止支持在刚果作战的非正规军,停止掠夺刚果财富和自然资源;乌干达共和国应作出具体的保证和担保,保证不再重复所指控的不法行为;乌干达未履行国际法施加的义务,赔偿给刚果民主共和国造成的所有损害;由于双方未能达成共识,赔偿的性质、形式和数量应由国际法院确定,而且国际法院应为此保留后继程序。

(5)乌干达违反了2000年7月1日关于临时措施的法院令,因为它没有执行临时措施。

乌干达请求国际法院根据国际法裁定并宣布:驳回刚果民主共和国要求法院裁定和宣布在诉状、答辩状和(或)口头诉讼中指称乌干达共和国应对各种违反国际法行为负责的请求;支持乌干达的反诉;并将关于乌干达反诉的赔偿问题保留在随后的诉讼阶段。

(三)案件结果

2005年12月19日,国际法院就刚果(金)诉乌干达的刚果(金)境内的武装活动案作出判决。

(1)裁定乌干达因在刚果(金)境内从事反刚果(金)的军事活动;占领伊图里,积极为在刚果(金)领土上行动的非正规部队提供军事、物流、经济和金融上支助,违反了国际关系中不使用武力原则和不干涉原则;

(2)裁定刚果(金)指控乌干达在乌干达和卢旺达军队于基桑加尼交战过程

中未履行国际人权法和国际人道主义法规定的义务的申诉可以受理;

(3)裁定乌干达因其武装部队的行为,即杀戮、拷打并以其他形式非人道地对待刚果民众,摧毁村庄和民事建筑,对平民和军事目标不加区分,在与其他战斗人员战斗时也未保护平民,训练儿童兵,煽动族裔冲突,未采取措施结束这样的冲突;还因为作为占领国,没有在伊图里采取措施尊重和确保尊重人权和国际人道主义法,违反了国际人权法和国际人道主义法规定的义务;

(4)裁定乌干达因其武装部队成员在刚果(金)境内掠夺、抢劫和开采刚果自然资源,因其在伊图里地区未能履行占领国的义务,防止对刚果自然资源的掠夺、抢劫和开采,违反了国际法规定应对刚果(金)承担的义务;

(5)裁定乌干达有义务就造成的伤害赔偿刚果(金);

(6)裁决由于当事双方未能达成一致,赔偿刚果(金)的问题应由本法院解决,并为此保留本案的后继程序;

(7)裁定乌干达未遵守国际法院 2000 年 7 月 1 日指示临时措施的命令;

(8)驳回刚果(金)反对受理乌干达提交的第一项反诉的意见;

(9)裁定不能支持乌干达提交的第一项反诉;

(10)驳回刚果(金)反对受理乌干达提交的第二项反诉中关于违反 1961 年《维也纳外交关系公约》问题部分的意见;

(11)支持刚果(金)反对受理乌干达提交的第二项反诉中关于 1998 年 8 月 20 日乌干达外交官之外人员在因吉利国际机场遭受虐待问题部分的意见;

(12)裁定刚果(金)因其武装部队袭击乌干达驻金沙萨大使馆,虐待乌干达外交官和在大使馆区域的其他人员,在因吉利国际机场虐待乌干达外交官,未能为乌干达大使馆和乌干达大使提供有效的保护,未能阻止从乌干达大使馆夺取档案和乌干达财产的行为,违反了 1961 年《维也纳外交关系公约》规定应对乌干达承担的义务;

(13)裁定刚果(金)有义务赔偿给乌干达造成的损害;

(14)裁定,由于双方无法达成一致,乌干达应得赔偿问题应由本法院解决,并为此采取本案的后继程序。[1]

该裁决的(1)~(7)是国际法院对刚果金诉乌干达案的裁决结果,(8)~(14)为国际法院对乌干达反诉的裁决结果。

---

[1] 国际法院网:"国际法院判决书、咨询意见和命令摘录 2003—2007",载 http://www.icj-cij.org/files/summaries/summaries-2003-2007-ch.pdf.2017-08-14.

二、案件所涉国际法原理

(一) 国际人道法概述

在国际法上,国际人道主义法是指在战争和武装冲突中,从人道主义原则出发,对战争中的伤病员、战俘和平民进行保护的各种制度的总称。国际人道法的特点如下:

(1)国际人道法的适用不仅限于国际法传统意义上的战争,还包括其他任何性质的武装冲突,即使其中一方不承认有战争状态。

(2)国际人道法的适用不限于缔约国,也适用于非缔约国。即在对非缔约国与缔约国在武装冲突期间,同等地受公约的约束;

(3)国际人道法也适用于缔约国的内战[1]。

(二) 国际人道法的渊源

国际人道法的法律渊源主要涉及国际条约和国际习惯两个方面。

国际人道法的基础由1949年的四个日内瓦公约构成,分别为《改善战地武装部队伤者病者境遇的日内瓦公约》《改善海上武装部队伤者病者及遇难者境遇的日日内瓦公约》《关于战俘待遇的日内瓦公约》《关于展示保护平民的日内瓦公约》。目前全球所有国家都已同意接受其约束。在此基础上1977年两个关于保护武装冲突受难者的附加议定书(《关于保护国际性武装冲突受难者的附加议定书》《关于保护非国际性武装冲突受难者的附加议定书》)以及2005年日内瓦外交会议上通过的《关于采纳一个新增特殊标志的附加议定书》,对国际人道法进行了进一步的补充与发展。

此外国际人道法的条约还包括保护某些类别的人员与财产等方面的专门性国际条约,如1954年《关于发生武装冲突情况下保护文化财产的公约》及其两个《议定书》,2000年《〈儿童权利公约〉关于儿童卷入武装冲突问题的任择议定书》。

如今,国际人道法的许多条款被认定为国际习惯。因而,所有国家均受其约束。

---

[1]《关于保护非国际性武装冲突受难者的附加议定书》第1条第1款规定:对事物的适用范围本议定书发展和补充1949年8月12日日内瓦四公约共同第三条而不改变其现有的适用条件,应适用于为1949年8月12日日内瓦四公约关于保护国际性武装冲突受难者的附加议定书(第一议定书)所未包括而在缔约一方领土内发生的该方武装部队和在负责统率下对该方一部分领土行使控制权,从而使其能进行持久而协调的军事行动并执行本议定书的持不同政见的武装部队或其他有组织的武装集团之间的一切武装冲突。

（三）国际人道法的内容

1. 伤病员待遇

《改善战地武装部队伤者病者境遇公约》和《改善海上武装部队伤者病者及遇船难者境遇的日内瓦公约》对战争中伤者病者和受难者的待遇进行了详细的规定[1]。

2. 战俘待遇

战俘是指在战斗或武装冲突中落在敌方权力之下的合法交战人员。1949年《关于战俘待遇的日内瓦公约》和1977年《日内瓦公约第一附加议定书》均重申和发展了传统国际法关于战俘待遇的规则[2]。

三、战时平民待遇

根据《关于战时保护平民的日内瓦公约》和《关于保护国际性武装冲突受难者的附加议定书》的规定，战时平民是指不实际参加战事的人员，包括放下武器的武装部队的人员以及因病、伤、拘留和其他原因失去战斗力的人员。并且对任何人是否为平民的问题产生怀疑时，应当视为平民。1907年海牙第四公约、《关于战时保护平民的日内瓦公约》以及1977年日内瓦四公约的两个议定书对武装

---

[1] 主要内容包括：
(1) 凡军队所属的军人及其他正式随军服务人员因伤、病或其他原因丧失战斗力者，收容他们的交战国应不分国籍、性别、种族、宗教和政治主张一律给予尊重、保护和治疗，不得加以歧视，严禁施以暴力或杀害。凡交战国不得已而丢弃伤者病者于敌军时，应在军事考虑许可的范围内，留下一部分医疗人员及器材；
(2) 交战国的伤病员陷入敌手后，享受医疗保护和战俘待遇；
(3) 每次战斗后冲突各方设法搜寻伤者病者，予以照顾和保护。对落在其手中的敌国伤病员或死者的情况应通过情报局转达所属国；
(4) 对固定医疗队和医务所，在任何情况下均不得加以攻击，除非该医疗队或医务所被利用进行军事行动。

[2] 其主要内容包括：
(1) 战俘不应受侮辱、虐待、报复和杀害，禁止因个人行为，对战俘实行集体处罚，体罚和酷刑。同时慎用死刑；
(2) 讯问战俘时应当使用其了解的语言；
(3) 战术享有司法保障，受审时享有辩护权、上诉权；
(4) 战俘的衣、食、住应能维持在保障其健康的水平，其医疗应有保障；
(5) 战俘的宗教信仰应受尊重；在遵守军事当局的技女，复政府应当由旅行，其中较义务的自由；
(6) 战俘保有其被俘时的衣物、财产和民事权利；
(7) 战俘应被允许和家庭通信；
(8) 战事停止后战俘应即释放和遣返：根据《关于战俘待遇的日内瓦公约》规定，实际战事停止后，战俘应当立即释放并遣返，不得延迟。

冲突期间平民的待遇和保护进行了明确的规定。平民的待遇主要有两个方面：

（1）对交战国境内敌国平民的保护。首先应允许敌国平民安全离境。对未离境者，应保障其基本权利，不得将他们作为军事攻击的对象，禁止对他们实施报复，保障他们的合法权益，不得强迫他们提供情报，不得施以体刑和酷刑，禁止进行集体惩罚和扣作人质，给以维持生活的机会，对妇女、儿童给予特别的保护，防止施暴和给予必要的援助。

（2）对占领区内被占领国平民的保护。占领当局只能在占领区行使军事管辖权，应对占领地的平民给予人道主义的待遇。根据1907年《海牙第四公约》和1949年《关于保护平民的日内瓦公约》和1977年的两个附加议定书，不得剥夺平民的生存权；尊重平民的人格、尊荣、家庭、宗教信仰；不得对平民施以暴行、恐吓和侮辱；不得把平民扣作人质，进行集体惩罚或谋杀；不得驱逐平民，不得强迫提供情报或为其军队服务；不得侵占平民的粮食和医药供应，不得废除被占领国的法律等。

乌干达与刚果（金）武装冲突期间，乌干达人民国防军在伊图里实施的杀戮、拷打和以其他形式非人道地对待刚果民众的行为，摧毁村庄和民事建筑，对平民和军事目标不加区分，在与其他战斗人员战斗时未保护平民，训练儿童兵。这些行为都能够确定乌干达在伊图里没有采取措施确保尊重国际人道主义。并且根据1907年《关于陆战法规和习惯的第四海牙公约》第3条以及1949年《日内瓦公约第一附加议定书》第91条所述的习惯既定规则，参与武装冲突的一方应对部队成员的所有行为负责。国际法院认为根据乌干达士兵的军事地位和职能，整个乌干达人民国防军的行为是国家机构的行为，能够归因于国家。因而乌干达人民国防军个人是否违反命令或超越职权，对把整个乌干达人民国防军的行为归咎于乌干达来说无关紧要。

因而根据乌干达违反国际人道法的行为，国际法院裁定，乌干达违反了1907年《海牙章程》第25条、第27条和第28条所规定的义务，也违反了关于占领国义务的第43条、第46条和第47条。乌干达违反了乌干达和刚果均为缔约方的国际人道主义法和国际人权法文书，如日内瓦第四公约、日内瓦四公约第一附加议定书（1949年8月12日）《儿童权利公约》。国际法院由此断定，对于乌干达人民国防军及其成员在刚果领土违反国际人权法和国际人道主义法以及在伊图里未能履行其占领国义务的行为，乌干达应担负国际责任。

四、国际人道法与国际人权法

国际人道法的内容主要是从人道的角度出发保护处在战争和武装冲突状态下的伤病员、战俘和平民。但在战争与武装冲突状态下，除了适用国际人道法外,还应当适用国际人权法中的规则。也就是说,在适用国际人道法的特别规则的同时,仍然必须遵守国际人权法中的一般规则。国际人道法与国际人权法的区别如下:

(1)国际人道法与国际人权法所适用的时间不同:国际人道法仅适用于武装冲突期间,而国际人权法既适用于和平时期,也适用于武装冲突期间。

(2)国际人道法与国际人权法所保护的对象不同:国际人道法保护武装冲突中的伤病员、战俘和平民,而国际人权法保护的是所有人。

本案中,乌干达国防军煽动族裔冲突,并且未采取措施结束这样的冲突;没有在伊图里采取措施确保尊重人权。并且根据上文所述,其行为能够归因于国家。因而国际法院裁定乌干达违反了乌干达和刚果均为缔约方的国际人权法文书,包括《公民及政治权利国际公约》《非洲人权和人民权利宪章》和《儿童权利公约任择议定书》。

第十六章
国际刑法

一、米洛舍维奇案与卡拉季奇案

（一）米洛舍维奇案

1. 案件背景

1984年米洛舍维奇任南共联盟塞尔维亚书记。1987年成为塞尔维亚南共联盟总书记。1990年7月，塞尔维亚共盟改组为塞尔维亚社会党，米洛舍维奇出任主席。在同年12月举行的议会多党制选举中，他当选为塞尔维亚共和国首任总统，1992年12月获连任。1997年7月，他在南联盟大选中当选总统，但在2000年9月的大选中失败。同年11月25日，他再次当选为塞尔维亚社会党主席。

在米洛舍维奇执政前，科索沃问题正不断发酵，并随着东欧剧变，南联邦一分为五，阿族通过不受塞尔维亚、南联盟认同的全民公决，成立科索沃共和国，选举总统，建立议会，成立独立的政权。米洛舍维奇执政后推行的"大塞尔维亚主义"，更引起了科索沃地区的阿尔巴尼亚人的不满。但米洛舍维奇采取了较为强硬的态度，取消了黑山、科索沃等地区选举出的领导人。1989年米洛舍维奇领导的塞尔维亚国民大会修改宪法，削减了伏伊伏丁那和科索沃这两个自治省的自治权。但修宪的行为却导致南斯拉夫其他加盟共和国对自治权被削减的恐慌。1990年米洛舍维奇试图在南共联盟十四大上再次修宪，以赋予总统更大的权力,克罗地亚和斯洛文尼亚的代表退席抗议,造成了南共联盟的分裂。1991年南斯拉夫联盟明显分裂为支持和反对米洛舍维奇两派。3月16日米洛舍维奇在电视上宣布南联盟结束。斯洛文尼亚、克罗地亚、马其顿、波黑随后分别宣布独立。

在米洛舍维奇执政期间,克罗地亚和波黑的塞族人通过武力手段要求建立塞族自治区,引发了克罗地亚战争、波黑战争和科索沃战争,并造成塞尔维亚的经济衰退。其后北约的参与导致塞族人的自治目的未能达成。在战争中,关于各方对平民进行种族清洗式大屠杀的指控层出不穷。仅塞尔维亚部队和科索沃解放军的冲突中就造成数百人的死亡和上万阿族平民的流离失所。1999年2月6日,在北约的压力下,塞尔维亚和科索沃阿族代表举行和平谈判。由于谈判内容为他国确定,不容变更。因而对双方而言都难以接受,谈判一度陷入僵局并休会。3月15日复会,阿族代表于18日签署了协议,但塞尔维亚方面仍然拒绝签字。19日,北约向南联盟发出最后通牒,24日,发动了对南联盟的空中打击,科索沃战争爆发。在北约空袭的压力下,经过俄罗斯、芬兰等国的斡旋调停,米洛舍维奇最终妥协。

2. 案件进程

2001年1月29日,米洛舍维奇被软禁在家中,4月1日凌晨因涉嫌"滥用职权和合伙犯罪等"被塞尔维亚警方逮捕入狱,6月28日被引渡到前南斯拉夫问题国际刑事法庭(以下简称前南刑庭)。2002年2月12日,前南刑庭正式开庭审理米洛舍维奇一案。他被指控犯有包括战争罪、反人类罪和种族屠杀罪在内的66项罪行。他也因此成为当代国际关系史上第一位受国际刑事法庭审判的国家元首。2006年3月11日,前南联盟总统米洛舍维奇在荷兰海牙联合国前南刑庭的监狱中因心肌梗塞突然逝世,享年64岁。当日联合国前南刑庭正式宣布结束对前南斯拉夫总统米洛舍维奇的审判,并对这起审判无疾而终表示遗憾。

(二) 卡拉季奇案

1. 案件背景

与米洛舍维奇一样,卡拉季奇也曾被一些塞尔维亚人视为国家和民族的英雄。1990年,卡拉季奇创建了波黑塞尔维亚民主党,并当选为主席。在1992年至1995年波斯尼亚爆发内战期间,他带领塞族人对伊斯兰教徒进行种族大清洗。1995年11月,南联盟、波黑和克罗地亚三国总统在美国签署代顿协议,波黑内战结束。他被国际法庭战争罪行法庭通缉。法庭指控他涉及种族灭绝和战争罪行,包括1992年至1995年围攻萨拉热窝时屠杀11 000人、1995年在斯雷布雷尼察屠杀8 000个伊斯兰教徒。卡拉季奇也由此开始了他隐姓埋名的逃亡之路。2008年7月21日,塞尔维亚总统办公室发表声明说,波黑前塞族领导人卡拉季奇当晚在塞尔维亚境内被捕。[1]

2.案件结果

2016年3月24日,设在荷兰海牙的前南刑庭作出判决,认定卡拉季奇对1992年至1995年的波黑战争中塞尔维亚人的暴行有罪,战争中有10万人丧生。卡拉季奇种族灭绝罪、反人类罪、战争罪等10项罪名成立,判处40年监禁。[2]

二、案件所涉国际法原理

(一) 国际刑法的概念及其基本特征

1.国际刑法的概念

对于何为国际刑法即国际刑法的概念,目前并没有统一的公论,不同学者提出的国际刑法的概念所包含的内容不尽相同。概括起来,主要有以下几种:

(1)国际刑法是制裁国际犯罪的法律规则体系。这个法律体系包含了国际刑法的罪犯主体、犯罪主体的刑事责任等内容。但是值得注意的是,这样的法律规则体系并不实际存在于目前的国际条约之中。

(2)从司法的角度出发,部分学者提出,国际刑法是国际刑事法庭制裁个人国际刑事犯罪的法律规则体系。这样的法律规则来源于相应国际刑事法庭的章程或规约的规定,其内容包含了国际刑法的实体法和程序法内容。

(3)国际刑法是由国际法规定国际犯罪并由国际和国内刑事法庭对犯罪行为人进行起诉和惩罚的法律规则体系。国际刑法应当由两部分规则组成,一部分是国际法对个人刑事责任的规定,另一部分是国际和国内刑事法庭对个人刑事责任的规定。

(4)国际刑法是由国际法规定国际犯罪,由国际和国内刑事法庭对犯罪行为人进行审判和处罚,并为打击国际犯罪进行国际刑事合作的法律规则体系。和上一种定义不同,此种定义认为国际刑法还应当包括为打击国际犯罪进行国际刑事合作的法律规则体系。

(5)国际刑法是由国际法规定国际犯罪,由国际和国内刑事法庭对犯罪行为人进行审判和处罚,并为打击国际犯罪和国内犯罪进行国际刑事合作的法律规则体系。此种定义不同于上一种定义的地方在于认为国际刑事合作所打击的犯罪还包括国内犯罪。

---

[1] 储昭根:"卡拉季奇的塞尔维亚悲歌",载《观察与思考》2008年第16期,第50~52页。
[2] 波黑塞族前领导人卡拉季奇案·荷兰海牙:前南法庭判处卡拉季奇40年监禁.http://tv.people.com.cn/n1/2016/0325/c25060-28228015.html.2017-10-21.

(6)国际刑法应当是指为了维护国际社会的共同利益和公共秩序,国家间形成的旨在制裁国际犯罪并为此进行国际刑事合作的原则、规则和制度的总体。[1]

2. 国际刑法的基本特征

(1)国际刑法的目的是为了维护国际社会的共同利益和人类社会的公共秩序。随着社会的进步和发展,国与国之间的合作更加密切,关系更加紧密,共同利益诉求也不断增多。所以不同国家达成了维护共同利益的共识。目前国际社会主要在维护国际和平与安全、尊重和保障人权、维护正常的国际政治秩序和经济秩序等方面形成了共同利益。而国际刑法中提到的一些犯罪行为,则侵犯了这些共同利益。例如反人类罪,其侵害的已经不仅仅是一个国家的国内利益和国内秩序,而且威胁了整个人类的生存和长远发展。

(2)国际刑法是在国家间交往过程中形成的法律规范。国际法中并不存在着超国家的立法机关来制定国际刑法预防和惩治国际犯罪。不像国内法有专门的立法机关制定法律,并且有强制执行力。国际刑法的制定主要通过国家之间签订的国际条约的方式来实现。另外也包括了国际习惯。

(3)国际刑法是以国际犯罪为制裁对象的法律规范。法律中对于部门法的划分是依据调整对象和调整方法。国际法中不同的部门法中有不同的调整对象和不同的调整方法。而国际刑法的调整对象就是国际犯罪。

(4)国际刑法的内容既包括实体法规范也包括程序法规范。不同于国内法中往往既制定刑法又制定刑事诉讼法,国际刑法并不存在着单独的刑法和刑事诉讼法。国际刑法既包括实体法规范又包括程序法规范成为国际刑法的基本特征。例如,《前南斯拉夫国际刑事法庭规约》规定了灭绝种族罪、反人类罪的构成要件,个人的刑事责任等实体法上的内容,同时也规定了前南斯拉夫国际刑事法庭的组成、法官的资格和选举、调查、审查起诉书、审判程序的开始和进行、被告的权利、上诉程序、复审程序等程序法上的内容。

(二) 国际犯罪的主体

国际不法行为种类极多,但只有严重的国际罪行才能够被国际刑事法院起诉和惩罚,根据不法行为的内容,国际罪行主要包括灭绝种族罪、反人类罪、战争罪、侵略罪四大类。犯罪的主体既可以是个人,也可以为国家。

1. 个人作为国际犯罪的主体

个人作为国际犯罪的主体和国际刑法的发展密切相关。国家曾经是国际法的唯一主体。不同国家对国家间的共同的利益并没有形成共识,有关防止国际

---

[1] 马呈元:《国际刑法论》,中国政法大学出版社2013年版,第13页。

犯罪的国际法规则还比较少见。随着世界经济的发展,海上贸易不断增加,但是海盗活动也日益猖獗,对各国的贸易和殖民活动构成极大的威胁。在这种背景下,国际社会对将海盗认定为国际犯罪加以打击以维护共同利益形成共识。但当时还仅仅停留在国际习惯层面,并且所认定的国际犯罪的种类也较少。在"一战"及"二战"期间,很多国家签订了关于惩治个人战争罪行的国际条约,个人作为国际犯罪主体的相关理论和实践获得很大的发展。尤其是"二战"以后,纽伦堡国际军事法庭和远东国际军事法庭的建立与审判,对国际刑法的发展产生了极为重大的意义。根据《纽伦堡宪章》和法庭审判所形成的纽伦堡七原则建立了追究个人刑事责任的制度:

原则一:从事构成违反国际法的犯罪行为的人承担个人责任,并因而应受惩罚。

原则二:国内法不处罚违犯国际法的罪行的事实,不能作为实施该行为的人免除国际法责任的理由。

原则三:以国家元首或负有责任的政府官员身份行事,实施了违反国际法的犯罪行为的人,其官方地位不能作为免除国际法责任的理由。

原则四:依据政府或其上级命令行事的人,假如他能够进行道德选择的话,不能免除其国际法上的责任。

原则五:被控有违反国际法罪行的人有权在事实和法律上得到公平的审判。

原则六:违反国际法应受处罚的罪行是计划、准备、发起或进行侵略战争或破坏国际条约、协定或承诺的战争;参与共同策划或胁从实施上述第 1 项所述任何一项行为的。

原则七:共谋实施原则所规定的国际犯罪。

此外根据个人的身份不同,将国际犯罪分为经国家授权或以国家名义实施的国际犯罪和以个人名义实施的国际犯罪。对于个人经国家授权或者以国家名义实施的国际犯罪,个人往往具有公职的身份,其实施犯罪行为往往不是为了个人的目的而是受到命令推行国家政策或者维护国家利益,个人的行为根据其国内法往往不构成犯罪,甚至受到鼓励。这种情况下的国际犯罪,不应当由国内法院来进行审理,应当由国际刑事法庭进行审判,例如灭绝种族罪、反人类罪。对于以个人名义实施的国际犯罪,个人往往不具有官方身份,其犯罪目的往往也不符合国家利益甚至侵害国家利益,个人的行为侵害的也往往是私人的利益,根据各国国内法的规定,个人的行为可以构成犯罪,例如海盗罪、危害国际民用航空安全罪。

米洛舍维奇案和卡拉季奇案中二人的国际犯罪均属于个人犯罪主体,是经国家授权或以国家名义实施的国际犯罪,其罪行的目的多是维护国家利益,但其行为严重违反了国际法。且根据纽伦堡原则的规定,虽然卡拉季奇和米洛舍维奇为国家元首,但仍旧不能免除其刑事责任。

2. 国家作为国际犯罪的主体

目前对国家能否作为国际犯罪的主体,尚存在争议。部分学者认为国家主观上具有犯罪意识,客观上具有犯罪能力。因此,国家能够实施国际犯罪,是国际犯罪的主体。[1]但也有部分学者认为国家不能作为国际犯罪的主体,认为国际刑事责任的表现形式为刑罚处罚,但国家难以承担国际刑事责任。虽然国家能够承担罚金的刑罚,但罚金很难体现"罪刑相适应"的原则。此外目前没有一例将国家作为国际犯罪主体的国际实践。

(三) 国际犯罪的构成

根据《国际刑事法院规约》第5条[2]的规定国际罪行主要包括灭绝种族罪、反人类罪、战争罪、侵略罪四大类。

1. 灭绝种族罪

"灭绝种族罪"是指蓄意全部或局部消灭某一民族、族裔、种族或宗教团体而实施的下列任何一种行为:

(1)杀害该团体的成员;

(2)致使该团体的成员在身体上或精神上遭受严重伤害;

(3)故意使该团体处于某种生活状况下,毁灭其全部或局部的生命;

(4)强制施行办法,意图防止该团体内的生育;

(5)强迫转移该团体的儿童至另一团体。

2. 反人类罪

"危害人类罪"是指在广泛或有系统地针对任何平民人口进行的攻击中,在明知这一攻击的情况下,作为攻击的一部分而实施的下列任何一种行为:

(1)谋杀;

(2)灭绝;

(3)奴役;

(4)驱逐出境或强行迁移人口;

---

[1] 马呈元:《国际刑法论》,中国政法大学出版社2013年版,第579~582页。

[2] 《国际刑事法院规约》第5条规定:法院管辖权内的犯罪

(一)本法院的管辖权限于整个国际社会关注的最严重犯罪。本法院根据本规约,对下列犯罪具有管辖权:1.灭绝种族罪;2.危害人类罪;3.战争罪;4.侵略罪。

(二)在依照第一百二十一条和第一百二十三条制定条款,界定侵略罪的定义,及规定本法院对这一犯罪行使管辖权的条件后,本法院即对侵略罪行使管辖权。这一条款应符合《联合国宪章》有关规定。

（5）违反国际法基本规则，监禁或以其他方式严重剥夺人身自由；

（6）酷刑；

（7）强奸、性奴役、强迫卖淫、强迫怀孕、强迫绝育或严重程度相当的任何其他形式的性暴力；

（8）基于政治、种族、民族、族裔、文化、宗教、第三款所界定的性别，或根据公认为国际法所不容的其他理由，对任何可以识别的团体或集体进行迫害，而且与任何一种本款提及的行为或任何一种本法院管辖权内的犯罪结合发生；

（9）强迫人员失踪；

（10）种族隔离罪；

（11）故意造成重大痛苦，或对人体或身心健康造成严重伤害的其他性质相同的不人道行为。

3. 战争罪

"战争罪"是指：

（1）严重破坏 1949 年 8 月 12 日《日内瓦公约》的行为，即对有关的《日内瓦公约》规定保护的人或财产实施下列任何一种行为。包括故意杀害；酷刑或不人道待遇，包括生物学实验；故意使身体或健康遭受重大痛苦或严重伤害；无军事上的必要，非法和恣意地广泛破坏和侵占财产；强迫战俘或其他被保护人在敌国部队中服役；故意剥夺战俘或其他被保护人应享的公允及合法审判的权利；非法驱逐出境或迁移或非法禁闭；劫持人质。

（2）严重违反国际法既定范围内适用于国际武装冲突的法规和惯例的其他行为。包括故意指令攻击平民人口本身或未直接参加敌对行动的个别平民；故意指令攻击民用物体，即非军事目标的物体；以任何手段攻击或轰击非军事目标的不设防城镇、村庄、住所或建筑物等。

（3）在非国际性武装冲突中，严重违反 1949 年 8 月 12 日四项《日内瓦公约》第 3 条的行为，即对不实际参加敌对行动的人，包括已经放下武器的武装部队人员及因病、伤、拘留或任何其他原因而失去战斗力的人员。

4. 侵略罪

2010 年 6 月 12 日，国际刑事法院成员国在坎帕拉召开的《国际刑事法院规约》第一次审查会议上协商一致方式通过《国际刑事法院规约》关于侵略罪的修正案，并在修正案中对侵略罪进行了规定，即能够有效控制或指挥一个国家的政治或军事行动的人策划、准备、发动或实施一项侵略行为，此种侵略行为的特点、严重程度和规模，须构成对《联合国宪章》的明显违反。

(四) 国际刑事司法组织

1. 前南斯拉夫国际刑事法庭

1991年,受东欧国家民主变革影响,前南斯拉夫开始解体,克罗地亚、波黑、斯洛文尼亚相继独立。在此期间,前南斯拉夫的一些地区,特别是克罗地亚和波黑,发生了不同民族之间的武装冲突,而武装冲突中塞尔维亚的领导人即为米洛舍维奇、波黑的领导人为卡拉季奇。为了解决冲突,维护和平,联合国安理会在1991年9月通过决议,对交战各方实行武器禁运。1992年,联合国向冲突地区派遣维和部队。在武装冲突中,发生了卡拉季奇对波黑穆斯林的种族清洗和灭绝行为。联合国在1992年10月通过决议,成立了一个专家委员会对此事展开调查。专家委员会提交两份报告。一份报告中,专家委员会认为,前南斯拉夫的武装冲突是国际武装冲突,应适用国际武装冲突法和国际人道主义法。另一份报告中,专家委员会认为,前南斯拉夫冲突地区发生了大规模的反人类罪和战争罪的行为。

1993年2月,联合国安理会通过决议,决定成立前南斯拉夫国际刑事法庭(以下简称前南刑庭),负责起诉1991年以来在前南斯拉夫实施严重违反国际人道法行为的人,其中就包括米洛舍维奇和卡拉季奇。1993年5月,联合国安理会又通过了《前南斯拉夫国际刑事法庭规约》。

前南刑庭是联合国安理会通过决议设立的,其目的是追究个人在国际法方面的刑事责任。前南刑庭是根据《前南斯拉夫国际刑事法庭规约》开展审判工作的。是在纽伦堡国际军事法庭和远东国际军事法庭之后,对个人国际犯罪行为进行管辖的又一个国际司法机关。

2. 卢旺达国际刑事法庭

1962年,位于非洲东部的卢旺达宣布独立。之后,卢旺达境内的图西族和胡图族发生多次严重的冲突。1990年,冲突演化为内战。1994年,卢旺达总统乘坐的专机被击落,随后引发胡图族对图西族的屠杀。

在屠杀发生后,联合国谴责了卢旺达境内违反国际人道法的行为。联合国安理会在1994年5月通过决议,要求联合国秘书长对卢旺达境内的屠杀进行调查并提交报告。1994年12月,安理会收到了报告。安理会根据报告在1994年11月通过决议,决定成立卢旺达国际军事法庭,专门起诉应对自1994年1月1日至12月31日在卢旺达及其邻国境内实施违反国际人道法行为负责的公民。

同前南刑庭一样,安理会也专门制定了《卢旺达国际刑事法庭规约》作为卢旺达国际刑事法庭运作和审判的依据。

3. 国际刑事法院

前南刑庭和卢旺达国际军事法庭只审判特定范围内违反国际人道法的国际

犯罪行为,并且两个都是特设法庭,而国际刑事法院则是一个更加具有普遍性的组织,是常设的司法机关。

国际刑事法院的成立实际上经历了漫长的历史,直到1998年7月,罗马外交大会以压倒性的多数表决通过了《国际刑事法院规约》,随后开放签署。到2002年7月,《国际刑事法院规约》正式生效。根据《国际刑事法院规约》的规定,国际刑事法院正式成立。

国际刑事法院的成立标志着国家刑法的成熟和发展。国际刑事法院管辖范围内的犯罪都是国际法中最严重的国际犯罪。例如战争罪、种族灭绝罪、反人类罪等。

虽然国际刑事法院已经成立,但是国际刑事法院并没有对所有的国际刑事犯罪案件进行管辖。根据《国际刑事法院规约》的规定,国际刑事法院仅对公约生效后的犯罪具有管辖权[1]。并在国家批注加入《国际刑事法院规约》后自动对其进行管辖[2]。但根据《国际刑事法院规约》第1条的规定[3],国际刑事法院的管辖权属于补充管辖权。

---

[1] 参见《国际刑事法院规约》第11条规定:属时管辖权
(一)本法院仅对本规约生效后实施的犯罪具有管辖权。
(二)对于在本规约生效后成为缔约国的国家,本法院只能对在本规约对该国生效后实施的犯罪行使管辖权,除非该国已根据第十二条第三款提交声明。
[2] 参见《国际刑事法院规约》第12条规定:行使管辖权的先决条件
(一)一国成为本规约缔约国,即接受本法院对第五条所述犯罪的管辖权。
(二)对于第十三条第1项或第3项的情况,如果下列一个或多个国家是本规约缔约国或依照第三款接受了本法院管辖权,本法院即可以行使管辖权:
1.有关行为在其境内发生的国家;如果犯罪发生在船舶或飞行器上,该船舶或飞行器的注册国;
2.犯罪被告人的国籍国。
(三)如果根据第二款的规定,需要得到一个非本规约缔约国的国家接受本法院的管辖权,该国可以向书记官长提交声明,接受本法院对有关犯罪行使管辖权。该接受国应依照本规约第九编规定,不拖延并无例外地与本法院合作。
[3] 《国际刑事法院规约》第1条:法院兹设立国际刑事法院(以下简称"本法院")。本法院为常设机构,有权就本规约所提到的、受到国际关注的最严重罪行对个人行使其管辖权,并对国家刑事管辖权起补充作用。本法院的管辖权和运作由本规约的条款加以规定。

第十七章
和平解决国际争端

第一节 国际争端的政治解决

一、洛克比空难事件引起的1971年《蒙特利尔公约》的解释和适用问题案

（一）案件背景

1988年12月21日，从德国法兰克福市飞往美国纽约的泛美航空公司103航班，在苏格兰洛克比上空发生空难，造成机内259人、地面11人，共计270人遇难。其中100余名遇难者为美国人。经过3年调查，两名阿拉伯利比亚民众国和联合王国（简称利比亚）国民被控告在该航班上放置炸弹，引发空难。美国与英国发表共同声明，要求利比亚将嫌疑犯交出并承担责任，交出所有证据并赔偿空难受害者家属。但利比亚认为，制造空难事件的行为符合1971年《蒙特利尔公约》（《关于制止危害民用航空安全的非法行为公约》）第

1 条所指的罪行[1]。作为 1971 年《蒙特利尔公约》的缔约国、美国、英国、利比亚都应当根据公约,由利比亚审讯两个嫌疑犯,并由英美两国提供司法协助。因而利比亚拒绝了美英的要求,并表示将自行审理上述案件。[2]

之后美国、英国再次发表共同声明,要求利比亚将两名嫌疑犯引渡给英美两国,同时要求利比亚给予恰当的赔偿。如果利比亚拒绝予以引渡,美国、英国将对利比亚进行经济和空运制裁。

(二) 案件进程

1992 年 3 月 3 日,利比亚向国际法院提交请求书,指控英国违反了《蒙特利尔公约》的条约义务,请求国际法院认定美国和英国的做法构成违反条约义务,威胁了利比亚的主权、领土完整和政治独立。请求国际法院认定美国和英国不得采取行动以强迫利比亚把两个利比亚国民移交给外国审判;保证不采取任何步骤和以任何方式损害利比亚对请求书所指的问题行使法律程序的权利。并针对美国、英国的经济和空运制裁,请求国际法院对利比亚当前面临的紧急局势,采取临时保全措施。

国际法院书记长官根据《国际法院规约》第 40 条将利比亚的请求书通知有关国家,和经由联合国通知联合国会员国和有权在国际法院出庭的国家。1992 年 3 月 12 日和 25 日,书记长官将请求书送交国际民航组织,以及《蒙特利尔公约》的其他缔约国。1992 年 3 月 26~28 日国际法院开庭审理关于利比亚要求指示临时措施问题。

安理会于 1992 年 1 月 26 日通过第 731(1992)号决议。在该决议中,安理会表示深切关注案件的结果。并且在此决议的文件中包含了法国、英国、荷兰、美国等国对利比亚攻击"泛美 103 号客机"和"联合运输第 772 号客机"有关之事件请求进行法律程序的要求。鉴于利比亚政府对于洛克比空难的恐怖主义行

---

[1] 《关于制止危害民用航空安全的非法行为公约》第 1 条规定:
1. 任何人如果非法地和故意地从事下属行为,即是犯罪:
(1) 对飞行中的航空器内的人从事暴力行为,如该行为将会危及航空器的安全;或
(2) 破坏使用中的航空器或对该航空器造成损害,使其不能飞行或将会危及其飞行安全;或
(3) 用任何方法在使用中的航空器内放置或使别人放置一种将会破坏航空器或对其造成损坏使其不能飞行或对其造成损坏而将会危及其飞行安全的装置和物质;或
(4) 破坏或损坏航行设备或妨碍其工作,如任何此种行为将会危及飞行中的航空器的安全;或
(5) 传送明知是虚假的情报,从而危及飞行的航空器的安全。
2. 任何人如果从事下述行为,也是犯罪:
(1) 企图犯本条第一款所指的任何罪行;或
(2) 是犯有或企图犯任何此种罪行的人的同犯。
[2] 邵沙平:《国际法院新近案例研究(1990—2003)》,商务印书馆 2006 年版,第 172~202 页。

为没有作出有效的反映。安理会敦促利比亚政府立即作出一切行之有效的反映,为消除国际恐怖主义做贡献。

1992年3月31日,安理会在其作出的第48号决议中认为利比亚政府对于美国和英国的联合声明中所提的要求,尚未作出有效的反映,也没有按照安理会的决议,在反对恐怖主义方面作出具体的行动,因此构成对国际和平与安全的威胁。对此安理会要求利比亚应立即执行安理会决议。安理会同时呼吁所有国家[1]无视1992年4月15日前与利比亚共同签署的国际协议,于1992年4月15日起实施安理会制定的制裁措施,直至利比亚执行安理会决议。

(三)案件结果

1992年4月14日,国际法院对利比亚的两项请求书分别发出两项内容相同的命令。命令中指出,考虑到联合国安理会的决议和英美两国的联合声明,国际法院提出意见:利比亚和英国、美国均为联合国的会员国,都有义务接受执行安理会根据《联合国宪章》第25条作出的决议。国际法院在考虑指示临时保全措施的阶段中,考虑到此义务已延伸到包含在第748号决议(1992)中的决定,根据宪章第103条,双方在这方面所承担的义务高于它们根据任何国际条约所应承担的义务。[2]不论安理会通过上述决议时的形势如何,利比亚根据《蒙特利尔公约》所提出的权利从而请求临时保全措施是不适当的。因为利比亚请求临时保全措施显然有损于英国和美国根据第748号决议取得的权利。

最终国际法院认定在本案目前的情况下,没有必要根据《国际法院规约》第41条指示临时保全措施。[3]

1999年,美国、英国两国和利比亚达成协议,由位于荷兰的苏格兰法庭对涉案两名利比亚人进行审判。2000年5月3日,苏格兰法庭开庭审理此案。2000年5月14日,苏格兰法庭作出终审判决,洛克比空难制造者迈格拉西被判处终身监禁。2003年9月10日涉案各方联合通知国际法院,"阿拉伯利比亚民众国和联合王国均同意在原告不得因同一诉因重新起诉的条件下中止1992年3月3日登记备案的利比亚请求书提起的诉讼程序"。[4]

---

〔1〕 所有国家,包括联合国的非会员国和所有国际组织。

〔2〕 《联合国宪章》第103条规定:
联合国会员国在本宪章下之义务与其依任何其他国际协定所负之义务有冲突时,其在本宪章下之义务应居优先。

〔3〕 国际法院网:"国际法院判决书、咨询意见和命令摘录1997–2002",载http://www.icj-cij.org/files/summaries/summaries–1997–2002–ch.pdf.2017–08–14.

〔4〕 国际法院网:"国际法院判决书、咨询意见和命令摘录2003–2007",载http://www.icj-cij.org/files/summaries/summaries–2003–2007–ch.pdf.2017–08–14.

二、案件所涉国际法原理

(一) 国际争端概述

1. 国际争端的概念与种类

在国际交往中国际争端是不可避免的,也是普遍存在的,而国际争端的存在又往往威胁着世界和平安全。那么什么是国际争端？国际争端有广义和狭义之分。广义上的国际争端是指两个及两个以上的国际法主体基于法律权利、政治利益的分歧所引发的冲突与对立。狭义上两个国际法主体仅限于国家之间。在洛克比空难中,利比亚与英美两国间的针对 1971 年《蒙特利尔公约》的解释和适用问题的争端即为国际争端。

根据争端发生的原因和性质,国际争端一般分为四种：

(1) 法律争端,又被称为"可以裁判的争端"。是指争端当事国的以国际法为依据提出各自的要求与主张,因而能够通过法律手段进行解决,其权利与利益也能够为国际法所承认与保护。

(2) 政治争端,又被称为"不可裁判的争端"。政治争端往往是指由当事国主权、独立等国际政治利益引起的相对重大的争议,争议双方不能或不愿通过法律的方式进行解决,仅能够通过政治方式加以解决。

(3) 混合型争端,即争端即涉及政治利益,又涉及法律利益,因而既可以通过政治方式加以解决,又可以通过法律方式加以解决,还可以政治、法律并用加以解决。实际上国际争端中,大多争端都是混合型争端。本案中利比亚与英美针对两名利比亚籍嫌疑人的管辖争端所引起的冲突和对立,既涉及了利比亚与英美两国的法律利益,又涉及双方的政治利益,属于国际争端中的混合型争端。因而在案件的解决过程中既用到了法律方式又用到了政治方式。

(4) 事实争端,即是指争端双方对某一事实的真相存在争议。往往需要通过调查、和解的手段进行解决。

2. 解决国际争端的方法与原则

传统解决国际争端的方法是采用武力或战争的方法。战争在传统国际法中被认为是国家主权的内容,通过战争的手段来解决争端被认为是一种合法的途径。现代国际法否认了战争权的合法性。只有在集体安全制度下和自卫中使用武力才是合法的。

强制方法不同于战争,是指争端一方对另一方采取的,对被强制方而言是非自愿的且非应得的争端解决方法,主要包括报复或反报、制裁、平时封锁等.

由于强制方法是仅次于战争的涉及武力或武力威胁的方法,在现代的国际法领域也受到严格的限制。洛克比空难中,英美联合对利比亚采取的空中管制由于并未采用武力或者武力威胁,不属于平时封锁等强制方法。

除了战争的方式和强制方法解决国际争端外,也可以通过和平的方式解决国际争端。这一争端解决方式主要包括政治、法律的方法,例如谈判、协商、调查、和解、斡旋、仲裁、诉讼等。1899 年海牙第一会约《和平解决国际争端公约》首次提出要和平解决国际争端。《联合国宪章》明确要求会员国以和平方式解决争端,并将和平解决国际争端列为七项基本原则之一。1970 年 10 月 24 日联合国大会通过的《国际法原则宣言》中对和平解决国际争端做了进一步的阐释。和平解决国际争端也逐渐成为现代国际法的一项基本原则。洛克比空难案中争端双方通过诉讼、谈判协商,以及联合国安理会在争端解决期间进行的第 48 号、第 731 号两次决议,均属于以和平方式解决国际争端,符合国际法的基本原则。

(二) 国际争端的政治解决方法

1. 谈判与协商

谈判与协商是政治解决方法中的首要方法。两个或两个以上的国家为了有关冲突、矛盾或争端得到谅解或求得解决而进行的直接交涉,包括澄清事实、阐明观点等,消除隔阂和误会,增进相互了解和信任,以寻求双方都能够接受的解决办法。

不同于其他的争端解决方式,谈判与协商的特点在于谈判协商期间当事国能够互相交换意见,始终参与谈判过程;适用于各种类型的国际争端;在谈判过程中,双方都处于平等的地位;除另有协商外,在任何时候当事国都可以选择其他的解决途径。因而在国际实践中,谈判或协商是解决国际争端最经常使用的和平方法。

本案中,利比亚和英美两国最终中止国际法院对案件的审理,其原因即在于利比亚与英美两国以谈判协商的方式解决了争端。利比亚与英国达成协议,在荷兰对涉案两名利比亚人进行审判,且利比亚同意在不因同一原因重新起诉的条件下中止诉讼程序。

2. 斡旋与调停

斡旋与调停是指第三国促进当事国的谈判,帮助争端的解决。这主要发生在争端当事国无法通过谈判和协商解决争端时。

不同于斡旋的第三方主动进行有助于促成争端当事国之间直接谈判的行动,但斡旋者本身不参加谈判。调停是指,第三方以中间人的身份推动争端当事国采取和平方法解决它们之间的争端。

第三国不能将自己的意志强加给争端的当事国,不会因为参加斡旋或调停而承担责任。

3. 调查与和解

调查指在特别涉及对事实问题有分歧的国际争端中,有关争端当事国同意一个与争端没有任何关系的第三方为解决争端而通过一定的方式调查有争议的事实,查明事实,以最终解决争端的一种方法。其特点在于能够结合外交和法律、技术的各种优点;进行调查的机构和程序等一般由条约规定;但其调查报告的内容一般对当事国没有法律拘束力。

和解,是指争端当事国通过条约或其他形式同意或商定把它们之间的争端提交给委员会以解决争端的方法。其争端的解决方式主要是通过对争端事实的调查和评价,向争端当事国澄清事实,并在听取各方意见和作出促使它们达成协议的努力后,提出包括解决争端建议在内的报告。

和解和调查都是在1899年和1907年海牙《和平解决国际争端》及1913年布莱恩和平条约体系基础上逐渐确立的。

(三) 国际组织与国际争端的和平解决

国际组织在和平解决国际争端发挥了越来越大的作用。其中最突出的就是联合国机构参与和平解决国际争端。《联合国宪章》第14条指出联合国大会可以通过和平手段解决任何妨害国际公共福利或友好关系的争端。[1]并在第10条规定,联合国大会可以讨论《联合国宪章》范围内所有的问题、事项,并可以向联合国会员国、安理会,或者同时向两者提出建议。[2]第24条第1款[3]、第37条第1款[4]中也指出,安全理事会的主要责任就是维护和平安全,当事国未能通过政治法律手段解决国际争端时,应将争端提交安全理事会。第15章指出联合国秘书长可以将可能威胁国际和平安全的事件提醒安理会注意。因而除国际法院外,联合国大会、安全理事会和秘书处也在和平解决国际争端中负有重要的责任。

本案中联合国安理会作出的第48号、第731号决议均属于国际组织和平解决国际争端。安理会要求利比亚应毫不拖延地执行安理会731号决议,绝对停

---

[1]《联合国宪章》第14条规定:

大会对于其所认为足以妨害国际公共福利或友好关系之任何情势,不论其起源如何,包括由违反本宪章所载联合国之宗旨及原则而起之情势,得建议和平调整办法,但以不违背第十二条之规定为限。

[2]《联合国宪章》第10条规定:

大会得讨论本宪章范围内之任何问题或事项,或关于本宪章所规定任何大会之职权;并除第十二条所规定外,得向联合国会员国或安全理事会或兼向两者,提出对各该问题或事项之建议。

[3]《联合国宪章》第24条第1款规定:为保证联合国行动迅速有效起见,各会员国将维持国际和平及安全之主要责任,授予安全理事会,并同意安全理事会于履行此项责任下之职务时,即系代表各会员国。

[4]《联合国宪章》第37条第1款规定:

属于第三十三条所指之性质之争端,当事国如未能依该条所示方法解决时,应将该项争端提交安全理事会。

止一切形式的恐怖主义行动和对恐怖主义集团的一切援助,必须以具体行动迅速表明其谴责恐怖主义。同时呼吁所有国家无视 1992 年 4 月 15 日前与利比亚共同签署的国际协议和利比亚所承担的权利和义务,于 1992 年 4 月 15 日起采取安理会制定的制裁措施,对洛克比空难案件的发展起到了至关重要的作用。也反映出国际组织在和平解决国际争端中的重要作用。

但联合国处理国际争端并不是没有限度的,根据《宪章》第 2 条第 7 款对基本原则的规定,争端的解决应以不干涉内政原则为限度。并且根据第 12 条的规定,安理会正在进行处理的争端、情势,除安理会请求或同意外,联合国大会不得提出任何建议。

(四) 利用区域机关或区域办法解决国际争端

此外《宪章》在第六章"和平解决国际争端"一章中列举了"区域机关或区域办法",规定由区域性国际组织参与解决争端或经区域相关国家之间采取措施解决。《宪章》第八章规定区域办法"用以应付关于维持国际和平与安全而宜于区域行动之事件者",且以不违背宪章的宗旨和原则为限。区域办法不得妨碍安理会职能内的执行行动,并应向安理会报告依区域办法已经采取或正在考虑的行动。但相比于联合国机构,区域机关和区域办法具有以下特点:

(1) 只能解决区域性或地方性的争端;

(2) 作为某一区域机关或区域办法成员的联合国会员国在把区域性或地方性国际争端提交安理会之前,应按照该区域办法或由该区域机关争取和平解决;

(3) 可以在安理会授权下采取执行行动;

(4) 为维持国际和平与安全的目的,对其已经或正在考虑采取的行动,随时向安理会作出充分的报告。

当前全球较为重要的区域机关主要包括:阿拉伯国家联盟、美洲国家组织、非洲统一组织、欧洲安全和合作组织等。

第二节 国际争端的法律解决

一、有关或起诉或引渡义务的问题(比利时诉塞内加尔)案

(一) 案件背景

本案以比利时对塞内加尔的侯赛因·哈布雷的起诉引渡义务为背景。侯赛因·哈布雷为乍得的第一任总统。1990 年 12 月 2 日,哈布雷政府被推翻,哈布

雷及其支持者一起逃往喀麦隆,后来又流亡到塞内加尔。

由于哈布雷的严刑酷法,他被以严重违反国际人道主义法、酷刑、种族灭绝罪、反人类罪和战争罪等罪名遭到比利时起诉。2005年9月19日,比利时调查法官在哈布雷缺席的情况下发出国际逮捕令,要求从塞内加尔引渡哈布雷。2005年11月25日塞内加尔法院作出裁决,认为哈布雷作为前国家元首应享有"管辖豁免",普通法法院对国家元首在行使职能时犯下的罪行或为此对其进行起诉的事项没有管辖权。从而拒绝了比利时的引渡。次日,塞内加尔将起诉哈布雷问题提交非洲联盟。在2006年7月,非洲联盟国家元首和政府首脑大会认定审议哈布雷属于非洲联盟(本章简称"非盟")职权范围,并授权塞内加尔起诉和审判哈布雷。同时为推动审判的进行,授权非盟主席在与非盟委员会主席协商下向塞内加尔提供援助。

2006年1月11日比利时援引《联合国禁止酷刑和其他残忍、不人道或有辱人格的待遇或处罚公约》(本章简称《禁止酷刑公约》)第7条[1]、第30条[2]的规定,要求塞内加尔"通知比利时其对批准或拒绝关于哈布雷先生的引渡申请所做的最终决定"。比利时在2006年3月9日再次提到按照第30条规定进行的谈判程序,要求塞内加尔告知比利时"塞内加尔决定将侯赛因·哈布雷案提交非洲联盟,是否意味着塞内加尔当局不再打算把他引渡到比利时或由自己的法院来审判侯赛因·哈布雷"。

2006年5月17日联合国禁止酷刑委员会在其裁决中认定塞内加尔没有采取"可能必要的措施"建立对《禁止酷刑公约》所列罪行的管辖权,从而违反了

---

[1]《禁止酷刑和其他残忍、不人道或有辱人格的待遇或处罚公约》第7条规定:
1.缔约国如在其管辖领土内发现有被控犯有第4条所述任何罪行的人,在第5条所指的情况下,如不进行引渡,则应将该案提交主管当局以便起诉。
2.主管当局应根据该国法律,以审理情节严重的任何普通犯罪案件的同样方式作出判决。对第5条第2款所指的情况,起诉和定罪所需证据的标准决不应宽于第5条第1款所指情况适用的标准。
3.任何人因第4条规定的任何罪行而被起诉时,应保证他在诉讼的所有阶段都得到公平的待遇。
[2]《禁止酷刑和其他残忍、不人道或有辱人格的待遇或处罚公约》第30条规定:
1.两个或两个以上缔约国之间有关本公约的解释或适用的任何争端,如不能通过谈判解决,在其中一方的要求下,应提交仲裁。如果自要求仲裁之日起六个月内各方不能就仲裁之组织达成一致意见,任何一方均可按照国际法院规约要求将此争端提交国际法院。
2.每一国家均可在签署或批准本公约或加入本公约时,宣布认为本条第1款对其无拘束力。其他缔约国在涉及作出这类保留的任何国家时,亦不受本条第1款的拘束。
3.按照本条第1款作出保留的任何缔约国,可随时通知联合国秘书长撤销其保留。

《禁止酷刑公约》第 5 条第 2 款[1]规定。并且未履行其根据《禁止酷刑公约》第 7 条第 1 款承担的义务,没有将哈布雷先生一案提交其主管权力机构进行起诉,或按照比利时提出的引渡请求进行引渡。

2006 年 6 月 20 日比利时指出,由于 2005 年 11 月起就试图与塞内加尔进行谈判,但未能成功,因此按照《禁止酷刑公约》第 30 条规定要求塞内加尔"在相互商定的条件下"将争端提交仲裁。

塞内加尔在 2007 年进行了若干立法改革,使其国内法符合《禁止酷刑公约》第 5 条第 2 款。并于 2007 年 2 月 20 日和 21 日告知比利时这些立法改革。非洲联盟大会在其 2007 年 1 月 29 日和 30 日举行的第八届首脑会议期间,"呼吁联盟各成员国……国际合作伙伴以及整个国际社会调动筹备和顺利进行哈布雷先生审判工作所需的一切资源,尤其是金融资源"。2007 年 5 月 8 日比利时表示愿意与塞内加尔进行司法合作,根据这项合作,比利时将根据塞内加尔主管当局的一份调查委托书,把比利时对哈布雷先生的调查档案副本送交塞内加尔。塞内加尔于 2007 年 10 月 5 日告知比利时决定组织哈布雷的审判。比利时在 2008 年 12 月 2 日、2009 年 6 月 23 日、10 月 14 日、2010 年 2 月 23 日、6 月 28 日、2011 年 9 月 5 日和 2012 年 1 月 17 日的分别重申愿意进行司法合作。塞内加尔也在 2009 年 7 月 29 日、9 月 14 日、2010 年 4 月 30 日和 6 月 15 日分别对司法合作的建议表示欢迎,并表示已任命调查法官,愿意在捐助会议举行后立即接受这一提议。但比利时始终未从塞内加尔收到调查委托书。

2008 年,塞内加尔修订其《宪法》第 9 条,以便为其刑事法不溯及既往的原则提供一种例外情况,使其可以起诉、审判和惩罚"任何人的任何作为或不作为,只要在犯下此种作为或不作为行为时,关于灭绝种族、危害人类罪和战争罪行为的国际法规则就这些行为定义为犯罪行为"。

(二) 案件进程

2009 年 2 月 19 日比利时向国际法院提出申请,就该项争端对塞内加尔提起诉讼,争端内容为"塞内加尔是否应履行其义务,就乍得共和国前总统侯赛因·

---

[1] 《禁止酷刑和其他残忍、不人道或有辱人格的待遇或处罚公约》第 5 条规定:
1. 每一缔约国应采取各种必要措施,确定在下列情况下该国对第 4 条所述的罪行有管辖权:
(a) 这种罪行发生在其管辖的任何领土内,或在该国注册的船舶或飞机上。
(b) 被控罪犯为该国国民。
(c) 受害人为该国国民,而该国认为应予管辖。
2. 每一缔约国也应采取必要措施,确定在下列情况下。该国对此种罪行有管辖权:被控罪犯在该国管辖的任何领土内,而该国不按第 8 条规定将其引渡至本条第 1 款所述的任何国家。
3. 本公约不排除按照国内法行使的任何刑事管辖权。

哈布雷先生据称作为行为人、共同行为人或同谋实施的各种行为,包括酷刑和危害人类罪行进行起诉,或将他引渡到比利时进行刑事诉讼"。比利时在申请中提出的权利主张的根据为 1984 年 12 月 10 日的《禁止酷刑公约》和习惯国际法。国际法院指出,比利时在申请中援引《禁止酷刑公约》第 30 条第 1 款以及比利时在 1958 年 6 月 17 日和塞内加尔在 1985 年 12 月 2 日按照《国际法院规约》第 36 条第 2 款规定所做的声明,作为国际法院管辖权的根据。

2009 年 2 月 19 日,比利时为了保护自己的权利,还请求国际法院采取临时措施。国际法院于 2009 年 5 月 28 日根据此项请求发出命令。在该命令中,国际法院裁定,从比利时向国际法院作出的陈述看,情况还没有到达需要国际法院根据《国际法院规约》第 41 条行使权力指示临时措施的程度。

如上文所述,比利时于 2009 年 2 月 19 日向书记官处提交申请书。2009 年 4 月,在就比利时提出的指示临时措施请求举行听讯期间——在听讯结束时比利时要求国际法院在根据案件实情作出最终判决前,指示临时措施,要求答辩人采取其权力范围内的一切步骤,就哈布雷先生置于塞内加尔司法当局控制和监督下,使比利时要求遵守的国际法的规则得到正确适用——塞内加尔在国际法院庄严宣告,在该案件解决之前,不会允许哈布雷先生离开其领土。在同一听讯会上,塞内加尔说"在塞内加尔开始审判侯赛因·哈布雷先生的唯一障碍是经费问题",塞内加尔"同意审判哈布雷先生,但在一开始就告诉非洲联盟,它无法自己承担审判的费用"。

国际法院然后指出,西非国家经济共同体法院(本章简称西非经共体法院)在 2010 年 11 月 18 日对哈布雷先生于 2008 年 10 月 6 日提出的申请作出判决,哈布雷先生在申请中请求西非经共体法院裁定,如果对他提起诉讼,塞内加尔即侵犯了他的人权。此外,西非经共体法院指出,有证据显示塞内加尔的宪法和立法改革可能侵犯哈布雷先生的人权,西非经共体法院认为塞内加尔应该尊重国内法院已作出的裁决,尤其是遵守已决事件原则,并因此命令塞内加尔遵守不溯及既往的绝对原则。西非经共体法院进一步认为,塞内加尔从非洲联盟获得的授权实际上是在严格的特殊国际诉讼框架内对哈布雷先生提起诉法和进行审判所需的一切安排。

在西非经共体法院作出该判决后,非洲联盟国家元首和政府首脑大会在 2011 年 1 月"要求委员会与塞内加尔政府进行磋商,以便最终确定通过一个与西非经共体法院裁决一致的具有国际性质的特别法庭迅速审判侯赛因·哈布雷的方式"。该大会在其 2011 年 7 月第十七届会议上,"确认授权塞内加尔代表非洲审讯侯赛因·哈布雷",并"敦促塞内加尔按照联合国《禁止酷刑公约》规定、联合国禁止酷刑委员会的决定以及上述授权,迅速审讯侯赛因·哈布雷或将他引渡到愿意对他进行审讯的任何其他国家"。

2011年1月12日和11月24日,禁止酷刑委员会报告员就委员会2006年5月17日的决定提醒塞内加尔,塞内加尔如果不引渡哈布雷先生,则有义务将他提交其主管当局以便起诉。

比利时分别在2011年3月15日、9月5日和2012年1月17日向塞内加尔提出三个引渡哈布雷先生的要求。塞内加尔法院宣告不受理前两个请求;第三个仍待塞内加尔法院回复。

非洲联盟国家元首和政府首脑大会在其2012年1月举行的第十八届会议上指出,达喀尔上诉法院尚未对比利时的第四个引渡请求作出决定。它指出,卢旺达准备组织对哈布雷先生的审判,并"要求非洲联盟委员会继续与伙伴国家和机构以及塞内加尔共和国协商,然后与卢旺达共和国协商,以确保迅速审判侯赛因·哈布雷,并考虑实际的审判方式,以及审判所涉及的法律和财务问题"。

(三) 案件结果

2012年7月20日,国际法院就与或起诉或引渡义务有关的问题案(比利时诉塞内加尔)作出判决。

(1)裁定法院有管辖权受理各当事方就1984年12月10日的《联合国禁止酷刑和其他残忍、不人道或有辱人格的待遇或处罚公约》第6条第2款和第7条第1款的解释和适用发生的争端,比利时王国在2009年2月19日向书记官处提交的申请书中提出这项争端;

(2)裁定法院无管辖权受理比利时王国关于塞内加尔共和国据称违反习惯国际法规定的义务的权利主张;

(3)裁定可受理比利时王国根据1984年12月10日的《禁止酷刑公约》第6条第2款和第7条第1款提出的权利主张;

(4)裁定塞内加尔共和国没有立即对侯赛因·哈布雷先生据称犯下罪行的事实进行初步调查,因此违反其根据1984年12月10日的《禁止酷刑公约》第6条第2款[1]承担的义务;

---

[1] 《禁止酷刑和其他残忍、不人道或有辱人格的待遇或处罚公约》第6条规定:

1.任何缔约国管辖的领土内如有被控犯有第4条所述罪行的人,该国应于审查所获情报后确认根据情况有此必要时,将此人拘留,或采取其他法律措施确保此人留在当地。拘留和其他法律措施应合乎该国法律的规定,但延续时间只限于进行任何刑事诉讼或引渡程序所需的时间。

2.该缔约国应立即对事实进行初步调查。

3.按照本条第1款被拘留的任何人,应得到协助,立即与距离最近的本国适当代表联系,如为无国籍人,则与其通常居住国的代表联系。

4.任何国家依锯本条将某人拘留时,应立即将此人已被拘留及构成扣押理由的情况通知第5条第1款所指的国家。进行本条第2款所指的初步调查的国家,应迅速将调查结果告知上述国家,并说明是否有意行使管辖权。

(5)裁定塞内加尔共和国没有将侯赛因·哈布雷先生一案提交有关当局进行起诉,因此违反其根据1984年12月10日的《禁止酷刑公约》第7条第1款承担的义务;

(6)裁定塞内加尔共和国在不引渡侯赛因·哈布雷先生时,必须毫不延迟地将其案件提交有关当局进行起诉。[1]

二、案件所涉国际法原理

和平解决国际争端的法律方法是依照国际法领域的法律规则通过仲裁和司法手段来解决国家之间的法律争端和混合型争端。

相比于政治方式解决国家争端,法律方式解决国家争端具有如下特征:

(1)法律争端解决方式即使用于法律争端,又适用于混合型争端;

(2)法律解决方式具有完善的组织机构和程序规则,并依据国际法进行解决;

(3)法律方式解决国家争端的结果对争端当事国具有束缚力,因此争端当事国在通过法律方式解决国际争端后一般不得再采取其他争端解决方式,是国际争端的最终解决方式。

本案中比利时诉塞内加尔有关或起诉或引渡义务的问题属于国家之间的争端,属于国际争端的范围。且两者关于或引渡会起诉的争端为法律争端,能够通过法律方式加以解决。因此比利时将争议提交至国际法院。

(一) 司法解决国际争端

司法解决是和平解决国际争端的重要方法。国际法院作为联合国的司法机关,依照《联合国宪章》和《国际法院规约》的规定解决国际争端。

1. 国际法院的管辖权

根据宪章和规约的规定,国际法院的管辖权由诉讼管辖权和咨询管辖权组成。其中诉讼管辖权又包括对人管辖权和对事管辖权。

(1)诉讼管辖权。

A. 对人管辖。根据《国际法院规约》的规定,只有国家才能在国际法院进行诉讼,联合国和其他国际组织或个人,都不能成为国际法院诉讼的当事方。

B. 对事管辖。根据《国际法院规约》第36条的规定,国际法院对事的管辖有三类,分别是:争端当事国提交的一切案件,不限于法律性质的争端(自愿管辖);《联合国宪章》和现行条约中特别规定的事件或争端(协定管辖);国家事先

---

[1] 国际法院网:"国际法院判决书、咨询意见和命令摘录2008—2012",载http://www.icj-cij.org/files/summaries/summaries-2008-2012-ch.pdf.2017-08-14。

声明接受国际法院管辖的一切法律争端(选择性管辖)。

(2)咨询管辖权。根据《联合国宪章》第96条的规定,联合国大会、安理会、经济及社会理事会、托管理事会、大会临时委员会、要求复核行政法庭所做判决的申请书委员会以及经大会授权的16个联合国专门机构和其他机构,可以就执行其职务中的任何法律问题请求国际法院发表咨询意见。国家和个人,包括联合国秘书长,都无权请求国际法院,也无权阻止国际法院发表咨询意见。

目前全球共有66个国家依照《国际法院规约》第26条第2款和第5款提出声明,承认法院的管辖权具有强制性,但其中许多国家附有保留。

比利时诉塞内加尔的有关或起诉或引渡义务的问题为国家,法院行使的是诉讼管辖权。"科索沃单方面宣布独立是否符合国际法""国际劳工组织行政法庭就针对国际农业发展基金案的指控作出的第2867号判决"案中国际法院行驶的是咨询管辖权。

2. 国际法院的法律适用

根据《国际法院规约》第38条的规定国际法院审判国际争端时应适用国际条约、国际习惯、一般法律原则、司法判例及各国权威最高的公法学家学说。同时国际法院经当事国同意本"公允及善良"原则裁判案件。本案中国际法院审判适用了《禁止酷刑公约》等国际条约。

3. 国际法院的诉讼程序

(1)起诉。根据管辖权的依据不同,诉讼当事国向国际法院提交案件的方式也是不同的。在自愿管辖时,当事国协商后提交特别协议;也有经一方当事国提起诉讼,得到他方认可形成协议,称为"法院延期"。协定管辖和任择强制性管辖时,当事国一方以包括阐明管辖权依据的申请书方式提交案件,由国际法院通知争端对方。

(2)诉讼程序。先进行书面程序,国际法院确定管辖权后,将命令争端方提出诉状、辩护状或证据及其他文件资料。在审理中,还可命令争端方限期提交答辩状或复辩状等法律文书。之后,进行口头程序,国际法院可询问代理人、证人、鉴定人、律师及其他有关人员。口头程序一般应公开进行。

(3)判决程序。法庭辩论结束后,国际法院法官退席讨论起草判决。判决的一切结果遵从少数服从多数的原则,票数相等时由院长或代理院长决定。

(4)附带程序。又称特别程序,在初步反对主张、临时保全、参加或共同诉讼、中止诉讼等特定情况下采用的程序。

国际法院在和平解决国际争端中具有重要的作用,确立了许多法律原则,促进了国际法编纂和发展,为和平解决国际争端提供了一个可资利用的法律手段,维护了国际法律秩序,加强了法制观念。

本案中比利时向国际法院提出申请，就一项争端对塞内加尔提起诉讼，即为以请求书的形式提出诉讼。此后双方进行了书面与口头的程序。2009 年 2 月 19 日，比利时为了保护自己的权利，请求国际法院指示临时措施即属于特殊程序中的临时保全。判决中国际法院裁定的行为即为多数票决定判决问题。

(二) 仲裁解决国际争端

1. 国际仲裁的概念

国际仲裁是指争端当事国同意把它们争端交给自己选任的仲裁人来裁判并承诺服从其裁决。其特点在于当事国自愿选择仲裁的方式，并有权自己选择仲裁员，选择仲裁所依据的法律。仲裁裁决对争端双方具有拘束力。

仲裁属于自愿管辖，争端当事国提交仲裁应采用一定的形式。形式通常有两种：

(1) 订立仲裁条约协定。仲裁的效力来源于当事国签订的仲裁协议。争端当事国通过订立仲裁条约协定，双方交付仲裁的合意，从而承担了服从执行仲裁裁决的义务。该条约、协定可在争端发生前订立，也可在终端发生后，临时订立。

(2) 争端当事国接受国际条约和公约中的争端解决条约或仲裁条款。

2. 常设仲裁院

常设仲裁院是 1899 年根据海牙《和平解决国际争端公约》第 20 条至第 29 条的规定，由缔约国在海牙建立的。其目的和任务是"便利将不能用外交方法解决的国际争议立即提交仲裁"。常设仲裁法院的仲裁员由各缔约国遴选任命的若干"公认精通国际法和道德名望极著"的个人组成。

附录：联合国宪章

第一章：宗旨及原则

第一条

联合国之宗旨为：

一、维持国际和平及安全；并为此目的：采取有效集体办法，以防止且消除对于和平之威胁，制止侵略行为或其他和平之破坏；并以和平方法且依正义及国际法之原则，调整或解决足以破坏和平之国际争端或情势。

二、发展国际以尊重人民平等权利及自决原则为根据之友好关系，并采取其他适当办法，以增强普遍和平。

三、促成国际合作，以解决国际属于经济、社会、文化及人类福利性质之国际问题，且不分种族、性别、语言或宗教，增进并激励对于全体人类之人权及基本自由之尊重。

四、构成一协调各国行动之中心，以达成上述共同目的。

第二条

为求实现第一条所述各宗旨起见，本组织及其会员国应遵行下列原则：

一、本组织系基于各会员国主权平等之原则。

二、各会员国应一秉善意，履行其依本宪章所担负之义务，以保证全体会员国由加入本组织而发生之权益。

三、各会员国应以和平方法解决其国际争端，避免危及国际和平、安全及正义。

四、各会员国在其国际关系上不得使用威胁或武力,或以与联合国宗旨不符之任何其他方法,侵害任何会员国或国家之领土完整或政治独立。

五、各会员国对于联合国依本宪章规定而采取之行动,应尽力予以协助,联合国对于任何国家正在采取防止或执行行动时,各会员国对该国不得给予协助。

六、本组织在维持国际和平及安全之必要范围内,应保证非联合国会员国遵行上述原则。

七、本宪章不得认为授权联合国干涉在本质上属于任何国家国内管辖之事件,且并不要求会员国将该项事件依本宪章提请解决;但此项原则不妨碍第七章内执行办法之适用。

第二章:会员

第三条

凡曾经参加旧金山联合国国际组织会议或前此曾签字于一九四二年一月一日联合国宣言之国家,签订本宪章,且依宪章第一百一十条规定而予以批准者,均为联合国之创始会员国。

第四条

一、凡其他爱好和平之国家,接受本宪章所载之义务,经本组织认为确能并愿意履行该项义务者,得为联合国会员国。

二、准许上述国家为联合国会员国,将由大会经安全理事会之推荐以决议行之。

第五条

联合国会员国,业经安全理事会对其采取防止或执行行动者,大会经安全理事会之建议,得停止其会员权利及特权之行使。此项权利及特权之行使,得由安全理事会恢复之。

第六条

联合国之会员国中,有屡次违犯本宪章所载之原则者,大会经安全理事会之建议,得将其由本组织除名。

第三章:机关

第七条

一、兹设联合国之主要机关如下:大会、安全理事会、经济及社会理事会、托管理事会、国际法院及秘书处。

二、联合国得依本宪章设立认为必需之辅助机关。

第八条

联合国对于男女均得在其主要及辅助机关在平等条件之下,充任任何职务,不得加以限制。

第四章:大会

组织

第九条

一、大会由联合国所有会员国组织之。

二、每一会员国在大会之代表,不得超过五人。

职权

第十条

大会得讨论本宪章范围内之任何问题或事项,或关于本宪章所规定任何大会之职权;并除第十二条所规定外,得向联合国会员国或安全理事会或兼向两者,提出对各该问题或事项之建议。

第十一条

一、大会得考虑关于维持国际和平及安全之合作之普通原则,包括军缩及军备管制之原则;并得向会员国或安全理事会或兼向两者提出对于该项原则之建议。

二、大会得讨论联合国任何会员国或安全理事会或非联合国会员国依第三十五条第二项之规定向大会所提关于维持国际和平及安全之任何问题;除第十二条所规定外,并得向会员国或安全理事会或兼向两者提出对于各该项问题之建议。凡对于需要行动之各该项问题，应由大会于讨论前或讨论后提交安全理事会。

三、大会对于足以危及国际和平与安全之情势，得提请安全理事会注意。

四、本条所载之大会权力并不限制第十条之概括范围。

第十二条

一、当安全理事会对于任何争端或情势，正在执行本宪章所授予该会之职务时，大会非经安全理事会请求，对于该项争端或情势，不得提出任何建议。

二、秘书长经安全理事会之同意，应于大会每次会议时，将安全理事会正在处理中关于维持国际和平及安全之任何事件，通知大会；于安全理事会停止处理该项事件时，亦应立即通知大会，或在大会闭会期内通知联合国会员国。

第十三条

一、大会应发动研究，并做成建议：

(子)以促进政治上之国际合作，并提倡国际法之逐渐发展与编纂。

(丑)以促进经济、社会、文化、教育及卫生各部门之国际合作，且不分种族、性别、语言或宗教，助成全体人类之人权及基本自由之实现。

二、大会关于本条第一项(丑)款所列事项之其他责任及职权，于第九章及第十章中规定之。

第十四条

大会对于其所认为足以妨害国际公共福利或友好关系之任何情势，不论其起源如何，包括由违反本宪章所载联合国之宗旨及原则而起之情势，得建议和平调整办法，但以不违背第十二条之规定为限。

第十五条

一、大会应收受并审查安全理事会所送之常年及特别报告；该项报告应载有安全理事会对于维持国际和平及安全所已决定或施行之办法之陈述。

二、大会应收受并审查联合国其他大会所送之报告。

第十六条

大会应执行第十二章及第十三章所授予关于国际托管制度之职务，包括关于非战略防区托管协定之核准。

第十七条

一、大会应审核本组织之预算。

二、本组织之经费应由各会员国依照大会分配限额担负之。

三、大会应审核经与第五十七条所指各种专门大会订定之任何财政及预算办法，并应审查该项专门大会之行政预算，以便向关系大会提出建议。

投票

第十八条

一、大会之每一会员国,应有一个投票权。

二、大会对于重要问题之决议应以到会及投票之会员国三分之二多数决定之。此项问题应包括:关于维持国际和平及安全之建议,安全理事会非常任理事国之选举,经济及社会理事会理事国之选举,依第八十六条第一项(寅)款所规定托管理事会理事国之选举,对于新会员国加入联合国之准许,会员国权利及特权之停止,会员国之除名,关于施行托管制度之问题,以及预算问题。

三、关于其他问题之决议,包括另有何种事项应以三分之二多数决定之问题,应以到会及投票之会员国过半数决定之。

第十九条

凡拖欠本组织财政款项之会员国,其拖欠数目如等于或超过前两年所应缴纳之数目时,即丧失其在大会投票权。大会如认拖欠原因,确由于该会员国无法控制之情形者,得准许该会员国投票。

程序

第二十条

大会每年应举行常会,并于必要时,举行特别会议。特别会议应由秘书长经安全理事会或联合国会员国过半数之请求召集之。

第二十一条

大会应自行制定其议事规则。大会应选举每次会议之主席。

第二十二条

大会得设立其认为于行使职务所必需之辅助大会。

第五章:安全理事会

组织

第二十三条

一、安全理事会以联合国十五会员国组织之。中国、法兰西、苏维埃社会主义共和国联盟、大不列颠及北爱尔兰联合王国及美利坚合众国应为安全理事会常任理事国。大会应选举联合国其他十会员国为安全理事会非常任理事国,选举时首宜充分斟酌联合国各会员国于维持国际和平与安全及本组织其余各宗旨上之贡献,并宜充分斟酌地域上之公匀分配。

二、安全理事会非常任理事国任期定为二年。安全理事会理事国自十一国增至十五国后第一次选举非常任理事国时,所增四国中两国之任期应为一年。任满之理事国不得即行连选。

三、安全理事会每一理事国应有代表一人。

职权

第二十四条

一、为保证联合国行动迅速有效起见,各会员国将维持国际和平及安全之主要责任,授予安全理事会,并同意安全理事会于履行此项责任下之职务时,即系代表各会员国。

二、安全理事会于履行此项职务时,应遵照联合国之宗旨及原则。为履行此项职务而授予安全理事会之特定权力,于本宪章第六章、第七章、第八章及第十二章内规定之。

三、安全理事会应将常年报告、并于必要时将特别报告,提送大会审查。

第二十五条

联合国会员国同意依宪章之规定接受并履行安全理事会之决议。

第二十六条

为促进国际和平及安全之建立及维持,以尽量减少世界人力及经济资源之消耗于军备起见,安全理事会借第四十七条所指之军事参谋团之协助,应负责拟具方案,提交联合国会员国,以建立军备管制制度。

投票

第二十七条

一、安全理事会每一理事国应有一个投票权。

二、安全理事会关于程序事项之决议,应以九理事国之可决票表决之。

三、安全理事会对于其他一切事项之决议,应以九理事国之可决票包括全体常任理事国之同意票表决之;但对于第六章及第五十二条第三项内各事项之决议,争端当事国不得投票。

程序

第二十八条

一、安全理事会之组织，应以使其能继续不断行使职务为要件。为此目的，安全理事会之各理事国应有常驻本组织会所之代表。

二、安全理事会应举行定期会议，每一理事国认为合宜时得派政府大员或其他特别指定之代表出席。

三、在本组织会所以外，安全理事会得在认为最能便利其工作之其他地点举行会议。

第二十九条

安全理事会得设立其认为于行使职务所必需之辅助机关。

第三十条

安全理事会应自行制定其议事规则，包括其推选主席之方法。

第三十一条

在安全理事会提出之任何问题，经其认为对于非安全理事会理事国之联合国任何会员国之利益有特别关系时，该会员国得参加讨论，但无投票权。

第三十二条

联合国会员国而非为安全理事会之理事国，或非联合国会员国之国家，如于安全理事会考虑中之争端为当事国者，应被邀参加关于该项争端之讨论，但无投票权。安全理事会应规定其所认为公平之条件，以便非联合国会员国之国家参加。

第六章：争端之和平解决

第三十三条

一、任何争端之当事国，于争端之继续存在足以危及国际和平与安全之维持时，应尽先以谈判、调查、调停、和解、公断、司法解决、区域机关或区域办法之利用，或各该国自行选择之其他和平方法，求得解决。

二、安全理事会认为必要时，应促请各当事国以此项方法，解决其争端。

第三十四条

安全理事会得调查任何争端或可能引起国际摩擦或惹起争端之任何情势，以断定该项争端或情势之继续存在是否足以危及国际和平与安全之维持。

第三十五条

一、联合国任何会员国得将属于第三十四条所指之性质之任何争端或情势，提请安全理事会或大会注意。

二、非联合国会员国之国家如为任何争端之当事国时，经预先声明就该争端而言接受本宪章所规定和平解决之义务后，得将该项争端，提请大会或安全理事会注意。

三、大会关于按照本条所提请注意事项之进行步骤，应遵守第十一条及第十二条之规定。

第三十六条

一、属于第三十三条所指之性质之争端或相似之情势，安全理事会在任何阶段，得建议适当程序或调整方法。

二、安全理事会对于当事国为解决争端业经采取之任何程序，理应予以考虑。

三、安全理事会按照本条做成建议时，同时理应注意凡具有法律性质之争端，在原则上，理应由当事国依国际法院规约之规定提交国际法院。

第三十七条

一、属于第三十三条所指之性质之争端，当事国如未能依该条所示方法解决时，应将该项争端提交安全理事会。

二、安全理事会如认为该项争端之继续存在，在事实上足以危及国际和平与安全之维持时，应决定是否当依第三十六条采取行动或建议其所认为适当之解决条件。

第三十八条

安全理事会如经所有争端当事国之请求，得向各当事国做成议，以求争端之和平解决，但以不妨碍第三十三条至第三十七条之规定为限。

第七章：对于和平之威胁、和平之破坏及侵略行为之应付办法

第三十九条

安全理事会应断定任何和平之威胁、和平之破坏或侵略行为之是否存在，并应做成建议或抉择依第四十一条及第四十二条规定之办法，以维持或恢复国际和平及安全。

第四十条

为防止情势之恶化，安全理事会在依第三十九条规定做成建议或决定办法

以前,得促请关系当事国遵行安全理事会所认为必要或合宜之临时办法。此项临时办法并不妨碍关系当事国之权利、要求或立场。安全理事会对于不遵行此项临时办法之情形,应予适当注意。

第四十一条

安全理事会得决定所应采武力以外之办法,以实施其决议,并得促请联合国会员国执行此项办法。此项办法得包括经济关系、铁路、海运、航空、邮、电、无线电及其他交通工具之局部或全部停止,以及外交关系之断绝。

第四十二条

安全理事会如认第四十一条所规定之办法为不足或已经证明为不足时,得采取必要之空海陆军行动,以维持或恢复国际和平及安全。此项行动得包括联合国会员国之空海陆军示威、封锁及其他军事举动。

第四十三条

一、联合国各会员国为求对于维持国际和平及安全有所贡献起见,担任于安全理事会发令时,并依特别协定,供给为维持国际和平及安全所必需之军队、协助及便利,包括过境权。

二、此项特别协定应规定军队之数目及种类,其准备程度及一般驻扎地点,以及所供便利及协助之性质。

三、此项特别协定应以安全理事会之主动,尽速议订。此项协定应由安全理事会与会员国或由安全理事会与若干会员国之集团缔结之,并由签字国各依其宪法程序批准之。

第四十四条

安全理事会决定使用武力时,于要求非安全理事会会员国依第四十三条供给军队以履行其义务之前,如经该会员国请求,应请其遣派代表,参加安全理事会关于使用其军事部队之决议。

第四十五条

为使联合国能采取紧急军事办法起见,会员国应将其本国空军部队为国际共同执行行动随时供给调遣。此项部队之实力与准备之程度,及其共同行动之计划,应由安全理事会以军事参谋团之协助,在第四十三条所指之特别协定范围内决定之。

第四十六条

武力使用之计划应由安全理事会以军事参谋团之协助决定之。

第四十七条

一、兹设立军事参谋团,以便对于安全理事会维持国际和平及安全之军事需要问题,对于受该会所支配军队之使用及统率问题,对于军备之管制及可能之军缩问题,向该会贡献意见并予以协助。

二、军事参谋团应由安全理事会各常任理事国之参谋总长或其代表组织之。联合国任何会员国在该团未有常任代表者,如于该团责任之履行在效率上必需该国参加其工作时,应由该团邀请参加。

三、军事参谋团在安全理事会权力之下,对于受该会所支配之任何军队,负战略上之指挥责任;关于该项军队之统率问题,应待以后处理。

四、军事参谋团,经安全理事会之授权,并与区域内有关机关商议后、得设立区域分团。

第四十八条

一、执行安全理事会为维持国际和平及安全之决议所必要之行动,应由联合国全体会员国或由若干会员国担任之,一依安全理事会之决定。

二、此项决议应由联合国会员国以其直接行动及经其加入为会员之有关国际机关之行动履行之。

第四十九条

联合国会员国应通力合作,彼此协助,以执行安全理事会所决定之办法。

第五十条

安全理事会对于任何国家采取防止或执行办法时,其他国家,不论其是否为联合国会员国,遇有因此项办法之执行而引起之特殊经济问题者,应有权与安全理事会会商解决此项问题。

第五十一条

联合国任何会员国受武力攻击时,在安全理事会采取必要办法,以维持国际和平及安全以前,本宪章不得认为禁止行使单独或集体自卫之自然权利。会员国因行使此项自卫权而采取之办法,应立向安全理事会报告,此项办法于任何方面不得影响该会按照本宪章随时采取其所认为必要行动之权责,以维持或恢复国际和平及安全。

第八章:区域办法

第五十二条

一、本宪章不得认为排除区域办法或区域机关、用以应付关于维持国际和平及安全而宜于区域行动之事件者;但以此项办法或机关及其工作与联合国之宗旨及原则符合者为限。

二、缔结此项办法或设立此项机关之联合国会员国,将地方争端提交安全理事会以前,应依该项区域办法,或由该项区域机关,力求和平解决。

三、安全理事会对于依区域办法或由区域机关而求地方争端之和平解决,不论其系由关系国主动,或由安全理事会提交者,应鼓励其发展。

四、本条绝不妨碍第三十四条及第三十五条之适用。

第五十三条

一、安全理事会对于职权内之执行行动,在适当情形下,应利用此项区域办法或区域机关。如无安全理事会之授权,不得依区域办法或由区域机关采取任何执行行动;但关于依第一百零七条之规定对付本条第二项所指之任何敌国之步骤,或在区域办法内所取防备此等国家再施其侵略政策之步骤,截至本组织经各关系政府之请求,对于此等国家之再次侵略,能担负防止责任时为止,不在此限。

二、本条第一项所称敌国系指第二次世界大战中为本宪章任何签字国之敌国而言。

第五十四条

关于为维持国际和平及安全起见,依区域办法或由区域机关所已采取或正在考虑之行动,不论何时应向安全理事会充分报告之。

第九章:国际经济及社会

第五十五条

为造成国际以尊重人民平等权利及自决原则为根据之和平友好关系所必要之安定及福利条件起见,联合国应促进:

(子)较高之生活程度,全民就业,及经济与社会进展。

(丑)国际经济、社会、卫生及有关问题之解决;国际文化及教育合作。

(寅)全体人类之人权及基本自由之普遍尊重与遵守,不分种族、性别、语言或宗教。

第五十六条

各会员国担允采取共同及个别行动与本组织合作,以达成第五十五条所载之宗旨。

第五十七条

一、由各国政府间协定所成立之各种专门机关,依其组织约章之规定,于经济、社会、文化、教育、卫生及其他有关部门负有广大国际责任者,应依第六十三条之规定使与联合国发生关系。

二、上述与联合国发生关系之各专门机关,以下简称专门机关。

第五十八条

本组织应做成建议,以调整各专门机关之政策及工作。

第五十九条

本组织应于适当情形下,发动各关系国间之谈判,以创设为达成第五十五条规定宗旨所必要之新专门机关。

第六十条

履行本章所载本组织职务之责任,属于大会及大会权力下之经济及社会理事会。为此目的,该理事会应有第十章所载之权力。

第十章:经济及社会理事会

组织

第六十一条

一、经济及社会理事会由大会选举联合国五十四会员国组织之。

二、除第三项所规定外,经济及社会理事会每年选举理事十八国,任期三年。任满之理事国得即行连选。

三、经济及社会理事会理事国自二十七国增至五十四国后第一次选举时,除选举理事九国接替任期在该年年终届满之理事国外,应另增选理事二十七国。增选之理事二十七国中,九国任期一年,另九国任期二年,一依大会所定办法。

四、经济及社会理事会之每一理事国应有代表一人。

职权

第六十二条

一、经济及社会理事会得做成或发动关于国际经济、社会、文化、教育、卫生及其他有关事项之研究及报告;并得向大会、联合国会员国及关系专门机关提出关于此种事项之建议案。

二、本理事会为增进全体人类之人权及基本自由之尊重及维护起见,得做成建议案。

三、本理事会得拟具关于其职权范围内事项之协约草案,提交大会。

四、本理事会得依联合国所定之规则召集本理事会职务范围以内事项之国际会议。

第六十三条

一、经济及社会理事会得与第五十七条所指之任何专门机关订立协定,订明关系专门机关与联合国发生关系之条件。该项协定须经大会之核准。

二、本理事会,为调整各种专门机关之工作,得与此种机关会商并得向其提出建议,并得向大会及联合国会员国建议。

第六十四条

一、经济及社会理事会得取适当步骤,以取得专门机关之经常报告。本理事会得与联合国会员国及专门机关,商定办法俾就实施本理事会之建议及大会对于本理事会职权范围内事项之建议所采之步骤,取得报告。

二、本理事会得将对于此项报告之意见提送大会。

第六十五条

经济及社会理事会得向安全理事会供给情报,并因安全理事会之邀请,予以协助。

第六十六条

一、经济及社会理事会应履行其职权范围内关于执行大会建议之职务。

二、经大会之许可,本理事会得应联合国会员国或专门机关之请求,供其服务。

三、本理事会应履行本宪章他章所特定之其他职务,以及大会所授予之职务。

投票

第六十七条

一、经济及社会理事会每一理事国应有一个投票权。

二、本理事会之决议,应以到会及投票之理事国过半数表决之。

程序

第六十八条

经济及社会理事会应设立经济与社会部门及以提倡人权为目的之各种委员

会,并得设立于行使职务所必需之其他委员会。

第六十九条

经济及社会理事会应请联合国会员国参加讨论本理事会对于该国有特别关系之任何事件,但无投票权。

第七十条

经济及社会理事会得商定办法使专门机关之代表无投票权而参加本理事会及本理事会所设各委员会之讨论,或使本理事会之代表参加此项专门机关之讨论。

第七十一条

经济及社会理事会得采取适当办法,俾与各种非政府组织会商有关于本理事会职权范围内之事件。此项办法得与国际组织商定之,关于适当情形下,经与关系联合国会员国会商后,得与该国国内组织商定之。

第七十二条

一、经济及社会理事会应自行制定其议事规则,包括其推选主席之方法。

二、经济及社会理事会应依其规则举行必要之会议。此项规则应包括因理事国过半数之请求而召集会议之条款。

第十一章:关于非自治领土之宣言

第七十三条

联合国各会员国,于其所负有或担承管理责任之领土,其人民尚未臻自治之充分程度者,承认以领土居民之福利为至上之原则,并接受在本宪章所建立之国际和平及安全制度下,以充分增进领土居民福利之义务为神圣之信托,且为此目的:

(子)于充分尊重关系人民之文化下,保证其政治、经济、社会及教育之进展,予以公平待遇,且保障其不受虐待。

(丑)按各领土及其人民特殊之环境及其进化之阶段,发展自治;对各该人民之政治愿望,予以适当之注意;并助其自由政治制度之逐渐发展。

(寅)促进国际和平及安全。

(卯)提倡建设计划,以求进步;奖励研究;各国彼此合作,并于适当之时间及场合与专门国际团体合作,以求本条所载社会、经济及科学目的之实现。

(辰)在不违背安全及宪法之限制下,按时将关于各会员国分别负责管理领土内之经济、社会及教育情形之统计及具有专门性质之情报,递送秘书长,以供参考。本宪章第十二章及第十三章所规定之领土,不在此限。

第七十四条

联合国各会员国共同承诺对于本章规定之领土,一如对于本国区域,其政策必须以善邻之道奉为圭臬;并于社会、经济及商业上,对世界各国之利益及幸福,予以充分之注意。

第十二章:国际托管制度

第七十五条

联合国在其权力下,应设立国际托管制度,以管理并监督凭此后个别协定而置于该制度下之领土。此项领土以下简称托管领土。

第七十六条

按据本宪章第一条所载联合国之宗旨,托管制度之基本目的应为:

(子)促进国际和平及安全。

(丑)增进托管领土居民之政治、经济、社会及教育之进展;并以适合各领土及其人民之特殊情形及关系人民自由表示之愿望为原则,且按照各托管协定之条款,增进其趋向自治或独立之逐渐发展。

(寅)不分种族、性别、语言或宗教,提倡全体人类之人权及基本自由之尊重,并激发世界人民互相维系之意识。

(卯)于社会、经济及商业事件上,保证联合国全体会员国及其国民之平等待遇,及各该国民于司法裁判上之平等待遇,但以不妨碍上述目的之达成,且不违背第八十条之规定为限。

第七十七条

一、托管制度适用于依托管协定所置于该制度下之下列各种类之领土:

(子)现在委任统治下之领土。

(丑)因第二次世界大战结果或将自敌国割离之领土。

(寅)负管理责任之国家自愿置于该制度下之领土。

二、关于上列种类中之何种领土将置于托管制度之下,及其条件,为此后协定所当规定之事项。

第七十八条

凡领土已成为联合国之会员国者,不适用托管制度;联合国会员国间之关系,应基于尊重主权平等之原则。

第七十九条

置于托管制度下之每一领土之托管条款,及其更改或修正,应由直接关系各国、包括联合国之会员国而为委任统治地之受托国者,予以议定,其核准应依第八十三条及第八十五条之规定。

第八十条

一、除依第七十七条、第七十九条及第八十一条所订置各领土于托管制度下之个别托管协定另有议定外,并在该项协定未经缔结以前,本章任何规定绝对不得解释为以任何方式变更任何国家或人民之权利,或联合国会员国个别签订之现有国际约章之条款。

二、本条第一项不得解释为对于依第七十七条之规定而订置委任统治地或其他领土于托管制度下之协定,授以延展商订之理由。

第八十一条

凡托管协定均应载有管理领土之条款,并指定管理托管领土之当局。该项当局,以下简称管理当局,得为一个或数个国家,或为联合国本身。

第八十二条

于任何托管协定内,得指定一个或数个战略防区,包括该项协定下之托管领土之一部或全部,但该项协定并不妨碍依第四十三条而订立之任何特别协定。

第八十三条

一、联合国关于战略防区之各项职务,包括此项托管协定条款之核准及其更改或修正,应由安全理事会行使之。

二、第七十六条所规定之基本目的,适用于每一战略防区之人民。

三、安全理事会以不违背托管协定之规定且不妨碍安全之考虑为限,应利用托管理事会之协助,以履行联合国托管制度下关于战略防区内之政治、经济、社会及教育事件之职务。

第八十四条

管理当局有保证托管领土对于维持国际和平及安全尽其本分之义务。该当局为此目的得利用托管领土之志愿军、便利及协助,以履行该当局对于安全理事会所负关于此点之义务,并以实行地方自卫,且在托管领土内维持法律与秩序。

第八十五条

一、联合国关于一切非战略防区托管协定之职务,包括此项托管协定条款之核准及其更改或修正,应由大会行使之。

二、托管理事会于大会权力下,应协助大会履行上述之职务。

第十三章:托管理事会

组织

第八十六条

一、托管理事会应由下列联合国会员国组织之:
(子)管理托管领土之会员国。
(丑)第二十三条所列明之国家而现非管理托管领土者。
(寅)大会选举必要数额之其他会员国,任期三年,俾使托管理事会理事国之总数,于联合国会员国中之管理托管领土者及不管理者之间,得以平均分配。
二、托管理事会之每一理事国应指定一特别合格之人员,以代表之。

职权

第八十七条

大会及在其权力下之托管理事会于履行职务时得:
(子)审查管理当局所送之报告。
(丑)会同管理当局接受并审查请愿书。
(寅)与管理当局商定时间,按期视察各托管领土。
(卯)依托管协定之条款,采取上述其他行动。

第八十八条

托管理事会应拟定关于各托管领土居民之政治、经济、社会及教育进展之问题单;就大会职权范围内,各托管领土之管理当局应根据该项问题单向大会提出常年报告。

投票

第八十九条

一、托管理事会之每一理事国应有一个投票权。
二、托管理事会之决议应以到会及投票之理事国过半数表决之。

程序

第九十条

一、托管理事会应自行制定其议事规则,包括其推选主席之方法。

二、托管理事会应依其所定规则,举行必要之会议。此项规则应包括关于经该会理事国过半数之请求而召集会议之规定。

第九十一条

托管理事会于适当时,应利用经济及社会理事会之协助,并对于各关系事项,利用专门机关之协助。

第十四章：国际法院

第九十二条

国际法院为联合国之主要司法机关,应依所附规约执行其职务。该项规约系以国际常设法院之规约为根据并为本宪章之构成部分。

第九十三条

一、联合国各会员国为国际法院规约之当然当事国。

二、非联合国会员国之国家得为国际法院规约当事国之条件,应由大会经安全理事会之建议就个别情形决定之。

第九十四条

一、联合国每一会员国为任何案件之当事国者,承诺遵行国际法院之判决。

二、遇有一造不履行依法院判决应负之义务时,他造得向安全理事会申诉。安全理事会如认为必要时,得做成建议或决定应采办法,以执行判决。

第九十五条

本宪章不得认为禁止联合国会员国依据现有或以后缔结之协定,将其争端托付其他法院解决。

第九十六条

一、大会或安全理事会对于任何法律问题得请国际法院发表咨询意见。

二、联合国其他机关及各种专门机关,对于其工作范围内之任何法律问题,得随时以大会之授权,请求国际法院发表咨询意见。

第十五章：秘书处

第九十七条

秘书处置秘书长一人及本组织所需之办事人员若干人。秘书长应由大会经安全理事会之推荐委派之。秘书长为本组织之行政首长。

第九十八条

秘书长在大会、安全理事会、经济及社会理事会及托管理事会之一切会议，应以秘书长资格行使职务，并应执行各该机关所托付之其他职务。秘书长应向大会提送关于本组织工作之常年报告。

第九十九条

秘书长得将其所认为可能威胁国际和平及安全之任何事件，提请安全理事会注意。

第一百条

一、秘书长及办事人员于执行职务时，不得请求或接受本组织以外任何政府或其他当局之训示，并应避免足以妨碍其国际官员地位之行动。秘书长及办事人员专对本组织负责。

二、联合国各会员国承诺尊重秘书长及办事人员责任之专属国际性，决不设法影响其责任之履行。

第一百零一条

一、办事人员由秘书长依大会所定章程委派之。

二、适当之办事人员应长期分配于经济及社会理事会、托管理事会，并于必要时，分配于联合国其他之机关。此项办事人员构成秘书处之一部。

三、办事人员之雇用及其服务条件之决定，应以求达效率、才干及忠诚之最高标准为首要考虑。征聘办事人员时，于可能范围内，应充分注意地域上之普及。

第十六章：杂项条款

第一百零二条

一、本宪章发生效力后，联合国任何会员国所缔结之一切条约及国际协定应尽速在秘书处登记，并由秘书处公布之。

二、当事国对于未经依本条第一项规定登记之条约或国际协定，不得向联合国任何机关援引之。

第一百零三条

联合国会员国在本宪章下之义务与其依任何其他国际协定所负之义务有冲突时，其在本宪章下之义务应居优先。

第一百零四条

本组织于每一会员国之领土内,应享受于执行其职务及达成其宗旨所必需之法律行为能力。

第一百零五条

一、本组织于每一会员国之领土内,应享受于达成其宗旨所必需之特权及豁免。

二、联合国会员国之代表及本组织之职员,亦应同样享受于其独立行使关于本组织之职务所必需之特权及豁免。

三、为明定本条第一项及第二项之施行细则起见,大会得做成建议,或为此目的向联合国会员国提议协约。

第十七章:过渡安全办法

第一百零六条

在第四十三条所称之特别协定尚未生效,因而安全理事会认为尚不得开始履行第四十二条所规定之责任前,一九四三年十月三十日在莫斯科签订四国宣言之当事国及法兰西应依该宣言第五项之规定,互相洽商,并于必要时,与联合国其他会员国洽商,以代表本组织采取为维持国际和平及安全宗旨所必要之联合行动。

第一百零七条

本宪章并不取消或禁止负行动责任之政府对于在第二次世界大战中本宪章任何签字国之敌国因该次战争而采取或受权执行之行动。

第十八章:修正

第一百零八条

本宪章之修正案经大会会员国三分之二表决并由联合国会员国三分之二、包括安全理事会全体常任理事国,各依其宪法程序批准后,对于联合国所有会员国发生效力。

第一百零九条

一、联合国会员国,为检讨本宪章,得以大会会员国三分之二表决,经安全理事会任何九理事国之表决，确定日期及地点举行全体会议。联合国每一会员国在全体会议中应有一个投票权。

二、全体会议以三分之二表决所建议对于宪章之任何更改，应经联合国会员国三分之二、包括安全理事会全体常任理事国，各依其宪法程序批准后，发生效力。

三、如于本宪章生效后大会第十届年会前，此项全体会议尚未举行时，应将召集全体会议之提议列入大会该届年会之议事日程；如得大会会员国过半数及安全理事会任何七理事国之表决，此项会议应即举行。

第十九章：批准及签字

第一百一十条

一、本宪章应由签字国各依其宪法程序批准之。

二、批准书应交存美利坚合众国政府。该国政府应于每一批准书交存时通知各签字国，如本组织秘书长业经委派时，并应通知秘书长。

三、一俟美利坚合众国政府通知已有中国、法兰西、苏维埃社会主义共和国联盟、大不列颠及北爱尔兰联合王国、与美利坚合众国以及其他签字国之过半数将批准书交存时，本宪章即发生效力。美利坚合众国政府应拟就此项交存批准之议定书并将副本分送所有签字国。

四、本宪章签字国于宪章发生效力后批准者，应自其各将批准书交存之日起为联合国之创始会员国。

第一百一十一条

本宪章应留存美利坚合众国政府之档库，其中，法、俄、英及西文各本同一作准。该国政府应将正式副本分送其他签字国政府。

为此联合国各会员国政府之代表谨签字于本宪章，以昭信守。

公历一千九百四十五年六月二十六日签订于金山市。